옛 그림에서
정치를 걷다

북오션은 책에 관한 아이디어와 원고를 설레는 마음으로 기다리고 있습니다. 책으로 만들고 싶은 아이디어가 있는 분은 이메일(bookrose@naver.com)로 간단한 개요와 취지, 연락처 등을 보내주세요. 머뭇거리지 말고 문을 두드리세요. 길이 열릴 것입니다.

옛 그림에서 정치를 걷다

초판 1쇄 인쇄 | 2015년 12월 24일
초판 1쇄 발행 | 2015년 12월 29일

지은이 | 허균
펴낸이 | 박영욱
펴낸곳 | (주)북오션

편집 | 권희중 · 이동원
마케팅 | 최석진 · 임동건
표지 디자인 | 서정희 · 심재원
본문 디자인 | 조진일
세무자문 | 세무법인 한울 대표 세무사 정석길(02-6220-6100)

주 소 | 서울시 마포구 서교동 468-2
이메일 | bookrose@naver.com
페이스북 | facebook.com/bookocean21
블로그 | blog.naver.com/bookocean
전 화 | 편집문의 : 02-325-9172 영업문의 : 02-322-6709
팩 스 | 02-3143-3964

출판신고번호 | 제313-2007-000197호

ISBN 978-89-6799-243-9 (93650)

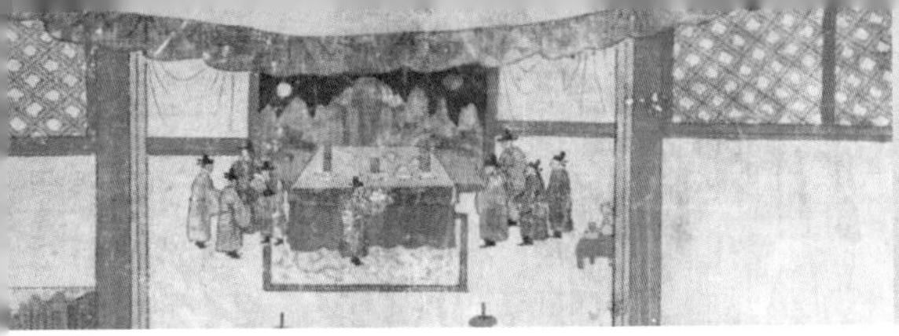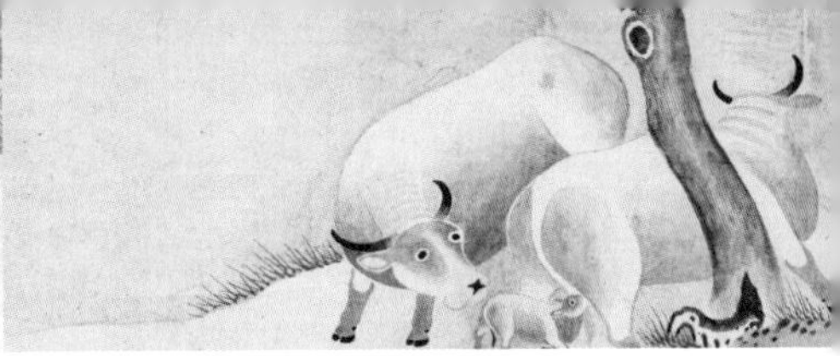

옛 그림에서 정치를 걷다

허균 지음

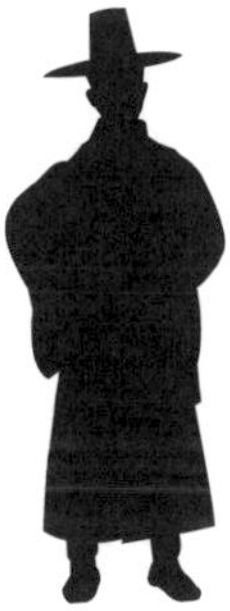

깊은나무

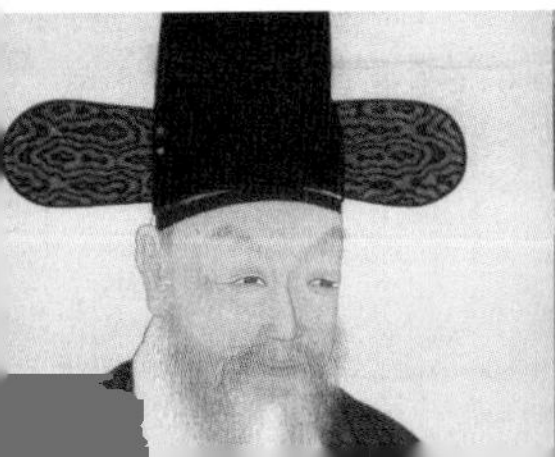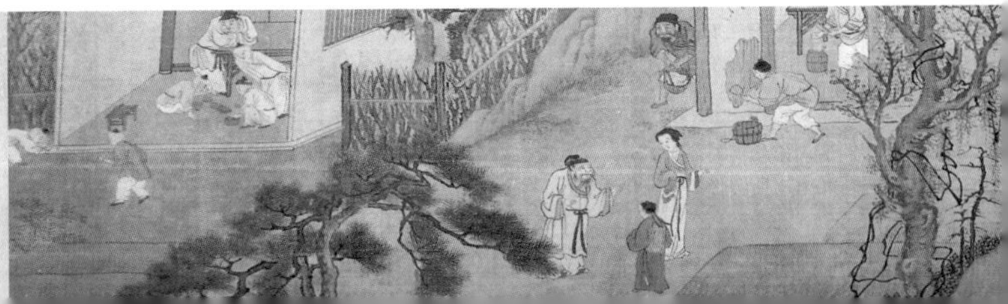

머리말

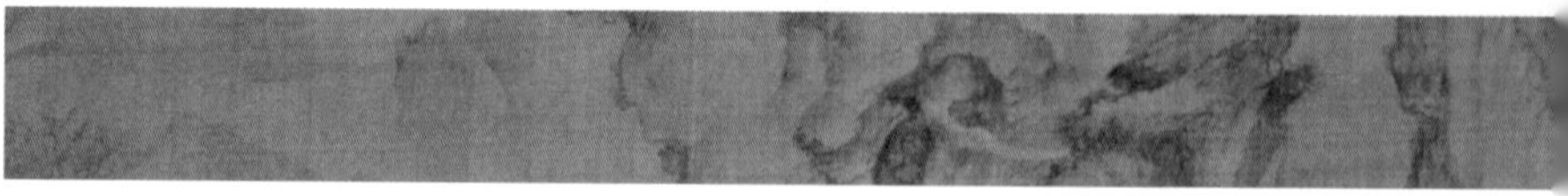

정서 활동의 산물인 그림에서 무엇보다 중요한 것은 화법이나 양식보다 왜 그 같은 그림을 그렸고 그림을 통해 무엇을 표현하고자 했는가이다. 또한 예술은 시대의 아들이기 때문에 어떤 그림의 진면목을 확인하려면 그 시대의 정치, 사회, 경제, 문화 등 제반 환경과 조건도 함께 살필 필요가 있다. 그런 노력이 있을 때 옛 그림은 우리 앞에 실체적 진실을 드러낸다. 옛 그림 연구에 인문학적 접근과 통찰이 필요한 이유가 여기에 있다.

고대 국가에 있어 정치의 왕도적王道的 진의眞意는 권력으로써 정의와 진리를 실현하는 것이었다. 공자도 "정치는 바르게 하는 것政者正也이다"(《논어》 안연 편)라고 했다. '바르게 한다'는 것은 바른 주체가 바르지 않은 객체를 바르게 한다는 뜻이다. 요컨대 정政을 정正으로 정의하는 왕도 사상은 정치의 주체이자 원동력인 군주에게 항상 올바른 생각과 모범적 처신을 요구했던 것이다.

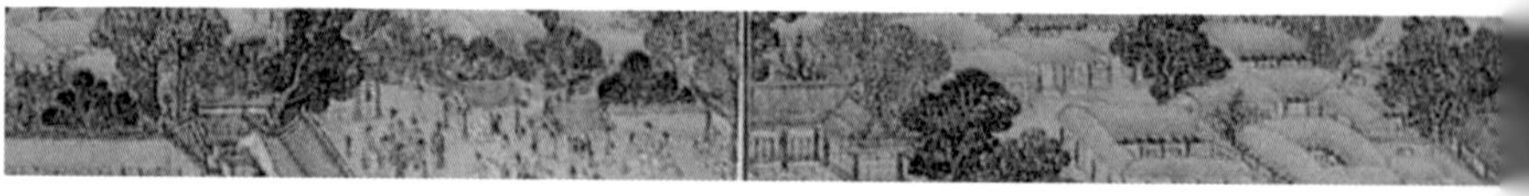

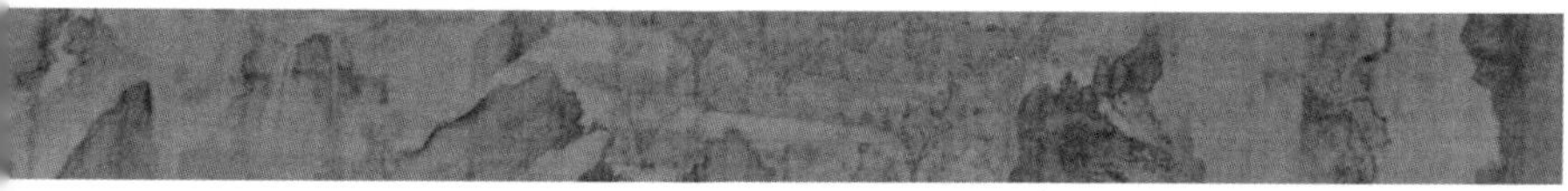

은나라 탕湯왕을 비롯한 중국 고대 성군들은 스스로를 경계하는 처신과 수신을 게을리하지 않았다. 조선의 왕들도 예외가 아니어서 과거 정치사에서 모범으로 삼을 만한 일이나 권하고 경계할 만한 사적事蹟을 선별하여 교훈과 반성의 계기로 삼았고, 왕세자가 선善의 길로 나아가게끔 하는 데에도 노력을 아끼지 않았다. 그와 같은 의지는 〈빈풍칠월도〉, 〈경직도〉, 〈주수도舟水圖〉 등 감계화鑑戒畵 제작으로 나타났다.

왕권은 나라를 한 사람의 통솔로 다스리는 권력이다. 권력은 정통성을 갖출 때 권위가 서고, 그러할 때 백성들이 따른다. 권력의 정통성 확보를 위해서 왕은 자신이 천명天命을 받아 조종祖宗의 큰 기업基業을 계승하는 유일한 존재임을 알릴 필요가 있다. 조선의 왕들이 선왕先王·선후先后의 초상을 그려 진전眞殿에 봉안하고 배알하는 의례를 게을리하지 않았던 것은 왕권의 정통성 확보를 위한 노력의 일

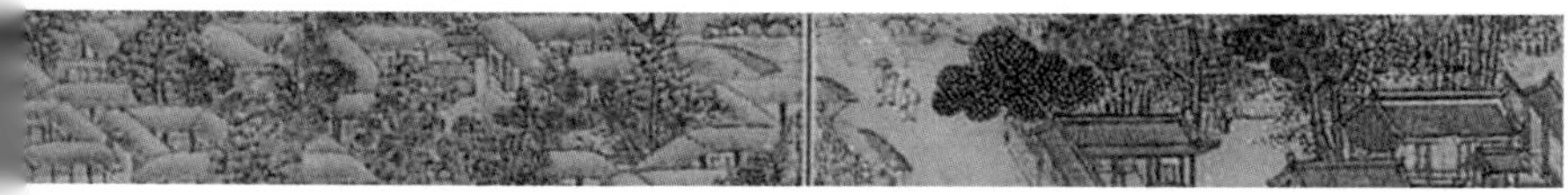

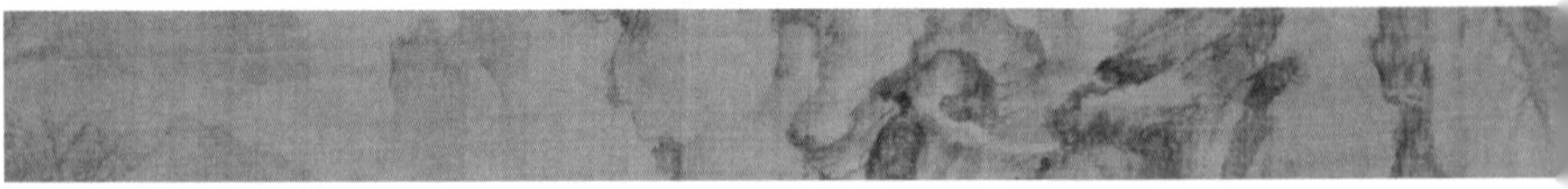

환이었다.

낮에 생각했던 일이 밤에 꿈으로 나타나는 것을 사몽思夢이라 한다. 고대 치자治者들 사이에서 흔히 거론되었던 꿈은 공자의 '양영兩楹의 꿈'과 장자의 '호접몽胡蝶夢'이다. 이 밖에 황제의 '화서華胥의 꿈', 초楚나라 양왕의 '무산巫山 신녀 꿈', 은나라 고종의 '부열傅說을 찾은 꿈' 등도 인구人口에 회자되었다. 옛 성군과 성현들의 꿈 이야기는 후세 사람들이 왕이나 왕족이 꾼 꿈에 정치적 의미를 부여하는 빌미가 되었다. 조선 초기의 많은 문사와 조신朝臣들이 안평대군의 꿈 이야기를 그린 〈몽유도원도〉에 찬시 쓰기를 주저하지 않았던 것은 그의 꿈이 갖는 막중한 상징적 의미를 읽은 때문이었다.

현직에 몸담고 있는 대부大夫들의 서화 예술 활동은 대개 여가 시간에 이루어졌다. 그러나 스스로 귀향했거나 유배를 당했거나, 연좌제 속박 속에서 처사로 살 수밖에 없는 상황에 처한 선비들의 경우는

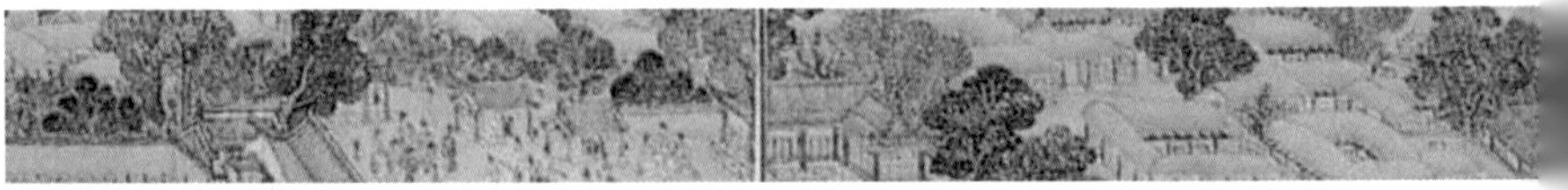

좀 달랐다. 그들은 곤궁한 처지와 넘치는 시간을 위대한 학문적 업적과 예술 작품을 창조하는 기회로 승화시켰다. 정약전의 《자산어보》, 정약용의 《목민심서》가 유배 중에 이뤄졌다는 것은 잘 알려진 사실이고, 김정희의 〈세한도〉, 김시의 〈우도〉와 심사정의 〈탁목조〉와 같은 그림도 유배와 연좌제라는 굴레 속에서 창작된 것이다. 만약 그들이 구차하고 소외된 처지를 겪지 않았더라면 이 같은 작품들은 탄생하지 못했을지도 모른다.

선비들은 때로 출처出處의 기로에서 번민했다. 그들은 성은聖恩에 보답하기 위해 잠깐 왔다 가는 벼슬자리라면 더는 머뭇거리지 않고 떠나는 것이 옳고, 재상 자리에서 임금의 선정善政을 돕고 도덕과 풍기를 다스리는 중책을 맡고 있다면 쉽게 물러나는 것은 참된 도리가 아니라고 생각했다. 선비들 사이에 낚시를 주제로 한 조어도釣魚圖가 널리 애호된 이유는 바로 출처의 갈림길에서 고민하는 그들의 모습

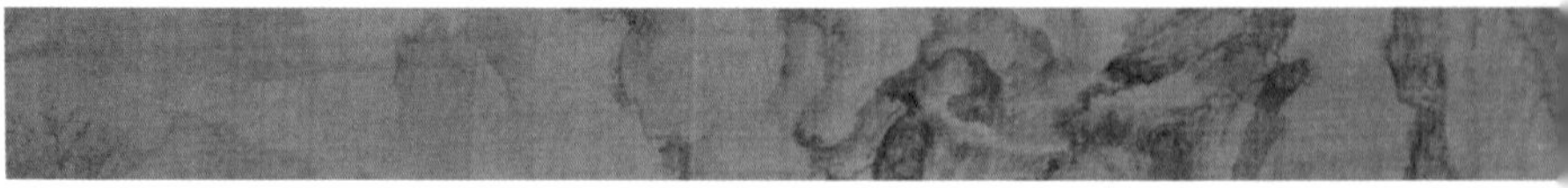

이 그림 속에 투영돼 있기 때문이었다.

유형 문화는 원천적으로 무형 문화의 소산이다. 그러므로 유형적인 것은 배후의 무형적 요소를 통해 실체를 드러낸다는 논리는 언제나 정당하다. 그림을 대함에 있어서 정치, 경제, 사회, 문화 등 그림을 둘러싼 무형적 요소들을 살피는 일이 그래서 중요하고 의미 있는 일인 것이다. 지금까지의 옛 그림 연구 방법론은 이 부분을 간과해 왔다. 양식론을 숭상하여 그것이 최선의 방법인 것처럼 오인하기도 했다. 옛 그림의 실체적 진실에 다가가기를 원한다면 양식 연구만으론 부족하다. 특히 정치와 관련된 그림의 경우에는 더 말할 필요가 없다.

이 책의 내용은 위와 같은 관점 아래서 서술되었다. 옛 그림을 새로운 관점에서 보려는 연구자들에게 이 책이 조금이라도 도움이 된다면 그 이상 바랄 것이 없겠다.

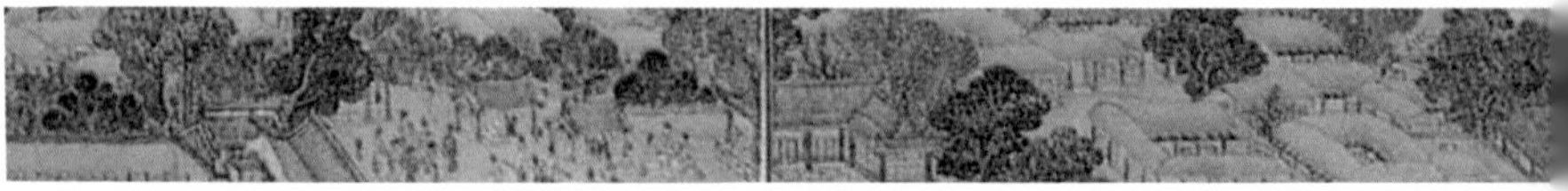

끝으로 긴 집필의 시간을 기다려주시고 기꺼이 이 책을 출간해 주신 북오션 박영욱 대표님과 편집 담당자께 감사의 말씀을 드린다.

경기 광주 수광재守廣齋에서

방산자方山子 허균 씀

2장 한 폭의 그림으로 왕실의 권위를 드높이다

3장 붓 끝, 한 획마다 시대의 고민을 담다

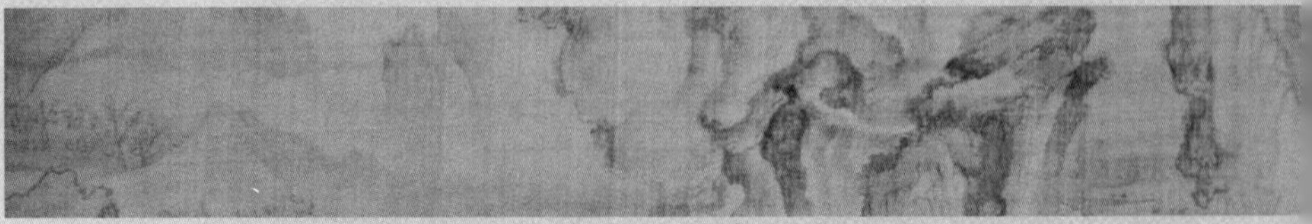

1장

미美를 통해 세상의 부조리함과 맞선 지식인들

01

권력투쟁 중에 꿈꾼 이상 세계
안견의 <몽유도원도>

— 안평대군이 측근 조신朝臣들과 함께 도원桃園을 거닌 꿈을 꾼 것은 세종의 맏아들 문종이 대리청정을 시작한 지 2년째 되던 해인 1447년 4월 20일의 일이다.

이 시기는 사실상 권력의 공백기로, 이 틈을 타 안평대군과 수양대군이 암암리에 왕권 다툼을 벌이고 있었다. 안평대군은 박팽년, 최항, 신숙주 등의 문인과 학자들을 규합하여 수양대군 측을 경계했고 수양대군은 무인들과 권람, 한명회 같은 일부 문신들과 손을 잡고 세력을 키워나갔다.

그러던 어느 날, 안평대군은 깊은 잠에 빠져들어 박팽년 등 세 사람과 함께 도원을 거니는 꿈을 꾼다. 안평대군은 그때의 추억을 오래 간직하기 위해 화원 안견으로 하여금 꿈에 본 도원경을 그리게 하니, 그것이 꿈꾼 지 사흘 만인 1447년 4월 23일에 완성한 〈몽유도원도〉다.

그러나 〈몽유도원도〉는 널리 공개되어 칭송받지 못했다. 왕권을 두고 벌인 싸움은 수양대군의 승리로 끝났고 안평대군은 결국 대역 죄인이 되어 강화도에서 사사賜死되는 비운을 맞았다. 그 후로 정가에서는 안평대군에 관한 그 어떤 것도 입에 담는 것을 꺼려했고, 그의 서화를 품평하거나 감상하는 것 자체를 금기시했다. 오직 정치적 이유 하나 때문에 희대의 예술 작품이 빛을 못 본 것이다.

촉망받은 왕자이자 서예가, 안평대군

── 안평대군의 이름은 이용李瑢이다. 자는 청지淸之, 자호는 낭간거사琅玕居士다. 이 밖에 매죽헌梅竹軒, 비해당匪懈堂이라는 당호가 있다. 태종 18년인 1418년에 태어나 11세(1429년)에 좌부대언 정연의 딸과 혼인했고 이듬해에 성균관에 입학했다. 신숙주는 그의 인품에 대해 "지체가 높고 인격이 고매하여 무늬 비단을 싫어했으며, 맑고 조용한 것을 좋아했다"고 했다. 또한 이개는 "안평대군은 생각이 고상하며 도가 절로 트여 초연히 세상 밖의 신선 사는 곳을 꿈꾸었다"고 했다(〈몽유도원도〉 찬시).

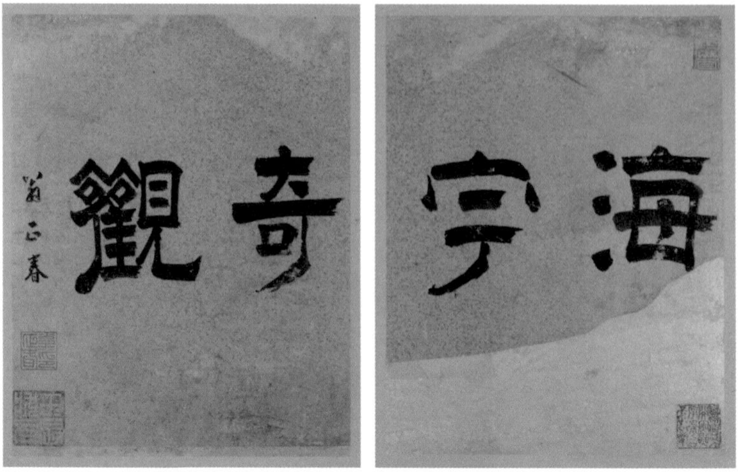

안평대군이 엮은 〈비해당소상팔경시첩〉. 45.0×33.3cm. 보물 제1405호. 국립중앙박물관 소장

안평대군은 자신을 '서화를 좋아하는 병자'라고 자평했다. 그 말대로 어떤 이가 훌륭한 글씨나 한 조각의 그림이라도 갖고 있다는 소문을 들으면 반드시 후한 값을 쳐서 사들였고, 그중에서도 좋은 것을 골라 표구하여 소중히 간직했다. 그렇게 서화를 수집한 지 10여 년 만에 중국 서화가의 명적과 안견의 서화 작품이 모두 200여 점에 이르렀다. 그는 또 학문과 시를 짓는 데도 일가견이 있었다. 특히 서예에 두각을 나타냈는데, 중국 사신들이 올 때마다 그의 필적을 다투어 얻어 갈 정도였다. 조선 중기의 문신 장유는 그의 서예 실력을 이렇게 평가했다. "호귀豪貴한 환경에서 나고 자란 사람은 서법에 이름을 걸고 온통 정력을 쏟아도 제대로 오묘한 경지를 이룰까 말까 한

데, 비해당은 왕자로 태어나 대군大君 생활을 했음에도 젊은 나이에 절묘한 서예의 경지를 보여주어 천하에 독보적 존재가 되었다"고 했다(《계곡선생문집》 〈비해당 묵묘신상권 뒤에 쓰다〉).

안평대군이 예술가로 대성할 수 있었던 것은 타고난 소질도 있었지만, 궁중에서 왕자로 성장하는 과정에서 많은 진적眞蹟들을 두루 보고 수련할 기회를 가질 수 있었기 때문이다. 안평대군의 시·서·화의 세계를 엿볼 수 있는 유물로 《비해당소상팔경시첩匪懈堂瀟湘八景詩帖》(국립중앙박물관 소장)이 있으며, 이 밖에 〈몽유도원도〉에 쓴 발문을 비롯해서 〈세종대왕영릉신도비〉(청량리 세종대왕기념사업회 마당), 용인의 〈청천부원군심온묘표靑川府院君沈溫墓表〉, 과천의 〈임영대군묘표臨瀛大君墓表〉 등의 글씨가 있다. 그는 또 영신사靈神寺에서 가섭화상을 그리고 제시를 짓고 글씨를 쓰기도 했다(《속동문선》 속두류록續頭流錄).

꿈속에서 도원을 거닐다

안평대군은 평소 개인 저택인 비해당匪懈堂의 매죽헌梅竹軒에서 지냈다. 세종이 세상을 뜨기 3년 전인 1447년 4월 20일 밤, 그는 매죽헌 침상에서 깊은 잠에 빠져 도원을 유람하는 꿈을 꾼다. 처음에는 박팽년과 둘이서 도원을 거닐었다. 주저하는 마음으로 오랫동안 도원을 구경하고 있을 때 홀연히 최항과 신숙주가 등장한다. 안평대군은 이들 세 조신들과 도원을 거닐며 실컷 구경하다가 꿈에서 깨어난다(〈몽유도원도〉 발문). 안평대군의 '도원의 꿈'은 동진東晉 도연명(365~427년)의 《도화원기桃花源記》의 세계가 문득 꿈속의 환상으로 나타난 것으로 볼 수 있다.

《도화원기》를 쓴 도연명은 405년에 팽택현彭澤縣의 현령을 사직하고 고향에 돌아와 다시는 벼슬길에 나가지 않았다. 그가 살았던 시대는 왕권 쟁탈과 살육, 정치투쟁이 난무하는 잔혹한 시대였다. 문벌 사족 가운데 유력한 인물은 정치적 박해를 당하거나 권력투쟁에 휘말리기 일쑤였다. 이런 정치적 혼란기에 현자賢者들 사이에서는 현실을 개탄하면서 산수 전원으로 돌아가 고답을 추구하려는 분위기가 팽배했다. 이러한 정치적, 사회적 분위기가 《도화원기》와 같은 문학작품을 탄생시켰고, 그 영향이 조선의 왕자에게도 미치게 된 것이다. 그럼 여기서 《도화원기》의 내용을 살펴보자.

> 동진의 태원太元 연간(376~396년)에 무릉武陵(오늘의 화남성 무릉산구 혹은 호남성 상덕 일대)의 한 어부가 어느 날 복사꽃이 흘러 내려오는 물길을 거슬러 올라가다가 길을 잃었다. 물이 끝나는 곳에 산이 우뚝 서 있었고, 그곳에 빛이 새어나오는 듯한 작은 동굴이 보였다. 이상히 여겨 그 안으로 계속 들어가 보니 평탄하고 평화로운 동네가 나타났다.

비옥한 땅과 아름다운 연못이 보였고, 뽕나무와 대나무가 자라고, 길은 서로 통해 있었고, 닭과 개의 울음소리가 들렸다. 그 가운데를 사람들이 오가며 씨를 뿌리고 밭을 가는데 의복을 보니 동굴 밖의 사람들과 다르지 않았고, 노인과 어린아이들은 즐거워 보였다. 그들은 어부를 발견하고는 크게 놀라며 온 길을 물었고, 어부는 자세히 대답해주었다. 어부를 집으로 초청한 그들은 술상을 차리고 닭을 잡고 밥을 지어 내었다. 외지 사람이 왔다는 소문이 퍼지자 모두들 와서는 꼬치꼬치 질문을 했다.

그들이 말하기를 선대 진秦나라 때 난리를 피해 처자식과 고을 사람들을 거느리고 이곳에 오게 되었고, 다시는 나가지 않게 되면서 외부 사람과 멀어지게 되었다고 했다. 지금이 어느 세상인가 물었는데 한漢나라를 알지 못했고 위魏·진晉은 말할 것도 없었다. 어부가 일일이 아는 바를 자세히 말해주니 모두들 탄식하며 슬퍼했다. 나머지 사람들도 각기 자기네 집으로 데려가서 술과 음식을 대접했다. 며칠을 머무르다 인사하고 떠나려 하니 그곳 사람들이 "바깥 사람들에게는 말하지 말라"고 당부했다.

어부는 도원을 나온 후에 배를 찾아 지난번 왔던 길을 되돌아 나오면서 곳곳에 표시를 해두었다. 무릉군 성 아래에 이르러 태수를 알현하고 자기가 겪은 일을 말하니 태수는 즉시 사람을 시켜 그를 따라가 표시한 곳을 찾아보게 했으나 다시는 찾지 못했다. 남양南陽에 고상한 선비 유자기劉子驥가 살았는데, 그가 이 말을 듣고 도원을 직접 찾아 나섰다가 결국은 찾지 못하고 병들어 죽었다. 그 뒤로는 도원에 대해 묻는 자가 없었다.

《도화원기》의 내용과 안평대군의 꿈 이야기를 비교해보면 다소 차이가 난다. 《도화원기》에서는 도원을 찾은 주인공이 어부다. 그런데 안평대군의 꿈속에서는 안평 자신과 박팽년, 최항, 신숙주 등 측근의 권신權臣들이 등장한다. 이것은 도연명의 도원몽桃原夢을 자기화한 것으로 볼 수 있는 대목이다. 환幻이란 깨어 있을 때의 꿈이고, 꿈이란 잠들었을 때의 환상幻想이다. 안평대군의 '몽유도원'은 낮과 밤을 관통한 꿈이자 환상이다.

《주례周禮》 춘관春官 점몽占夢에 의하면 꿈에는 여섯 종류가 있다. 평안한 상태에서 저절로 꾸는 정몽正夢, 놀라서 꾸는 악몽噩夢, 낮에 생각했던 일이 꿈으로 나타나는 사몽思夢, 깨달은 바가 있어서 꿈으로 나타나는 오몽寤夢, 낮에 있었던 기쁜 일이 꿈으로 나타나는 희몽喜夢, 두려워서 꾸는 구몽懼夢 등이다. 안평대군의 도원몽은 그가 평소에 그리던 세계가 꿈으로 나타난 것이라 할 수 있으므로 사몽인 셈이다.

사몽에 대한 이야기는 왕족이나 사대부 사이에서 흔히 거론되었다. 그들 사이에 자주 얘기됐던 꿈 중 대표적인 것이 공자의 '양영兩

楹의 꿈'과 장자의 '호접胡蝶의 꿈'이다. 공자의 꿈은 어떤 날 공자가 두 기둥 사이에 앉아 제사 드리는 꿈을 꾸었는데, 이를 통해 자신의 죽음을 예견하고는 와병 7일 만에 세상을 떠났다는 내용이다(《예기禮記》 단궁檀弓 상). 그 후로 '양영의 꿈'은 흔히 죽음을 예견하는 꿈에 비유되었다. 양영이란 천자 어전御殿 앞에 세워진 두 기둥으로, 존귀함을 상징한다.

'호접의 꿈', 즉 호접몽은 장자莊子가 꾼 꿈이다. 장자는 꿈에 나비가 되어 훨훨 날아다니면서 즐거워했는데, 꿈에서 깨고 보니 자신이 분명 장자였다. 꿈속에서 나비가 된 것인지, 나비의 꿈에서 장자가 된 것인지 그는 알지 못했다는 내용이다(《장자》 제물론齊物論).

이 밖에 알려진 사몽은 많다. 황제가 낮잠을 자다가 꿈에 화서씨華胥氏의 나라에 가서 노닐었는데 그 나라는 군장君長이 없는데도 아주 태평하게 잘살더라는 황제의 '화서華胥의 꿈'이 있고, 초楚나라의 양왕襄王이 일찍이 고당高唐에서 놀다가 낮잠을 자는데 꿈에 한 여인이 와서 "저는 무산巫山의 여자로서 임금님이 여기 계시다는 소문을 듣고 왔습니다. 원컨대 잠자리를 같이해주십시오" 하므로 양왕이 그 여인과 정을 통했다는 양왕의 '고당高唐의 고사'도 있다. 이 외에도 은나라 고종이 어느 날 성인聖人을 얻는 꿈을 꾸고 나서 꿈에 본 그 인상을 그리게 하여 이를 찾다가 마침내 부암傅巖의 들에서 부열傅說을 찾았다는 고사, 공자가 젊었을 적에는 항상 주공周公의 도를 행하려는 뜻이 있었기 때문에 꿈속에서라도 혹 주공을 보았다는 고사가 있는데, 이러한 성군이나 성현들의 꿈 이야기 때문에 치자나 왕족의 꿈은 어떤 정치적 의미와 상징성을 지닌 것으로 인식되었다. 많은 문사와 권신들이 〈몽유도원도〉에 찬시 쓰기를 주저하지 않았던 것도 안평대군의 꿈 이야기가 품은 막중한 의미를 알고 있었기 때문이다.

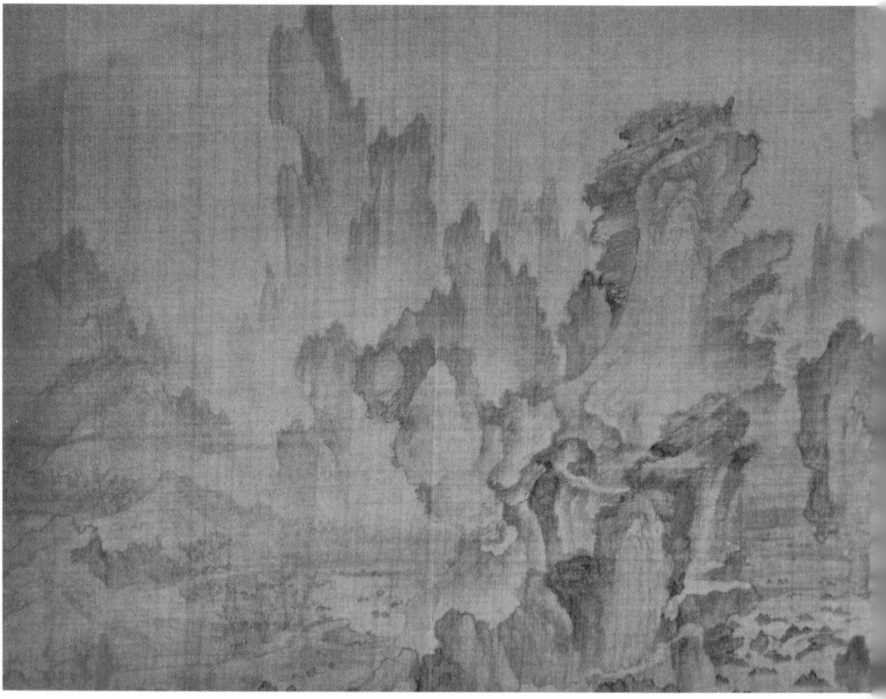

안견의 〈몽유도원도〉. 그림 부분 38.6×106.2cm. 일본 천리대 중앙도서관 소장

안견이 그린 도원경桃源境

— 〈몽유도원도〉를 그린 안견은 조선 초기 화가로 본관은 지곡池谷, 자는 가도可度 또는 득수得守, 호는 현동자玄洞子 또는 주경朱耕이다. 특히 산수화의 깊은 경지를 체득하여 많은 명작을 남겼다. 세종 시절에는 불교적 기복신앙의 분위기 속에서 석가모니나 아미타불 등을 주인공으로 하는 불화를 그렸다는 기록이 있으며(《성소부부고》), 태조가 조선을 건국할 때 공을 세운 여덟 마리 말을 소재로 그린 〈팔준도〉도 유명하다.

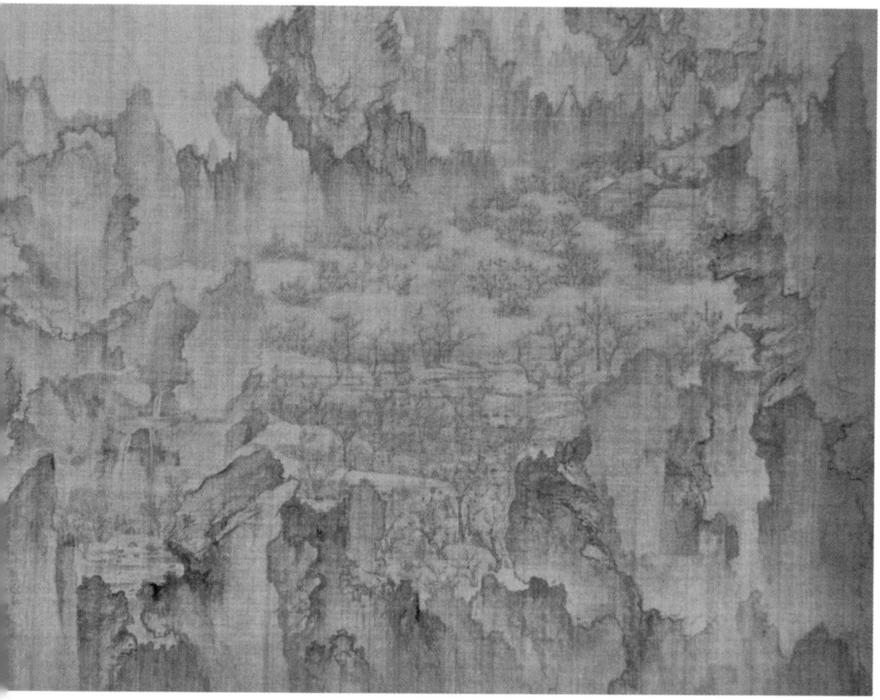

안견에 대해 신숙주는 화기畵記를 통해 "조선 조정에서 화가다운 화가"라고 극찬했다. 또 "천성이 총민聰敏하여 옛 그림을 많이 열람하여 그 요령을 터득하고 여러 사람의 장점을 모아 절충하여 통하지 않는 것이 없었다. 특히 산수화는 옛날에서 찾아도 그에 필적할 만한 것을 얻기 드물 정도"라고 칭찬했다. 안견이 안평대군을 그림자처럼 따라다녔다는 기록이 산견된다. 예컨대 세종이 양화나루 옆에 있는 희우정喜雨亭에 거동할 때 문종은 동궁으로서 따라가고, 안평대군도 따라갔다. 그날 저녁에 안평대군이 성삼문, 임원준과 강으로 가서 술을 마시며 달구경을 하는데 문종이 시를 지어 들이게 하니 안평대군과 성삼문, 임원준이 각각 시를 지어 올렸다. 안평대군이 그 때의 사연을 서술한 글과 시를 손수 쓰고 안견에게 그림을 그리게 했다는 기록(《견한잡록遣閑雜錄》 심수경沈守慶 찬撰)도 그중 한 예다.

〈몽유도원도〉의 발문과 찬시

— 현재 일본의 천리대 중앙도서관에 소장돼 있는 〈몽유도원도〉는 발문, 찬시를 포함한 두루마리로 표구돼 있다. 전체 길이가 20여 미터에 달하며, 그림 부분의 크기는 38.6×106.2센티미터다.

두루마리를 펼치면 제일 먼저 안평대군이 직접 쓴 '夢遊桃原圖'라는 활달한 필체의 제목이 나타난다. 자작시에 이어 그림 부분이 전

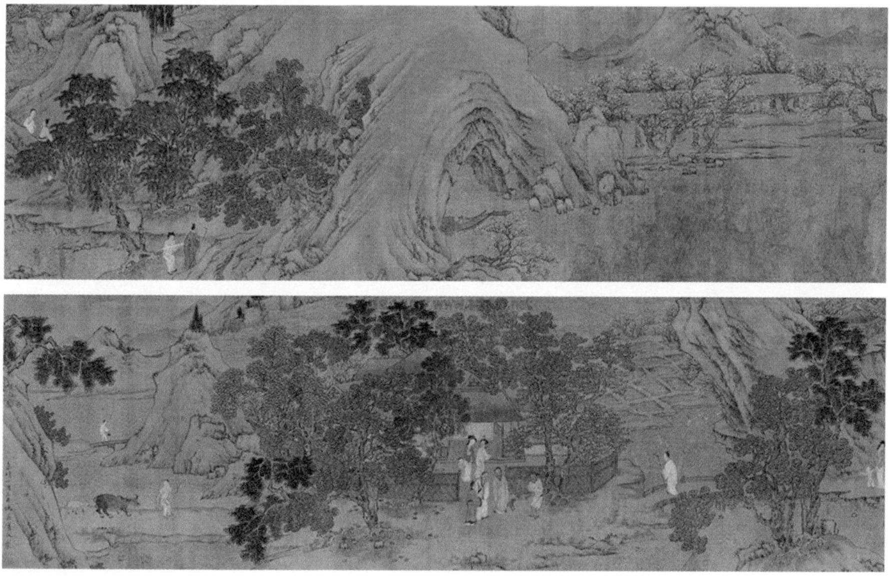

명(明) 구영의 〈도원도〉

개된다. 그림의 내용은 화면 왼쪽에서 오른쪽으로 전개되는데 크게 현실 세계를 묘사한 부분, 도화원으로 진입하는 단계의 경치를 그린 부분, 도화원 정경을 그린 부분으로 나뉘어 있다. 현실 세계는 야산과 평탄한 지형으로 묘사되어 있으며, 진입 단계의 경치는 험하고 기괴한 형태의 암산과 시냇물, 폭포 등으로 묘사돼 있다. 이것은 도원이 현실세계와 차단되어 있음을 강조하기 위한 묘책이다. 그리고 이 그림의 중심이라 할 수 있는 도원은 험준한 산들로 둘러싸여 있고, 붉은 복숭아꽃이 안개 속에 만발해 있다. 그 사이로 집이 몇 채 보이지만 사람의 흔적은 찾을 수 없다. 화려함 속의 적막감, 환상 속의 그

윽함이 화면을 가득 채우고 있다.

이 그림을 그리게 된 동기는 발문에 잘 나타나 있는데, 내용을 살펴보면 대강 이러하다.

정묘년(1447년) 4월 20일 밤에 바야흐로 자리에 누우니 정신이 아른해지며 잠이 깊이 들어 꿈도 꾸게 되었다. 박팽년과 더불어 산 아래에 당도하니 층층이 멧부리가 우뚝 솟아나고 깊은 골짜기가 그윽하니 아름다우며, 복숭아나무 수십 그루가 있었다. 오솔길이 숲 밖에 다다르자 길이 여러 갈래가 나서 서성대며 어디로 갈 바를 몰랐다. 한 사람을 만났는데 산관야복 차림으로 읍하며 나한테 이르기를 "이 길을 따라 북쪽으로 휘어 골짜기에 들어가면 도원이외다" 하므로 나는 인수(박팽년)와 함께 말을 채찍질하여 찾아가니 산벼랑이 울뚝불뚝하고 나무숲이 빽빽하며 시냇물 길을 돌고 돌아서 거의 백 굽이로 휘어져 사람을 홀리게 하였다.

그 골짜기에 들어서니 마을이 넓게 트인 게 2~3리쯤 될 듯하다. 사방의 산이 바람벽처럼 치솟고 구름과 안개가 자욱한데 멀고 가까운 도화숲이 어리비치어 붉은 노을이 떠오른다. 대나무 숲과 초가집이 있는데, 싸리문은 반쯤 닫히고 흙 담은 이미 무너졌으며 닭과 개와 소와 말은 없고 한 시내에 오직 조각배가 있어 물결을 따라 오락가락하니 정경이 소슬하여 신선의 마음과 같았다. 이에 주저하며 둘러보기를 오래 하고

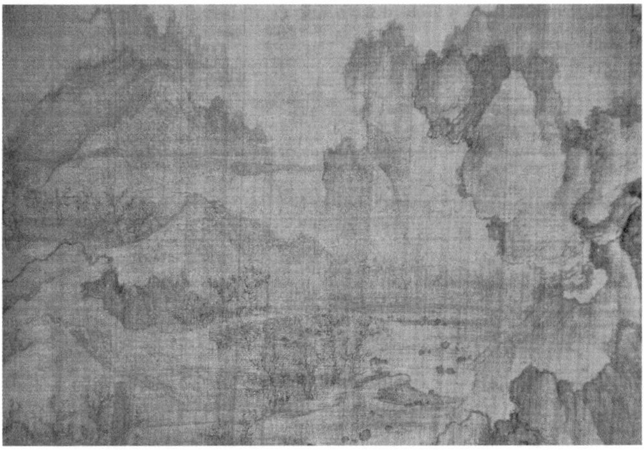

〈몽유도원도〉 중 현실 세계

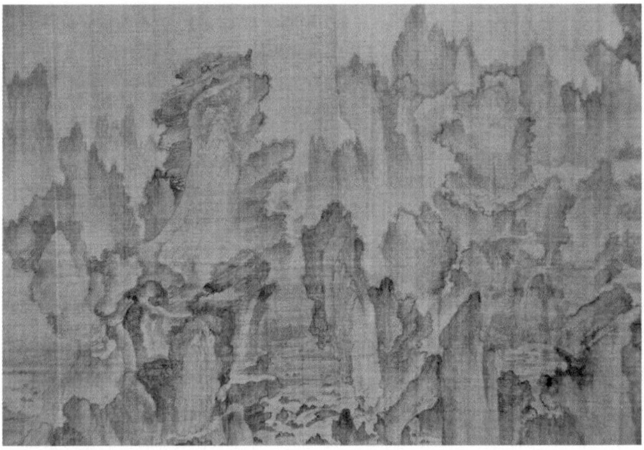

〈몽유도원도〉 중 도원 진입 단계

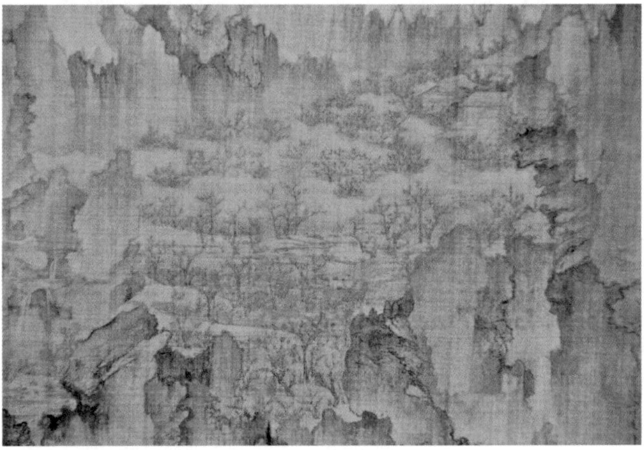

〈몽유도원도〉 중 도원 전경

인수한테 이르기를 "바위에다 서까래를 걸치고 골짜기를 뚫어 집을 이었다더니 어찌 이를 두고 이르는 것이 아니겠는가? 정말로 도원동이다" 하였다. 곁에 두어 사람이 더 있으니 바로 최항, 신숙주 등인데 함께 시운을 지은 자들이다. 서로 짚신감발을 하고 오르내리며 실컷 구경하다가 문득 깨었다.

아아, 통부와 대읍은 진실로 번화한 벼슬아치가 노니는 곳이요, 깊은 골짜기와 깎아지른 언덕은 유잠幽潛한 은사隱士가 깃드는 곳이다. 이러므로 몸에 청자가 얽힌 자는 족적이 산림에 다다를 수 없고, 청석으로 성정을 도야하는 자는 꿈에도 조정을 그리지 않나니. 대개 정적하고 조급함이 길이 다른 것은 이치의 필연이다. 옛사람들의 말에 '낮에 한 일이 밤에 꿈이 된다'고 하였으니 나는 대궐 안에 몸을 의탁하여 밤낮으로 왕사에 종사하고 있는데 어찌 꿈이 산림에 이르렀으며, 나의 좋아하는 친구가 하도 많은데 어찌 반드시 도원에 노닐면서 이 두어 사람만 동행하게 되었는가. 아마도 그 천성이 유벽한 것을 즐겨 본시 천석의 회포를 지녔고, 또 이 두어 분과 더불어 사귐이 특별히 두터웠던 까닭에 이렇게 된 듯하다. 이제 가도(안견)로 하여금 그림을 그리게 하였으나 다만 옛날만 한 그 도원도 역시 이와 같았는지 모르겠다. 훗날 보는 자가 옛 그림을 구해서 내 꿈과 비교한다면 반드시 가부의 말이 있을 것이다. 꿈을 깬 뒤 3일 만에 그림이 완성되었기로, 비해당의 매죽헌에서 이 글을 쓴다(〈몽유도원도〉, 안휘준 · 이병한, 예경출판사).

발문에 이어 꿈속에서 함께 거닐었던 박팽년, 최항, 신숙주를 비롯해서 이개, 하연, 송처관, 김담, 고득종, 강석덕, 정인지, 박연, 김종서, 이적, 최환, 윤자운, 이예, 이현로, 서거정, 성삼문, 김수온, 천봉, 최수 등 당시의 쟁쟁한 조신들과 문사들의 찬시가 보태졌다. 최항은 〈몽유도원도〉에 쓴 찬시 외에 이 그림을 보고 읊은 시 〈도원도桃源圖〉를 남겼는데, 시에서 도원의 정경을 묘사한 부분은 다음과 같다.

> 동구에서 망연히 돌길에 헤매다가 / 숲을 뚫자 난데없는 산관을 만나고 / 조금 가니 소유동(신선이 거처하는 동천)이 헌칠하게 열렸는데 / 들어서자 곧 일월이 한가함을 느꼈네. / 백 구비 붉은 벼랑은 병풍을 둘러친 듯 / 천 구비 푸른 시내는 옥이 쟁강 우는 듯 / 높고 낮은 대밭에는 안개가 자욱하고 / 원근 도원엔 붉은 노을이 꽉 찼는데 / 문을 반쯤 닫은 초가들이 노목에 의지했고 / 일엽 어주魚舟가 앞 물 구비에 출렁거리네. / 구름 속의 집은 어느 대에 푸른 벼랑에 지었으며, / 달맞이하는 다락은 뉘 집에서 푸른 봉우리 깎아내었나(《동문선》).

찬시는 작가가 어떤 대상과 감정적으로 소통한 결과를 주관화하여 문학적으로 표현한 것이다. 그림의 경우에는 대개 그 내용이나 화가의 인격, 인생관, 미의식 등이 찬미와 칭송의 대상이 된다. 〈몽유도원도〉에 찬시를 쓰는 행위는 안평대군과 감정과 정서, 나아가서는

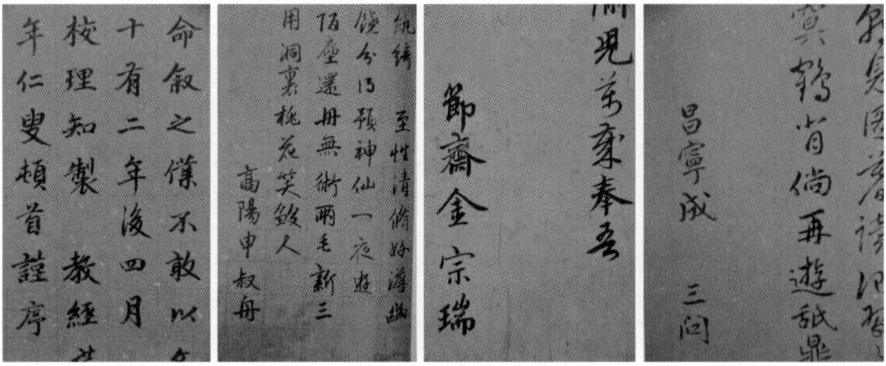

〈몽유도원도〉에 찬시를 쓴 박팽년(仁叟), 신숙주, 김종서, 성삼문의 필적

정치적 이상까지도 공유하고 있음을 암시하는 측면도 강하다. 최항은 그의 시 〈도원도〉에서 '천 구슬 신 뒤에 따라 청유를 함께 하니(淸遊得殿珠千履)'라고 했다. 여기서 '천 구슬 신'이란 전국시대 때 춘신군春申君의 문객들 중에 상객上客들이 모두 신었다는 구슬 장식의 신발을 뜻한다. 최항은 이 시구를 통해 자신이 평소에 안평대군 문하의 상객임을 밝힌 것이다. 이것이 계유정란 이후 안평대군 반대파 문인들이 〈몽유도원도〉를 금기의 대상으로 경계했던 까닭이다.

안평대군과 수양대군의 권력 암투

— 안평대군이 꿈에 도원을 거닌 것이 1447년 4월 20일 밤의 일이고, 안견이 〈몽유도원도〉를 완성한 것은 그 3일 후인 4월 23일

의 일이다. 당시는 세종이 병석에 눕고 문종이 대리청정하던 시기로 사실상 권력의 공백기였다. 1450년 세종을 이어 문종이 왕위에 오르자 안평대군은 황표정사黃票政事를 활용하면서 자신의 세력을 확장시켜 나갔다. 황표정사란 그들 자신이 추천하는 인물의 명단을 왕에게 올리면 왕은 그중에서 적임자를 골라 노란색 표시를 하여 임명을 허락하는 변칙적인 인재 등용 방법이었다. 인사행정은 원칙적으로 이조吏曹의 소관이지만, 안평대군은 황표정사를 통해 인사에 관여하면서 점차 조정의 배후 실력자로 부상하기 시작했다.

안평대군을 중심으로 한 정치세력은 당시 문종 정부의 요직을 맡고 있던 조신들로, 대부분 과거 세종을 보필했던 문인과 학자들이었다. 영의정 황보인, 좌의정 남지, 우의정 김종서 등 삼정승을 비롯해서 성삼문, 박팽년, 하위지, 신숙주 등 집현전 학사 출신의 권신들이 안평대군 주변에 포진하고 있었다. 이들 중 박팽년, 신숙주, 김종서, 성삼문 등은 〈몽유도원도〉에 안평대군을 위한 찬시를 직접 쓴 사람들이다.

1452년 5월, 문종이 재위 2년 만에 경복궁 천추전千秋殿에서 세상을 뜨자 뒤를 이어 단종이 즉위한다. 황보인, 남지, 김종서 등이 측근에서 단종을 보필했고, 과거 세종으로부터 단종을 보호해줄 것을 부탁받은 집현전 학사 출신 성삼문, 박팽년, 하위지, 신숙주, 이개, 유성원 등도 단종을 보좌했다. 이들 문인 세력들은 안평대군과 긴밀

한 관계를 맺고 있었기 때문에 수양대군 측에서 볼 때는 조정이 온통 안평대군 세력에 의해 장악된 형국이었다. 이런 상황을 방치한다면 자신의 입지가 위태로워질 것은 뻔한 이치였다. 그래서 수양대군은 안평대군을 제거하기 위한 묘안을 찾아 나섰고, 이로부터 양자 간에 목숨을 건 왕권 쟁탈전이 벌어지기 시작했다.

1447년 4월 20일 밤 꿈에 도원을 유람한 안평대군은 5년 후인 1452년, 꿈에서 본 도원의 풍경과 비슷한 분위기를 간직한 창의문 밖 경치 좋은 터에 선공부정繕工副正 이명민으로 하여금 무계정사武溪精舍를 짓게 한다. 이 사실을《동국여지승람》에서는 '창의문彰義門 밖 무계동에 있다. 안평대군이 꿈에 도원에서 놀고 이윽고 이 집을 지었다'고 기록하고 있다. 이개李塏는 경태景泰 신미년 가을에 안평대군의 무계정사를 방문한다. 기문記文에서는 이렇게 말하고 있다.

> 경성京城의 북문을 벗어나 우거진 소나무 숲길을 2리쯤 가다가 잿마루로 올라가 서쪽으로 조금 꺾어져서 동부洞府를 굽어보면 눈앞에 펼쳐진 모습이 툭 트여서 자못 사람이 사는 곳과는 다르게 여겨지는 곳이 있는데, 이곳에 비해당의 정사가 있다.
>
> 이 골짜기는 백악산白岳山의 서북쪽 기슭에 붙어 있으며, 안쪽은 완만하고 외부는 조밀하여 은은하게 하나의 구역을 이루고 있다. 동서의 거리는 2300보 남짓하고, 남북은 그 절반이 된다. 시냇물이 그 가운데

로 흘러서 돌에 부딪쳐 포말을 형성하고 세찬 물소리를 내며 아래로 쏟아져 계곡 입구에 이르면 높다랗게 매달려 열두어 발 길이의 폭포가 되는데, 이른바 무계武溪라는 곳이다.

못에는 연꽃을 심었고, 채소밭에는 외를 심었으며, 수백 주에 달하는 복숭아나무와 수백 떨기에 달하는 대나무가 주변을 에워싸고 잘 배열되어 있었다. 정사精舍가 동구洞口를 웅거하고 있는데 동구는 서남쪽으로 방향을 잡고 있으므로 채연采椽과 시비柴扉가 산을 베고 시내를 굽어보고 있었다. 올라가서 한번 돌아보니 풀과 나무는 무성하고 연기와 구름은 뭉게뭉게 피어올라서 비어 있는 듯도 하고 그윽한 듯도 하여 완연히 도원동의 기이한 운치가 있었다. 시내를 거슬러 올라가서 그 근원을 찾아보고자 했더니, 다래 넝쿨이 엉클어져 있고 바람 소리와 물소리가 요란하며, 새들은 숲에서 놀라고 다람쥐는 구멍으로 도망치는데 아득해서 찾아갈 수가 없었다(《육선생유고六先生遺稿》의 제3권 〈이선생유고〉 중 '무계정사기武溪精舍記').

그런데 무계정사 건립을 두고 우려하는 사람들이 있었다. 문종 때 병조판서를 지낸 민신閔伸은 김종서 등과 함께 어린 단종을 보호하기 위해 애쓰다가 수양대군 일파의 적이 된 인물로, 계유정난 때 김종서 등이 죽임을 당할 때 안평대군과 몰래 사귀었다는 이유로 처형당한 인물이다. 그가 무계정사를 지은 이명민에게 말하기를 "안평대군의

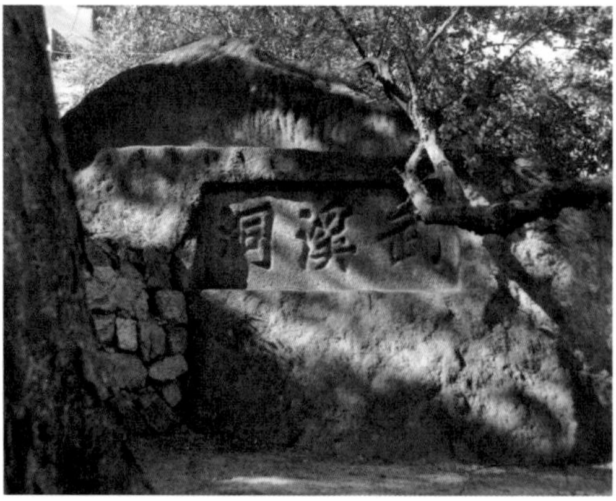

무계정사 터로 알려져 있는 서울 종로구 부암동 계곡의 '武溪洞' 암각서

무계정사를 나라 사람들이 모두 용이 일어날 땅이라 하는데, 모의가 누설된 것이 아닌가?" 하니 이명민은 "이현로가 이르기를 '큰 용이 일어날 땅'이라고 말하고 이미 황보인, 김종서와 더불어 의논하여 정한 일이니 염려할 것 없다"고 했다. 민신은 안평대군과 더불어 주연을 즐기고 취해 돌아오면 스스로 탄식하기를 "국가에서 나의 죄를 알지 못하고 살려둔다"고 말한 것(《단종실록》 1년 10월 10일)을 보면 무계정사 건립이 수양대군 측의 오해를 살 여지가 있었음을 알 수 있다.

안평대군은 새로 지은 무계정사에서 당대에 내로라하는 시인 묵객, 조신들과 모임을 자주 가졌다. 또한 용산의 한강변에 담담정淡淡亭을 지어 이곳을 오가며 글 잘하는 선비들과 함께 시문을 즐기기도 했다. 무계정사에서의 모임은 시서화를 즐기며 예술 세계를 공유하는 풍류 아회雅會 성격을 가지고 있었다. 그러나 모임에 참여하는 조신들의 입장에서는 커가는 권력자 안평대군과 관계를 돈독히 하고 왕실과 결속하여 권세와 기득권을 유지할 수 있는 절호의 기회였다.

무계정사에서의 모임을 의심의 눈초리로 바라본 사람들이 있었으니 단종 측근의 인물과 세종의 후궁인 혜빈 양씨惠嬪楊氏 등이다. 혜빈 양씨는 후궁 신분이어서 왕이 죽으면 궐 밖에 나가 살아야 했지만 단종을 어릴 때부터 보살펴온 터라 세종이 죽은 후에도 궐내에 머물러 있었다. 안평대군의 정치적 야심을 우려한 혜빈은 어린 단종에게 간언한다. "안평대군 스스로 무계정사에 사는 이유를 '산수를 좋아하고 홍진紅塵을 싫어하기 때문'이라 말하고 있지만, 그 터가 《비기秘記》에 이른바, '명당이 장손長孫에 이롭고 만대에 왕이 일어난다'는 땅이므로 그곳에 정사를 지은 것은 숨은 의도가 있는 것이 분명하므로 무슨 일이 생기기 전에 미리 응분의 조치를 해야 한다"는 것이었다. 또한 궁궐과 떨어진 곳에서 이현로, 이승윤, 이개, 박팽년, 성삼문 등 조신들과 자주 만나 모임을 갖는 것도 의심 가는 일이라고 했다. 더구나 조신들이 안평대군에게 글을 올릴 때마다 용비龍飛, 봉상鳳翔, 번린攀鱗, 부익附翼, 계운啓運, 개치開治처럼 왕에게만 쓰는 용어를 사용하는 것은 그들의 저의를 꿰뚫어볼 수 있는 증거라 주장했다. 혜빈뿐만 아니라 수양대군 측에서도 역시 무계정사에서의 안평대군과 조신들의 모임을 매의 눈초리로 경계하고 있었다.

이런 상황에서 수양대군 거사의 도화선에 불을 붙인 것은 우의정 김종서가 1452년 6월에 안평대군에게 올린 다음과 같은 한 편의 시다.

큰 하늘은 본래 고요하고 공허하니, 현묘한 조화를 누구에게 물으랴(大空本寂寥 玄化憑誰訊).

사람의 일이 진실로 어그러지지 않으면 비 오고 볕 나는 것이 그로 말미암아 순응한다(人事苟不差 雨暘由玆順).

바람이 도리桃李에 닿으면 화사하게 꽃소식을 재촉하고(隨風着桃李灼灼催花信)

촉촉한 윤기가 보리밭을 적시면 온 땅이 고르게 윤택해지리(沾濡及麥隴 率土均澤潤).

안평대군과 대립각을 세우고 있던 수양대군 측은 이 시를 김종서 등이 안평대군에게 인심을 모아 반역을 꾀하자고 재촉하는 의미로 해석했다. 권람, 한명회 등 수양대군 측은 김종서, 황보인 일당이 안평대군과 합세해 종묘사직을 위태롭게 하는 음모를 꾸미고 있다면서 수양대군에게 이들을 속히 제거해야 한다고 부추겼다. 평소에 안평대군의 행적을 의심하고 있던 수양대군은 이들의 요청을 즉시 받아들여 안평대군과 외호 세력을 제거할 계획을 세우고 구체적인 행동에 들어갔다.

수양대군이 내세운 거사의 명분은 안평대군이 이현로, 황보인, 김종서 등과 결탁해 단종을 몰아내고 집권하려는 역모를 저지한다는 것이었다. 반역의 직접적인 증거로 제시한 것이 앞서 말한 김종서가 안평대군에게 올린 시인 것이다. 수양대군은 안평대군, 황보인, 김종서 및 우의정 정분, 병조 판서 조극관, 이조 판서 민신, 우찬성 이양 등을 살해하고 그들의 형제와 자식까지 모두 죽였다. 여자 식구들은 측근들에게 종으로 나눠 주었고, 1455년 6월에는 금성대군錦城大君을 유배지로 보냈다. 이것으로써 위협이 될 만한 인물들은 모두 제거된 셈이었다. 이 사건이 계유정난이고, 그것은 사실상 단종 폐위와 세조 즉위를 결정지은 사건이었다.

계유정난이 끝난 뒤인 10월 12일, 사간원에서는 무계정사가 처음부터 지어져서는 안 되었을 건물임을 말하고 당장 철거할 것을 세조에게 건의했다. 계유정난 직전까지도 수양대군 측에서는 안평이 무계정사를 지은 뜻이 왕권 탈취에 있음을 의심하고 있었던 터라 무계정사는 즉시 철거되었다. 그러나 안평대군이 무계정사에서 꾼 꿈의 내용을 그린 〈몽유도원도〉는 다행히도 후세로 전해 내려와 오늘날 우리가 볼 수 있게 되었다.

* * *

〈몽유도원도〉는 한국 회화사에서 막중한 의미와 가치를 지닌 그림이다. 그것 못지않게 중요한 것은 안평대군이라는 일국의 왕자가 꾼 꿈 이야기를 내용으로 한 작품이라는 점과, 그것이 가진 회화繪畵

안평대군이 살았던 시대의 상황

연도	날짜	내용
1447년	4월 20일	안평대군, 꿈속에서 도원을 거닐다.
	4월 23일	안견, 〈몽유도원도〉를 완성하다.
1450년	2월	세종 승하, 문종 즉위
1452년	5월	문종 승하
	5월 8일	단종 즉위
		무계정사 착공
	6월	김종서, 안평대군에게 시를 올리다.
	10월	민신, 무계정사를 방문하다.
1453년	10월 10일	계유정난
	10월 18일	안평대군, 사사되다(나이 36세).
	10월 25일	의정부, 안평대군의 죄상을 널리 알리다.
1455년	6월 11일	세조 즉위

외적인 의미와 가치다.

〈몽유도원도〉는 안견이 그린 것이지만 발문과 제시가 그림에 덧붙여지면서 새로운 의미를 띤 작품으로 변신했다. 그림에 덧붙여진 찬시는 안평대군이 꾼 꿈에 대한 찬미와 그의 삶과 행적에 대한 공감의 표시라 할 수 있다. 이를 정치적 관점에서 보면 찬시를 쓴 것은 조신들의 입장에서는 왕위를 꿈꾸는 안평대군을 향한 충성 맹세일 수도 있고, 안평대군에게는 정치적 뜻을 같이할 수 있는 인재를 확보하는 수단일 수도 있다. 어쨌든 〈몽유도원도〉는 꿈 이야기를 그린 그림이지만 단순한 꿈의 기록화이기 전에 안평대군의 정치적 야망이 반영된 그림으로 볼 수 있을 것이다.

이런 배후를 가진 그림이기에 계유정난 이후에 세조 치하의 조정 문신들은 〈몽유도원도〉를 금기시했다. 희대의 예술작품이라도 정치 상황에 따라 평가와 대접이 달라진다는 사실을 보여주는 대표적 사례다.

02

당쟁 속에서 빛난 절의

김정희의 〈세한도〉

— 외딴 섬 제주도에 위리안치圍籬安置(중죄인에 대한 유배형 중의 하나로 죄인을 배소에서 달아나지 못하도록 가시로 울타리를 만들고 그 안에 가두는 것)되어 외로움과 한탄 속에 나날을 보내고 있던 추사 김정희에게 헌종 9년인 1843년 어느 날, 몇 권의 귀한 책이 전달된다. 그의 걸출한 제자 우선藕船 이상적李尙迪이 보낸 것이다. 추사는 권세에 아부하지 않고 오직 지조와 의리를 지키면서 귀한 서책을 보내준 이상적의 정성에 감동하여 소나무와 잣나무를 그린 그림을 답례로 주었으니, 그것이 저 유명한 〈세한도歲寒圖〉다.

〈세한도〉는 이상적이 보여준 의리에 대한 고마움을 표하기 위해 그려진 것이나 그림의 배후에는 고독한 유배 생활에 대한 회한과 당

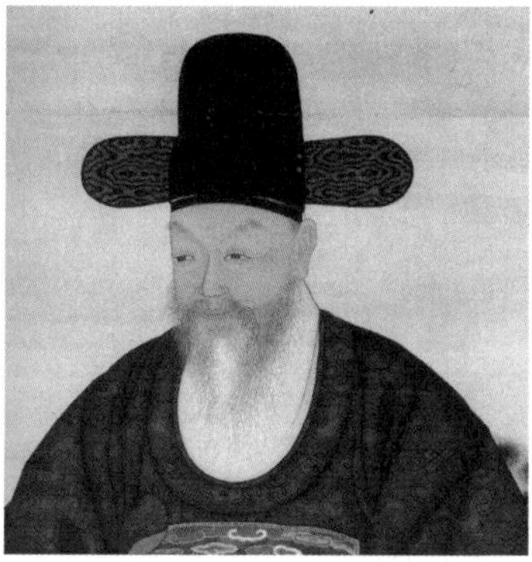

김정희 초상. 보물 제547-5호. 국립중앙박물관 전시

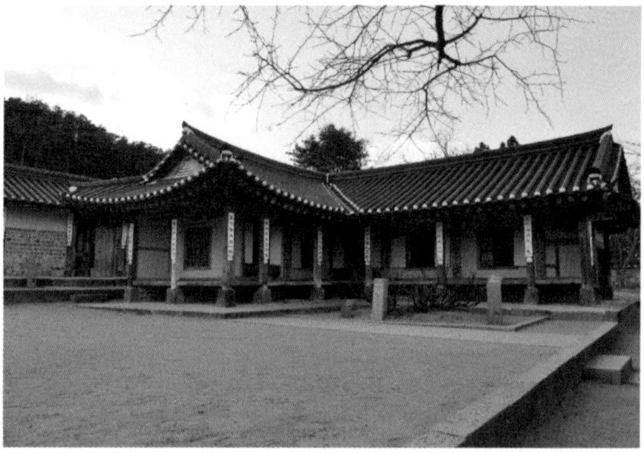

추사 고택. 예산군 신암면의 용궁리

쟁의 소용돌이에 휘말린 헌종, 철종 연간의 어지러운 정치 상황이 깔렸다.

김정희(1786~1856년)의 자는 원춘元春이며, 호는 추사秋史 · 완당阮堂 · 노과老果 등이다. 그는 조선조의 훈척勳戚 가문의 하나인 경주 김씨 가문의 후손으로, 아버지 김노경과 어머니 기계유씨 사이에서 태어나 큰아버지 김노영 앞으로 출계出系했다.

연경 학자와의 교유

— 김정희는 일찍이 북학파의 일인자인 박제가의 눈에 띄어 약관에 그의 제자가 되었다. 그리고 23세에는 아버지 김노경을 시중드는 자제군관子弟軍官 자격으로 연경에 가게 되었다.

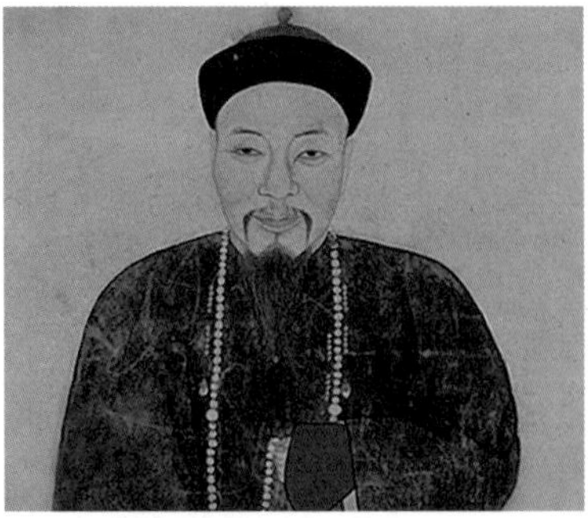

주학년 작. 옹방강 초상

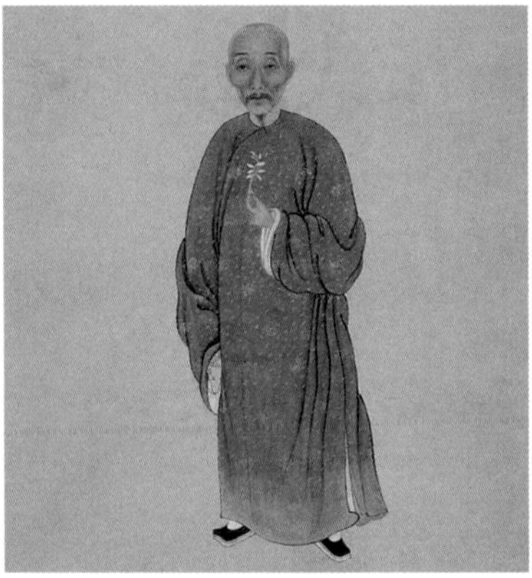

완원 초상

일행은 순조 9년인 1809년 10월에 한양을 출발하여 연경으로 향했다. 당시 아버지는 44세였고, 김정희는 혈기 왕성한 청년이었다. 학구열이 드높던 추사가 연경에 도착해서 제일 먼저 보고 싶었던 것은 높은 성벽이나 화려한 누각이 아니라 학식 높은 선비들이었다. 그런데 당시에는 박제가 등 조선 학자들이 교유했던 대부분의 명사들이 이미 세상을 떠났거나 사방으로 흩어져 연경에 없었고, 유일하게 옹방강만이 그곳에 머물러 있었다.

옹방강을 만나기 앞서 추사는 조강을 만났다. 그는 당시 29세로 추사보다 다섯 살 위였다. 젊은 두 사람은 책방이나 절에서 학문을 의논하고 문장을 토론했다. 추사는 서송이란 사람도 만났다. 서송은 서역지리에 해박하고 뛰어난 저술을 많이 남긴 사람으로, 당시 연경의 전당문고全唐文庫에 근무하고 있었다. 추사는 서송과 왕래를 했고, 더불어 옹방강을 만나게 해줄 것을 부탁했다.

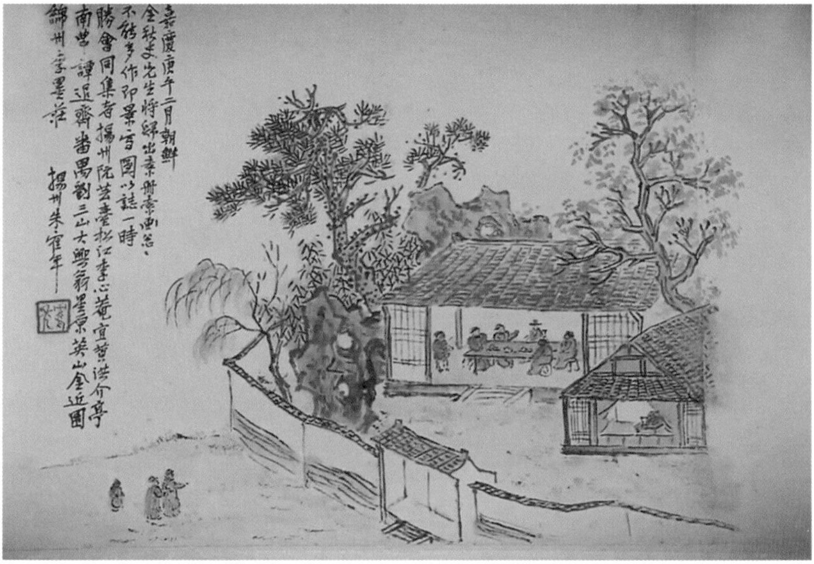

주학년 작 이한복 임모. 〈추사전별도〉. '추사 선생이 돌아가는 날 시간이 짧아 대략적인 그림으로 모임을 기념한다'는 내용의 발문이 쓰여 있다

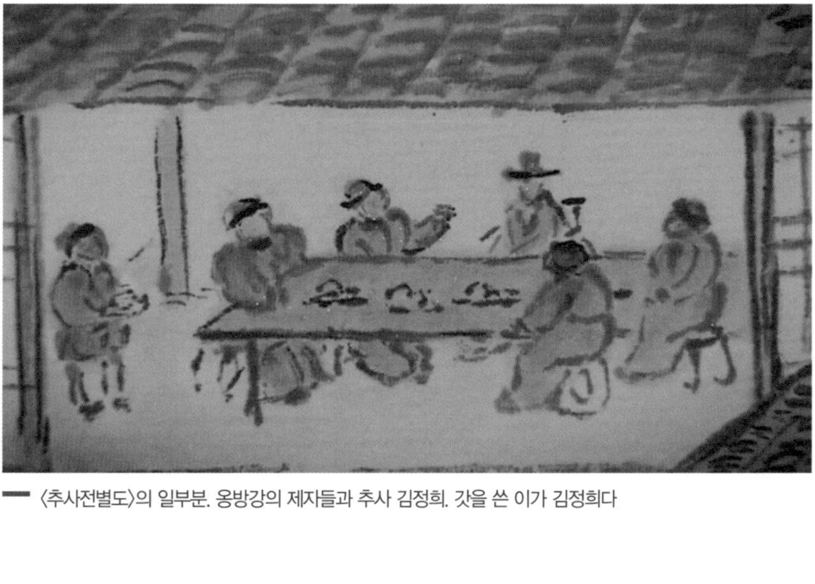

〈추사전별도〉의 일부분. 옹방강의 제자들과 추사 김정희. 갓을 쓴 이가 김정희다

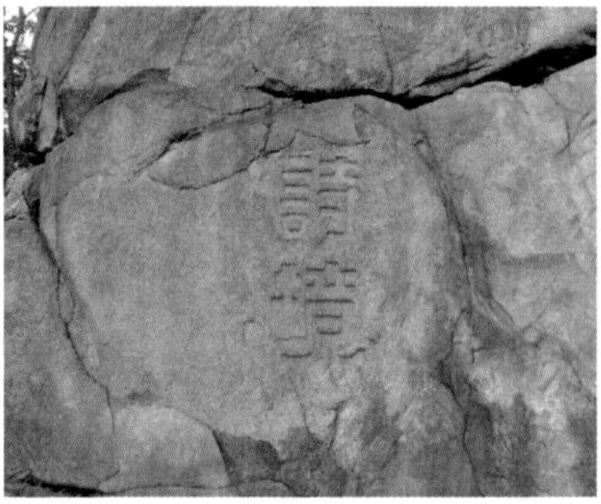

화암사 '詩境' 각서. 충남 예산군 신암면 용궁리

당시 옹방강은 78세였고, 김정희는 불과 24세였다. 옹방강은 당세의 대유大儒로서 명성이 천하에 진동했다. 경학經學, 금석학 및 고증학과 서학書學에 통달해 연경 학단과 예술계를 주도하고 있었고, 지위도 높아 선뜻 남들을 접견하지 않았다. 그런데 그런 그가 추사를 흔쾌히 만나주었다. 게다가 대화를 나누어본 후에 김정희의 예지와 학문의 깊이를 칭찬해 마지않았다. 옹방강은 송나라 충신 육유가 쓴 '詩境시경'이라는 글씨를 탁본해 가지고 있었는데 그것을 김정희에게 선물했다. 고향으로 돌아온 김정희는 옹방강을 추억하면서 예산 본가 부근의 화암사 뒤쪽 암벽에 이 글씨를 새겼다.

김정희는 옹방강 외에도 당시 중국의 유명 인사들을 두루 만났는데, 완원도 그중 한 사람이다. 완원은 가경 · 건륭 · 도광의 세 왕조에 걸쳐 활동했던 경학의 큰 스승으로, 청조 문화를 완성하고 드높인 학자로서도 이름이 높았다. 그는 당시 지방에서 관직 생활을 하고 있었으나 이 해에 마침 연경에 와 있었으므로 추사로서는 더없는 행운이었다. 완원은 자기가 아끼던 탁본과 옛 서책을 김정희에게 선물했다. 이에 감복한 김정희는 완원을 따라 자기의 별호를 완당阮堂으로 지었다.

그다음으로 만난 사람은 주학년이다. 그는 서화로 이름을 날리던 사람으로, 인품이 고아하고 밖은 온화하며 안은 강직하다는 평가를 받고 있었다. 청년 추사를 마음으로 깊이 사귀면서 자신이 그린 그림 중 가장 자신 있는 그림을 많이 선물하여 깊은 친교를 맺었다. 후에도 주학년은 추사의 생일이 되면 반드시 술을 따라 축하해주었고, 그의 모습을 그려 선물로 보내주기도 했다.

옹방강, 완원, 주학년 등 청나라의 이름난 유학자와 예술가들과의 만남은 추사의 높은 학구열과 학문적 호기심을 충족시켜주었고, 그들과의 교유는 후에 걸출한 유학자, 금석학자, 그리고 서예가로 우뚝 서는 밑거름이 되었다.

정치 바람에 휩쓸린 유배 생활

— 추사가 중국에서 귀국한 이후의 관직 생활은 그런대로 순조로웠다. 추사가 34세 되던 해에는 문과에 급제했고 암행어사, 성균관 대사성, 예조참의 등을 거쳐 벼슬이 병조참판에 이르렀다. 헌종 초년에는 추사를 북경 사절단의 부사로 임명하자는 의논까지 있었을 정도로 그의 앞날은 밝아 보였다. 그러나 호사다마라는 말을 증명하듯, 그의 일가와 신상에 어두운 그림자가 드리워지기 시작했다.

순조가 승하하고 헌종이 즉위하여 순원왕후가 수렴청정하는 틈을 이용해 권력을 손에 넣은 안동김씨 세력은 그들의 정적인 김정희 일가를 그냥 두지 않았다. 10년 전에 윤상도 부자가 호조판서 박종훈과 유수留守(조선 시대 개성 · 강화 · 광주 · 수원 · 춘천 등 요긴한 곳을 맡아 다스리던 정2품 외관직)를 지낸 신위, 그리고 어영대장(종2품) 유상량 등을 탐관오리로 탄핵하다가 오히려 군신 사이를 이간시킨다는 이유로 왕의 미움을 사서 추자도에 유배된 사건이 있었다. 안동김씨 일파는 그 일을 새삼스럽게 들먹이면서 그 상소문을 쓴 배후에 김정희가 있었다고 하며 윤상도 부자와 함께 죽이려 했다. 김정희는 터무니없는 무고誣告라고 해명했으나 처음부터 김정희 집안을 제거하려고 조작한 사건이었던 만큼 결론은 이미 나 있는 것과 다름없었다. 결국 누명을 쓰고 헌종 6년인 1840년 8월 20일 야밤에 붙잡혔다. 그리고 혹독한 고문을 당한 지 40여 일 만에 머나먼 곳 제주도 대정大靜 땅으로 유배를 가게 된다. 그때 그의 나이가 55세였다.

혹독한 고문을 받던 당시의 심정을 김정희는 친구 권돈인에게 보낸 편지에 이렇게 썼다.

"욕된 것보다 더 추한 것이 없고, 그다음은 나무에 꿰어 회초리를 맞는 욕을 당하는 고통인데, 이 두 가지를 다 당하였습니다. 40일 동안 이와 같이 참혹하고 혹독한 일을 당한 것은 옛날이나 지금이나 어찌 있을 수 있겠습니까? 천만인이 모두 죽어가고 있는데, 한 사람이 홀로 슬퍼해주셨습니다(《완당집》).”

제주도 대정으로 유배 가는 뱃길은 보통 험한 길이 아니었다. 사람들이 바다를 건너가려면 보통 열흘이나 한 달의 기간을 잡았는데, 추사가 떠날 때는 바다에 바람과 파도가 크게 일고 천둥과 번개가 번갈아 치니 죽고 사는 것을 예측할 수 없을 정도였다. 배에 탔던 사람들이 모두 부둥켜안고 울부짖고 사공 역시 다리를 떨며 감히 앞으로 나아가지 못하는데 추사는 뱃머리에 앉아서 시를 지어 높게 읊으며 태연한 모습을 보였다고 한다. 대정 마을에 도착한 추사는 위리안치되어 그로부터 장장 9년 동안 외롭고 고통스러운 유배 생활을 보내게 된다.

그가 유배 생활을 했던 집은 매우 협소했다. 한 칸짜리 온돌방에 툇마루와 부엌이 딸린 작은 초가집이었다. 북쪽에 바깥채가 있었는데, 두 칸쯤 되는 부엌과 광 한 칸이 있었다. 안채도 있었으나 그곳에는 원래의 주인이 살고 있었다. 울타리는 집의 형태를 좇아서 둘렀는데, 섬돌 사이에 밥을 날라올 수 있는 곳을 터놓았다. 이 협소한 집에서의 생활은 결코 편하지 않았다. 추사가 그의 친구 권돈인에게 쓴 편지의 내용을 보면 당시의 상황과 심정을 짐작해볼 수 있다.

“위리 안의 벽에는 도배도 하지 않은 방에 북쪽 창을 향해 꿇어앉아 정丁자 모양으로 좌장坐杖에 몸을 의지하고 있습니다. 밤낮 마음 놓고 편히 잠자지도 못하고 밤에는 늘 등잔불을 끄지 않습니다. 먹는 것을 말하자면, 생선 등속이 없지는 않으나 비린내가 위를 상하게 하는 것을 싫어합니다. 혹 멀리 본가에서 반찬을 보내주기도 합니다만 모두 너무 짜서 오래 두고 비위를 맞출 수가 없습니다. 마을 아이들이 서넛 와서 배우므로 글씨를 가르쳐주며 소일합니다. 만일 이런 것도 없다면 너무 적막하여 견디지 못할 것입니다. 기력이 점차 쇠잔하고 살이 빠져 이제는 능히 앉을 수조차 없습니다(《완당집》)."

그 와중에 추사는 시력을 상하면서까지 청나라 학문을 계속 연구하였는데, 다만 아쉬운 것은 날카로운 논조를 전할 상대가 없는 것이었다. 한편으로 어떠한 불순물도 인정하지 않는 붓글씨와 문인화의 화론을 이룩하기 시작했는데, 추사체는 이 시기에 완성된 것이다.

이상적의 지조와 정성을 칭찬하다

——— 제주도에서 외부와 격리된 채 외롭고 답답한 생활을 하고 있을 때 신선한 공기처럼 찾아온 사람이 있었으니 바로 이상적(1803~1865년)이었다. 역관 출신으로 자는 혜길惠吉 또는 윤진允進이고, 호는 우선藕船이다. 순조 29년인 1829년 10월, 동지 겸 사은사謝恩使를 따라 처음으로 중국 북경에 가서 3월에 돌아왔다. 이를 시작으로 순조, 헌종, 철종 대를 거치는 동안 모두 열두 차례나 북경을 다녀온 전문 통역관이다.

당시 역관은 설인舌人이라 하여 단순히 입을 놀려 통역하는 기능인 정도로 취급되었으나 이상적은 보통 역관과는 달랐다. 김정희의 문인으로 서장관書狀官 자격으로 청나라를 오가면서 국내의 유명 인사들과 중국 문인들과 친구 관계를 맺고 서신을 주고받았다. 그 인연으로 청나라에서 명성을 얻게 되었고 헌종 13년인 1847년에는 중국에서 자신의 시문집을 발간했다. 헌종이 자신의 시를 직접 읊고 애호하는 데 감동해서 문집 이름을 '은송당집恩誦堂集'이라 명명하기도 했다.

그는 북경을 드나들면서도 항상 그의 스승 추사의 처지를 생각하며 가슴 아파 했다. 《은송당집》 권1에 추사에 대해 느낀 바를 쓴 글 〈입춘후일일용호방김추사학사立春後一日龍湖訪金秋史學士〉가 실려 있는데 추사에 대한 흠모와 연민의 정이 행간에 넘친다. 그는 골동품과 서화 · 금석金石에도 조예가 깊어 중국 학자 유희해가 조선의 금석문을 모아 편찬한 《해동금석원海東金石苑》에 글을 쓰기도 했다.

이상적은 사행길에 기회만 있으면 서책이나 물건을 구해 추사에게 보내 위로하는 데 정성을 다했다. 여섯 번째로 북경에 갔을 때는 계복의 《만학집晩學集》 8권과 운경의 《대운산방문고大雲山房文藁》 6권 2책을 구해 이듬해에 돌아와 유배지의 추사에게 선물했고, 일곱 번째로 북경에 갔을 때는 하장령의 《황청경세문편皇淸經世文編》 120권을 보냈다. 유배 생활을 하고 있던 추사는 정성으로 서책을 보내준 이

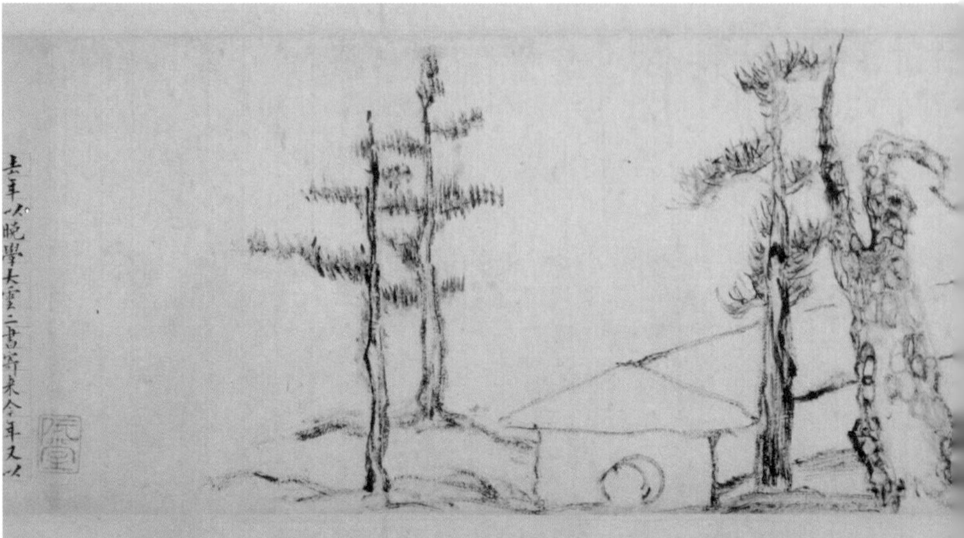

김정희의 〈세한도〉. 1844년 작. 지본 수묵. 그림 부분 23×69.3cm. 두루마리 길이 1388.95cm. 국보 제180호. 손창근 소유. 국립중앙박물관 보관

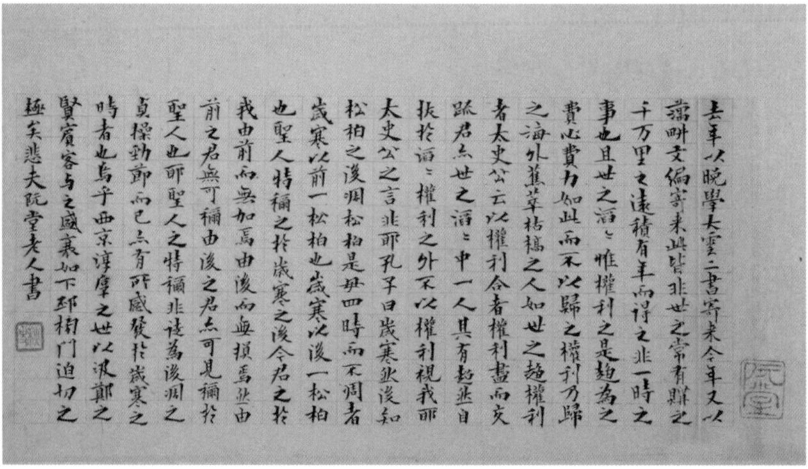
去年以晩學大雲二書寄來今年又以
藕畊文編寄來此皆非世之常有購之
千万里之遠積有年而得之非一時之
事也且世之滔〻惟權利之是趨為之
費心費力如此而不以歸之權利乃歸
之海外蕉萃枯槁之人如世之趨權利
者太史公云以權利合者權利盡而交
踈君亦世之滔〻中一人其有超然自
拔於滔〻權利之外不以權利視我耶
太史公之言非耶孔子曰歲寒然後知
松柏之後凋松柏是貫四時而不凋者
歲寒以前一松柏也歲寒以後一松柏
也聖人特稱之於歲寒之後今君之於
我由前而無加焉由後而無損焉然由
前之君無可稱由後之君亦可見稱於
聖人也耶聖人之特稱非徒為後凋之
貞操勁節而已亦有所感發於歲寒之
時者也烏乎西京淳厚之世以汲鄭之
賢賓客與之盛衰如下邳榜門迫切之
極矣悲夫阮堂老人書

〈세한도〉 발문

상적의 호의에 감동하여 〈세한도〉를 그려 선물로 주었다. 헌종 10년인 1844년, 김정희 나이 59세 때의 일이다.

김정희는 발문에 〈세한도〉를 그리게 된 동기와 그림에 담은 뜻을 이렇게 적었다.

지난해(1843년, 헌종 9년)에 《만학집》과 《대운산방집》을 부쳐주고 금년에 또 우경藕耕(하장령의 호)이 지은 《황청경세문편》을 부쳐주었다. 이들 책은 세상에 흔한 것도 아니고 천만리의 먼 곳으로부터 사와야 하며, 또한 여러 해가 걸려야 비로소 구할 수 있는 것으로 쉽게 손에 넣기 어려운 것이다.

게다가 세상 사람들은 도도한 물살처럼 오직 권세와 이익이 있는 곳을 수없이 찾아가서 부탁하는 것이 상례인데, 군은 많은 고생을 하여 어렵게 구한 책을 권세 있는 집에 선물하지 않고 오히려 바다 멀리 있는 여위고 초라한 나에게 보내주었다. 세상의 권력가에게 자주 찾아가 부탁하는 무리들에 대해 태사공은 '권세와 이익을 가지고 어울리는 사람은 그것이 다하면 전혀 다른 타인이 된다'고 했다. 그런데 군도 역시 그런 세간 가운데 한 사람이면서도 권세와 이익으로부터 스스로 초연하여 나를 권세 이익의 사람으로 대하지 아니하고 이 귀한 책을 보내주었단 말인

가. 과연 그렇다면 태사공의 말은 군에게는 맞지 않는단 말인가!

공자는 '차가운 겨울을 당한 후에야 소나무와 잣나무가 늦게 시드는 것을 비로소 알게 된다'고 했다. 사실 소나무와 잣나무는 사철을 통해 한결같이 잎이 떨어지지 않는 것이어서 차가운 겨울 이전에도 소나무와 잣나무요, 이후에도 같은 소나무요 잣나무인 것이다. 그런데 공자는 겨울의 소나무와 잣나무를 특별히 칭찬했다. 지금 군과 나의 관계는 앞이라고 더한 것도 없고 뒤라고 줄어든 것도 아닌 시종 변한 것이 없는 것이다. 그런데 이전의 군에게는 칭찬할 점이 없지만, 이후의 군은 역시 성인으로 칭찬해야 할 것이 아니겠는가.

성인께서 유달리 칭찬하신 것은 단지 엄동을 겪고도 꿋꿋이 푸름을 지키는 송백의 굳은 절조만을 위함이 아니다. 역시 엄동을 겪은 때와 같은 인간의 어떤 역경을 보시고 느끼신 바가 있어서이다. 아아, 서한西漢의 순박하고 도탑던 시절에도 급암汲黯•과 정당시鄭當時••와 같은 어진 이들도 빈객과 같이 성하고 쇠했고, 하규현下邽縣의 적공翟公이 대문에

• 급암汲黯 : 한 무제 때 구경九卿으로 있으면서 감히 임금 면전에서 거침없이 바른말을 하였다는 인물(《사기》 급암열전汲黯列傳).

•• 정당시鄭當時 : 한나라 정당시가 태자사인太子舍人으로 있을 적에 휴일을 맞을 때마다 장안의 사방 교외에다 역마驛馬를 비치하고는 귀천을 막론하고 손님들을 맞아들여 극진하게 대접하였는데, 그와 교제하는 사람 모두가 천하의 명사였다는 고사가 전한다(《한서漢書》 정당시전鄭當時傳).

방을 붙인 일•••은 세상인심의 박절함이 극에 이름이도다. 슬프도다.

완당 노인 쓰다.

〈세한도〉를 완성한 추사는 '오래도록 서로 잊지 않는다'는 뜻이 담긴 글 '장무상망長毋相忘'을 새긴 도장을 그림에 찍었다.

〈세한도〉의 상징성과 역정歷程

— 〈세한도〉는 소나무와 잣나무를 소략한 필체로 그린 그림이다. 갈필로 성글게 그린 까닭에 보기에 따라서는 화면에 빈틈이 많고 무언가 결락된 부분이 있는 것처럼 보이기도 한다. 그러나 그 빈틈과 결락은 결코 뜻의 빈곤함을 의미하지는 않는다.

발문이 추사의 심정과 화의畵意를 글로 표현한 것이라면, 그림은 그런 심정과 화의를 소나무와 잣나무를 빌어 표현한 것이다. 발문과

••• 적공翟公이 대문에 방을 붙인 일 : 한나라 때 적공이 정위廷尉가 되자 그를 찾아오는 사람들이 문전성시를 이루었다. 그러나 그가 실각하자 이내 그의 대문에는 참새 그물을 칠 정도로 인적이 끊기고 말았다. 그 뒤 그가 다시 정위가 되자 또 당초처럼 사람들이 문전성시를 이루었다. 이에 그는 대문에 '죽고 사는 갈림길에 서봐야 교정을 알게 되고, 사업에서 망하고 흥해봐야 교태를 알게 되며, 벼슬길에서 귀천을 겪어봐야 교정이 나타난다(一生一死, 乃知交情, 一貧一富, 乃知交態, 一貴一賤, 交情乃見)'라고 써 붙여 세상 사람들의 염량세태를 신랄하게 책망하였다(《사기》 급암열전汲黯列傳).

그림은 표현 방법은 달라도 드러내려는 뜻에서는 같은 것이다. 그림의 소나무와 잣나무는 자연의 일부가 아니라 의미 표현의 매개체로서의 소나무와 잣나무인 것이다.

〈세한도〉의 소나무와 잣나무는 발문에서도 나타나 있듯이 지조와 의리의 상징이다. 소나무와 잣나무가 지조와 의리의 상징이 된 것은, 일차적으로 송백이 가진 생태적 속성에 기인한다. 즉 추운 겨울이 되면 다른 모든 식물들은 낙엽 지는데 오직 소나무와 잣나무만은 상록수의 푸름을 잃지 않는다. 이러한 소나무의 속성을 인간의 지조와 절개에 비유했던 것이다.

발문에 나오는 '차가운 겨울을 당한 후에야 소나무와 잣나무가 늦게 시드는 것을 비로소 알게 된다'는 말은 공자의 《논어》 자한子罕편에 실린 '세한연후지송백지후조야歲寒然後知松栢之後凋也'라는 말을 근원으로 한다. 공자 이후로 소나무와 잣나무는 유교 윤리와 관련된 지조와 절개의 상징이 되었고, 그로 인해 선비들 간에 '세한의 송백'이 더욱 큰 사랑을 받게 되었다.

추사로부터 뜻하지 않게 천하의 신품을 선물로 받은 이상적은 너무나 기뻐 스승에게 다음과 같은 답장을 썼다.

〈세한도〉 한 폭을 엎드려 읽으매 눈물이 저절로 흘러내리는 것을 깨닫지 못했습니다. 어찌 그다지도 제 분수에 넘치는 칭찬을 하셨으며,

그 감개 또한 그토록 진실하고 절실하셨습니까? 아! 제가 어떤 사람이기에 권세와 이득을 따르지 않고 도도히 흐르는 세파 속에서 초연히 빠져나올 수 있겠습니까? 다만 구구한 작은 마음에 스스로 하지 않으려야 아니할 수 없었을 따름입니다. 하물며 이러한 서책은, 비유컨대 몸을 깨끗이 지니는 선비와 같습니다. 결국 어지러운 권세와는 걸맞지 않은 까닭에 저절로 맑고 시원한 곳을 찾아 돌아간 것뿐입니다. 어찌 다른 뜻이 있겠습니까?

이번 사행길에 이 그림을 가지고 연경에 들어가 표구를 해서 옛 지기知己 분들께 두루 보이고 시문을 청하고자 합니다. 다만 두려운 것은 이 그림을 보는 사람들이 제가 참으로 속세를 벗어나고 세상의 권세와 이득을 초월한 것처럼 여기는 것이니 어찌 부끄럽지 않겠습니까? 참으로 과당하신 말씀입니다.

이상적은 편지 내용대로 1844년 10월 동지사 이정응을 수행하여 북경에 갈 때 〈세한도〉를 가지고 가서 이듬해(1845년) 1월 22일, 그의 벗인 오찬이 연경 우원寓園에서 베푼 잔치에 초대받아 간 자리에서 좌객들에게 내보이며 제찬題贊을 청했다. 그러자 장악진·조진조 등 참석한 16명의 문인 모두가 격찬을 아끼지 않으며 다투어 제題와 찬讚을 혹은 시로 혹은 문文으로 붙였다. 이것이 〈세한도〉에 붙어 있는 '청유 십육가淸儒 十六家의 제찬'으로 그 길이가 무려 10미터

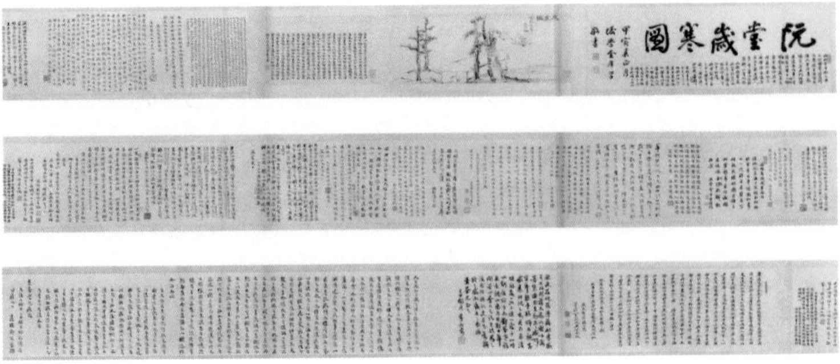

〈세한도〉 찬시

에 달한다.

이상적은 우의가 넘치는 대접에 감격하여 모든 시문을 모아 한 두루마리로 만들었다. 두루마리가 완성되자 해도천리 탐라의 김정희에게 보내 그의 쓸쓸함을 위로했다. 사연 많은 〈세한도〉는 현재 국보 제180호로 지정, 보호되고 있다.

뒷이야기를 살펴보면, 과거 이상적이 가지고 있었던 이 그림은 후에 그의 제자 김병선의 소유가 되었다가 아들 김준학이 물려받았다. 그러다가 휘문고등보통학교 설립자인 민영휘, 민규식 부자의 손으로 들어간 이후로 행방이 묘연해졌다. 그런데 경성제국대학 사학과 교수였던 일본인 후지즈카가 가지고 있는 것이 확인되자 일본 사람의 수중에 있는 것을 안타깝게 여긴 고서화 수장가이자 감식가인 손재형이 끈질긴 노력 끝에 환수에 성공했다. 그 후로 손세기, 손창근을 거쳐 2011년 국립중앙박물관에 기탁되었다.

다시 유배의 길로

— 1849년, 김정희는 드디어 제주도 유배에서 풀려났다. 10여 년 만의 일이다. 그런데 그는 진종眞宗의 조천祧遷 문제를 놓고 또다시 당쟁에 휘말리게 된다. 종묘 본전에 봉안된 영조의 맏아들(사도세자의 형) 진종(추존)의 신주를 영녕전으로 옮기느냐 마느냐를 놓고 논쟁이 벌어진 것이다.

이 예송禮訟은 학문적 논쟁이라기보다는 정치집단 간의 권력투쟁 성격이 강했다. 그 배후에는 당시 세도권의 장악을 놓고 대립한 김흥근, 홍직필 측의 안동김씨가家와 김정희, 권돈인 측의 풍양조씨가 사이의 알력과 암투가 있었다. 조천론이 승리하자, 성균관 유생들과 삼사에서 홍직필을 두둔하고 영의정 권돈인을 망군오국忘君誤國의 죄로 탄핵했다. 결국 권돈인과 김정희 등은 불충 대죄를 얻어 권돈인은 1859년 유배지인 연산連山에서 죽고 김정희는 철종 2년(1851년) 7월 함경도 북청으로 유배 갔다가 1852년 8월에 풀려나는 곡절을 겪었다.

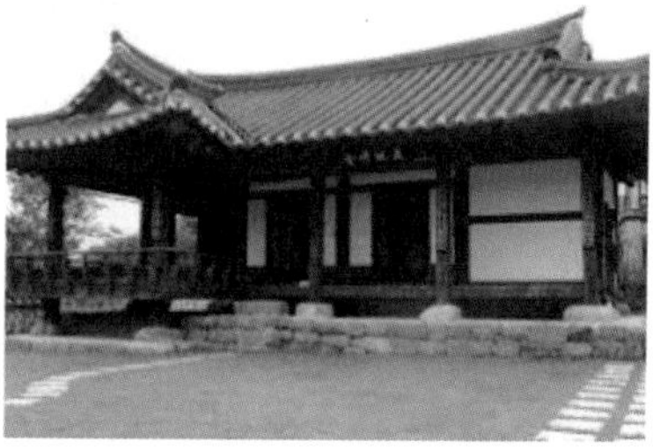
— 김정희가 만년에 살았다고 하는 과지초당(복원). 경기도 과천시 주암동

이처럼 김정희는 수십 년에 걸친 당쟁과 예송의 소용돌이에서 유배지를 오갔지만 권세와 이익으로부터는 스스로 초연했다. 만년을 경기도 과천의 과지초당瓜地草堂에서 보냈다고 하나 더 이상 확실한 것은 알 길이 없다.

* * *

김정희는 탐욕과 권세에 아부하지 않고 지조와 의리를 지키는 것이 인간된 도리라 굳게 믿었다. 그가 남긴 〈세한도〉는 역관 이상적의 지조를 칭찬한 그림이자 지위와 권세가 있을 때면 방문객이 문전성시를 이루고 관직에 물러나면 찾아오는 사람이 없는 기회주의적인 세태를 꾸짖은 그림이다. 김정희가 제주도로 유배 가지 않았다면, 문하에 스승을 존경하고 아낀 이상적이 없었다면, 더 나아가 그를 제주도 유배길로 내몬 당쟁과 예송이 없었다면 〈세한도〉는 그려지지 않았을 것이다. 김정희에게 〈세한도〉는 당쟁으로 얼룩진 세상을 살아가는 올곧은 선비의 복잡한 심회를 표현한 시詩이자 서書이자 화畵였다.

03

유배 생활 속에서 탄생한 교훈적 그림
정약용의 〈매화쌍조도〉

— 화조화는 주로 직업 화가들이 많이 그렸던 그림으로, 다산茶山 정약용(1762~1836년)과 같은 선비가 화조화를 그리는 것은 흔하지 않은 일이다. 새 두 마리가 매화나무 가지에 단출하게 앉은 모습을 그린 〈매화쌍조도〉는 다산이 강진에서 유배 생활을 하고 있을 때인 1813년에 부인 홍씨가 보내준 치마폭에 그려 윤창모에게 시집간 딸에게 준 것이다.

유배는 가장과 가족 사이를 강제로 갈라놓는다. 이 때문에 가족에 대한 사랑은 새삼 애틋해지고 걱정은 더욱 깊어진다. 죄인의 자식으로 살아갈 수밖에 없는 자식들이 혹시 남에게 손가락질을 받지나 않을까 노심초사하고, 아버지가 없는 틈을 타 공부를 게을리하지는 않을까 걱정한다. 그래서 함께 있을 때는 생각지도 않던 편지를 가족에게 쓰기도 한다. 〈매화쌍조도〉는 유배지에서 다산이 딸을 위해 그려준 것이다. 근엄한 유교 집안에서 아버지가 딸을 위해 그림을 그려주는 것은 결코 자주 있는 일이 아니다. 역설적으로 〈매화쌍조도〉의 탄생은 신유사화, 유배로 이어진 어려운 상황 때문에 가능했던 일이다.

당쟁의 소용돌이

— 다산 정약용은 영조 38년(1762년) 음력 6월 16일에 진주 목사를 역임했던 정재원과 윤선도의 손녀인 해남윤씨 사이에서 4남 2녀 중 4남으로 태어났다. 그는 다산 외에 열수洌水(한강의 상류로 다산의 고향)·여유당與猶堂 등 몇 가지 호를 더 가지고 있는데, 다산이라는 호가 잘 알려진 것은 강진에 유배 갔을 때 만덕사 서쪽의 다산 기슭에 위치한 윤박의 산정에 묵었던 인연과 관련이 있다.

다산은 28세에 문과에 급제하여 규장각 초계문신抄啓文臣(의정부에서 37세 이하의 젊은 문신 중에서 인재를 선발하여 올리면 이들을 규장각에서 주관하여 특별 위탁 교육을 실시한 것)에 발탁되었고, 관료 시절에는 정조의 각별한 신임을 받으면서 유형원과 함께 수원성을 설계하고 거중기 등의 새로운 기재器材를 이용하여 수원 화성을 쌓기도 했다.

다산은 서학에도 관심이 깊었다. 당시에 천주교가 전파되면서 지식인들 사이에 서학에 대한 관심이 커져갔고 몇몇 학자들을 중심으로 신앙 공동체가 형성되었다. 1784년, 이승훈이 북경에서 프랑스 신부 그라몽에게서 세례를 받고 귀국하여 신도들에게 세례를 줄 때 다산은 요한이라는 세례명을 얻었다. 서학에 관심을 가진 문인과 학자들이 늘자 반대편에서는 이를 성토하는 상소 운동이 일어났다. 이에 대해 정조는 "대개 이런 일은 형정刑政만으로 다스릴 수는 없다. 사학邪學을 물리치려면 무엇보다도 정학正學을 먼저 밝혀야만 한다(蓋此事 難以刑政專治闢邪學 莫如明正學)"(《조선왕조실록》 정조 15년 11월 7일 조)는 논리를 내세웠다. 서학파 중에는 노론 벽파에 대항하기 위해 키운 남인과 서인들이 많았기 때문에 정조 입장에서는 이들을 보호하려면 소극적일 수밖에 없었다.

1800년, 정조가 세상을 뜨자 정권을 장악한 정순왕후와 노론 벽파 세력은 기다렸다는 듯이 천주교를 박해하기 시작했다. 겉으로는 '유학 발전을 저해하는 사학邪學 척결'을 명분으로 내세웠지만 숨은 의도는 정조의 개혁 세력을 정계에서 완전히 제거하는 데 있었다. 순조 1년(1801년)에 신유사화가 일어났고, 그때 이승훈과 정약용의 손위 형인 정약종이 참수되었다. 겨우 목숨을 건진 다산은 그 해 2월 경상도 장기 땅에 유배됐다가 또다시 '황사영 백서 사건'에 연루돼 강진으로 이배되고, 그의 형 정약전丁若銓(1816년 사망)은 흑산도에 유배되었다. 황사영 백서 사건은 순조 1년(1801년)에 천주교도 황사영이 신유박해 때 천주교 탄압 실태와 함께 교회 재건과 포교 자유를 얻기 위해 프랑스 함대를 조선에 파견해 압력을 가하는 것이 좋겠다는 내용의 편지를 쓴 사실이 탄로나 처형된 사건이다. 그때 다산의 나이는 40세였고, 18년의 유배생활 가운데 11년간을 강진에서 보냈다.

강진 유배지에서

— 다산이 강진으로 유배를 간 것은 순조 1년 겨울이었다. 처음 머문 곳은 동문 밖 주막에 딸린 사의재四宜齋였다. 어느 날 다산은 백련사에 들렀다가 해남 대흥사의 혜장선사를 만났는데, 그의 도움으로 1805년 강진읍 뒷산에 있는 보은산방報恩山房(고성사 내 칠성각)으로 거처를 옮겨 그곳에서 9개월을 머물게 된다. 다음 해에 보은산방을 나와 그의 제자인 이청의 집에서 기거하다가 1808년에 도암의 초당으로 거처를 옮겼다. 그가 이곳으로 거처를 옮기는 데는 외가였던 해남윤씨들의 도움이 있었다. 죽마고우였던 윤서유의 아들 윤창모와 다산의 외동딸이 혼인한 것도 이즈음이다.

유배 생활을 하면서 다산은 지난날 마음속에 낀 때를 깨끗이 씻고

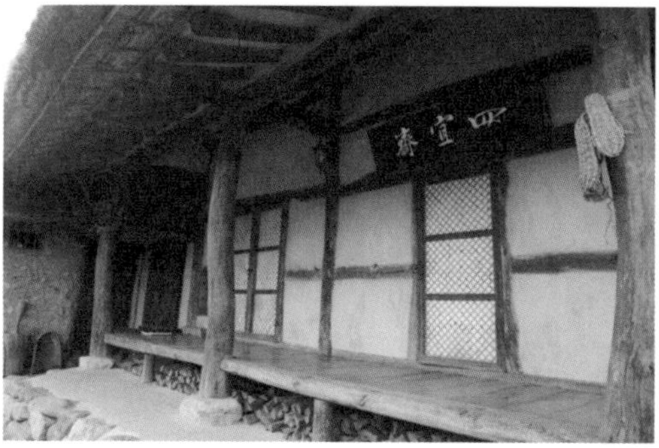

— 사의재. 전라남도 강진군 강진읍 동성리

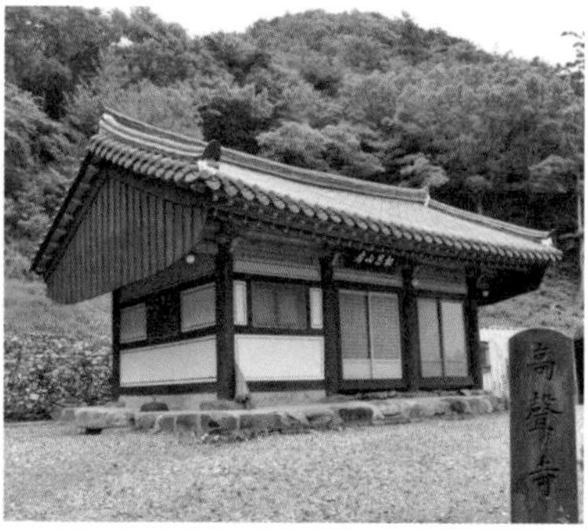

— 고성사 보은산방. 전라남도 강진읍 남성리

자신의 허물을 살펴서 앞으로 잘하면 그만이라고 스스로를 위로하기도 했다. 그러나 솟아오르는 억울한 심정을 억누를 수가 없었다. 밖에서는 용이 힘차게 하늘을 날고 준마가 넓은 들판을 치닫고 있는데, 유배지에서 도마뱀처럼 비실대고 두꺼비처럼 엉금 기는 자신의 처지가 한탄스러웠다. 그는 자신은 결코 죄인이 아니라고 강변했다. 공자의 제자 공야장公冶長이 옥에 갇혔다가 무죄로 풀려났듯이• 자신

• 공야장의 이야기는 이러하다. 공야장은 새와 짐승의 울음소리를 알아듣는다는 사람으로, 위衛나라에서 노魯나라로 가던 도중 "시냇가에서 죽은 사람의 고기를 먹자"고 지저귀는 까마귀 소리를 들은 뒤에 때마침 아이를 잃고 길가에서 울고 있는 한 노파를 발견하고 시냇가에 한번 가보라고 일러주었다. 그 일이 화근이 되어 살인범으로 몰려 옥에 갇혔다가 무죄가 밝혀져 풀려나왔다. 그러한 공야장에 대해 공자는 "그는 포승줄에 묶여 옥에 갇힌 적은 있으나 그의 죄가 아니었다"라고 말했다(출처 : 《논어》 공야장公冶長).

의 억울함도 곧 밝혀질 것으로 확신했다(《다산시문집》〈석지부惜志賦〉).

귀양은 관직을 삭탈하고 고향으로 내리쫓는 것이지만, 유배는 사형 다음으로 무거운 형벌이다. 유배 기간에는 정가政街 인물과 접촉하는 것을 비롯해 모든 정치적 행위가 금지된다. 그러나 다산에게 내려진 형벌은 다행히도 유배 생활을 섬에서 혼자 고독하게 치르도록 하는 절도안치絕島安置는 아니었다.

유배는 행동에 여러 가지 제약이 있지만 공동체에서 벼슬할 때와 달리 시간적 여유가 많다. 그래서 유배지의 문인들은 무료함을 달래고 자신의 처지를 잊으려는 마음에서 시문을 짓거나 고전을 읽는 데 정신을 쏟기도 하고, 유배지 근처에 사는 서민들과 사귀며 그들의 생활을 체험하기도 한다. 실제로 다산은 강진에서 유배 생활을 할 때 어시장에 들르거나 직접 작은 거룻배를 타고 바다에 나가 어부의 어려움을 몸소 느끼면서 현실과 괴리된 법의 맹점을 한탄했다. 유배지에서의 생생한 체험은 《경세유표》(1817년, 미완성)나 《목민심서》(1818년) 등의 명저名著를 쓰는 계기가 되었다.

유배지에서 보낸 편지

— 다산은 유배지에 갇혀 있는 동안 직접 돌보지 못하는 자식들이 잘못된 길로 빠지지나 않을까 늘 염려했다. 두 아들 학연과 학

유에게 편지를 쓸 때마다 항상 "독서는 기울어져가는 집안을 다시 일으키기는 일의 근본이고, 근검勤儉은 집안을 잘 보살펴 꾸려가는 일의 근본이며, 고부간의 화순和順은 집안을 잘 다스려 바로잡는 일의 근본임을 깨달아야 한다"고 강조했다. "아비의 죄 때문에 벼슬길로 나갈 수 없는 폐족廢族이 되었지만 열심히 공부하고 도리를 지키면 그 굴레에서 벗어날 수 있을 것"이라고도 했다. 그러한 다산의 생각은 장남 학유에게 보낸 편지 속에 그대로 담겨 있다.

> 절대로 자포자기하지 말고 성의를 다하고 부지런히 힘써서 책을 읽고, 베끼고, 글 짓는 일에 혹시라도 그냥 지나침이 없어야 한다. 폐족으로서 글을 배우지 않고 예의가 없다면 어찌하겠느냐. 모름지기 보통 사람들보다 백배 공력을 더해야 겨우 사람 축에 들게 될 것이다. 나는 고생이 매우 많다. 그러나 너희들이 책을 읽고 몸가짐을 잘한다는 말을 들으면 그로써 근심이 없어진다(《다산시문집》 제21권 〈유아游兒에게 부침〉)".

때로는 아들을 직접 가르치며 꾸짖기도 했다.

> 내가 집에 있으면서 너희들을 가르쳤는데도 너희들이 따르지 않은 것이라면 사람의 집안에 혹 있을 수 있는 일이거니와, 지금 나는 귀양을 와서 남쪽의 먼 변방, 열병과 학질이 가득한 곳에 몸을 붙이고 외롭게 지내

면서 밤낮으로 너희에게 기대를 걸고 때때로 마음의 열혈熱血을 적어서 부쳐주곤 했는데 너희들은 한번 보고는 상자 속에 던져버리고 마음에 두지 않으니, 이래서야 되겠느냐.

다산은 평소에도 두 아들에게 교훈의 말을 편지로 전했다.

너희들은 도가 완성되고 덕이 성립되었다고 하여 다시 책을 읽지 않는 것이냐? 금년 겨울에는 모름지기 《상서尙書》와 《예기禮記》 중에 일찍이 읽지 않은 것을 읽는 것이 좋겠다. 또 반드시 사서四書와 《사기史記》도 익숙히 읽어야 할 것이다. 사론史論은 그동안 몇 편이나 지었느냐? 근본을 두터이 배양하고 소소한 광채 따위는 드러내지 말기를 지극히 바란다. 내가 저술에 전념하는 것은 단지 눈앞의 근심을 잊으려는 것만이 아니다. 부형이 되어서 이토록 누를 끼친 것을 부끄럽게 여겨 이로써 속죄하고자 해서이니, 그 뜻이 어찌 심각하다고 하지 않겠느냐. 예설禮說에 뜻을 두지 않아서는 안 되겠으니 《독례통고讀禮通考》 4갑匣을 학손鶴孫 편에 보내라(순조 1년, 선생 40세인 해 3월 2일 하담荷潭에 도착하여).

병약한 어머니를 잘 보살피라는 당부도 잊지 않았다.

두 며느리로 하여금 아침저녁으로 부엌에 들어가서 맛있는 음식을 장만하고 어머니의 거처가 따뜻한지 차가운지를 살펴서 시시각각으로 시어머니 곁을 떠나지 않으며 곱고 부드러운 모습을 하고 모든 방법으로 기쁘게 해드리도록 해야 할 것이며, 시어머니가 혹시 쓸쓸해하면서 즐겨 받으려 하지 않거든 마땅히 성심껏 힘을 다해서 기필코 환심을 사도록 힘쓰게 해야 할 것이다. 고부간이 매우 화락해서 털끝만큼도 마음속에 간격이 없게 되면 오랜 뒤에는 자연히 서로 믿게 될 것이다(순조 2년, 선생 41세, 12월 강진의 유배지에서).

효가 자식 된 자의 도리이고, 시어머니와 며느리 사이의 화순이 집안을 바로잡는 근본임을 가르친 것이다. 같은 생각에서 다산은 시집간 딸에게도 교훈을 전했다.

근래 사대부 집안의 부녀자들이 부엌에 들어가지 않은 지가 오래되었다. 네가 한번 시험 삼아 생각해보아라. 부엌에 들어가는 것이 무엇이 해로우냐. 잠깐 연기를 쏘일 뿐이다. 그리하면 시어머니의 환심을 얻어 효부가 되고 법도 있는 집안의 모양을 이루게 될 것이니, 이 또한 효도이며 지혜가 아니겠느냐. 또 새벽에 문안드리고 저녁에 잠자리를 보살필 때 만일 이불 밑 방바닥이 찬 것을 느끼게 되면 너희 형제들은 노비를 불러 시키지 말고, 너희들 스스로가 나무를 가져다 불을 지펴 따뜻하게 하여라. 잠깐 연기를 쏘이는 수고에 지나지 않지만 네 어머니의 기쁜 마음은 마치 맛있는 술을 드신 것과 같을 것이니, 어찌 이 일을 즐겨 하지 않을 수 있겠느냐.

비복婢僕들이 어머니와 아들, 시어머니와 며느리 사이를 이간하게 되는 것은 대부분 아들이나 며느리가 그 효도를 극진히 하지 못하여 어머니나 시어머니의 마음에 한탄하는 마음을 품고 있는 데서 비롯되는 것이다. 그렇게 되면 저 비복들은 그 틈을 엿보고 힘을 들여 한 수저의 장이나 한 개의 맛있는 과일로써 충성을 바치고는 골육 간에 간격을 만들어 놓는 것이니, 그 잘못은 자식에게 있는 것이요 오로지 비복에게만 있는 것이 아니다. 아무쪼록 이 점을 생각하여 경계를 삼아 온갖 방법을 다 써서 네 어머니의 마음을 기쁘게 하여라. 그리하여 두 아들은 효자가 되고 두 며느리는 효부가 된다면 나는 금릉金陵(유배지를 가리킴)에서 늙는다고 하여도 유감이 없을 것이니, 이것에 힘쓰도록 하여라(순조 2년, 선생 41세, 12월 강진의 유배지에서).

교훈을 담은 《하피첩》

— 다산은 자식에게 편지를 쓸 때마다 학업에 정진하고 언행을 조심하며 어머니를 잘 봉양하라는 당부를 잊지 않았다. 그것도 부족하다고 생각했던지 특별히 교훈이 될 말들을 엮은 서첩을 만들어 두 아들에게 주기도 했는데, 바로 《하피첩霞帔帖》이다. '하피첩'이라 이

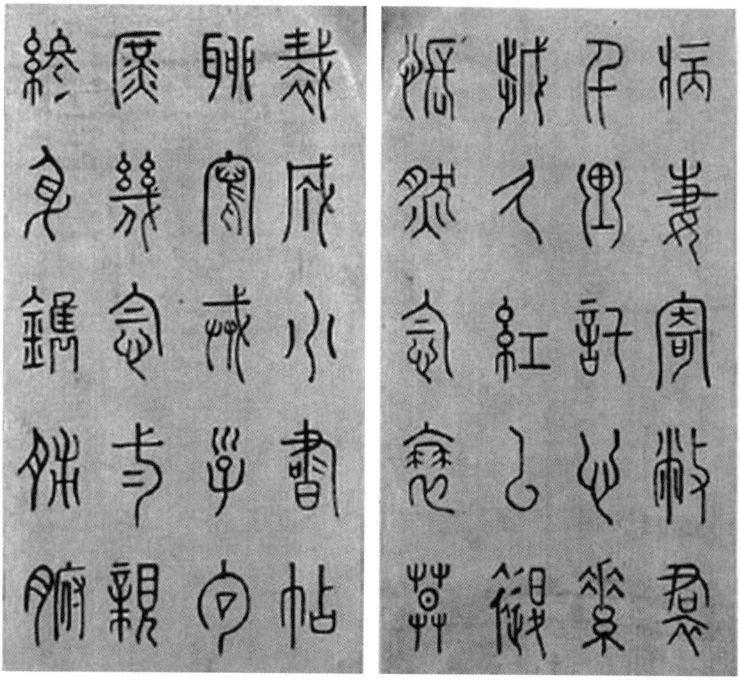

《하피첩》의 내용 일부

름 붙인 것은 아내가 보내준 홍색 치마폭을 잘라 표지를 감싼 모습이 노을에 젖은 것 같다고 해서다. 발문 내용을 보면 《하피첩》을 만든 내력과 뜻을 알 수 있다.

> 내가 강진에서 유배 생활을 할 적에 병든 아내가 헌 치마 다섯 폭을 보내왔다. 시집올 적에 가져온 훈염纁袡(시집갈 때 입는 활옷)으로, 붉은빛

이 담황색으로 바래서 서본書本으로 쓰기에 알맞았다. 이것을 재단하여 조그만 첩을 만들어 손이 가는 대로 훈계하는 말을 써서 두 아이에게 전해주었다. 다음날에 아이들이 이 글을 보고 감회를 일으켜 두 어버이의 흔적과 손때를 생각한다면 틀림없이 그리는 감정이 뭉클하게 일어날 것이다. 《하피첩霞帔帖》이라 명명했는데, 이는 곧 홍색 치마의 뜻을 전용해서 쓴 말이다.

–가경嘉慶 경오년(1810년, 순조 10년) 초가을에 다산의 동암東菴에서 쓰다(《다산시문집》 제14권 제題, 《하피첩霞帔帖》에 제함).

딸에게 그려준 〈매화쌍조도〉

── 앞서 말한 것처럼 다산은 한양의 병든 아내가 보내준 치마를 잘라 4권의 서첩을 만든 후 《하피첩》이라 명명하고 학연, 학유 두 아들에게 보낸 바 있다. 그로부터 3년 후인 1813년에는 남겨둔 치마폭을 이용하여 시를 쓰고 화조를 그려 딸에게 주었다. 그것이 지금 고려대학교 박물관에 소장돼 있는 〈매화쌍조도〉다. 매화나무 가지에 새 두 마리가 앉아 있는 모습을 그리고, 그 아래쪽에 제시와 발문을 써놓았다. 발문을 통해 그림을 그린 시기와 동기를 알 수 있는데 그 내용을 살펴보면 다음과 같다.

가경 18년 계유(1813년) 7월 14일에 열수洌水(다산의 호) 늙은이는 다산의 동암에서 쓴다. 내가 강진에서 유배 생활을 한 지 여러 해가 지났다. 홍 부인이 낡아 헤진 여섯 폭 치마를 보내왔는데, 세월이 오래돼 붉은빛이 바랬다. 이것을 가위로 마름질하여 서첩 네 개를 만들어 두 아들에게 보냈고, 그 나머지를 가지고 작은 가리개를 만들어 딸에게 보냈다.

부인이 다산에게 보내준 치마폭에 대해 《하피첩》에서는 다섯 폭이라고 했고, 〈매화쌍조도〉에서는 여섯 폭이라 했는데, 어느 것이 맞는지 불분명하다.

조선의 문인과 학자들은 여기餘技로 사군자 그리기를 즐겼다. 정식 화업을 닦지 않아도 평소의 서예 실력만으로도 충분히 그릴 수 있기 때문이다. 그런데 화조화의 경우는 사정이 좀 다르다. 평소에 그림 공부를 하지 않으면 일정 수준에 다다르기 쉽지 않다. 〈매화쌍조도〉를 보면 활달하고 세련된 필력으로 써내려간 제시 부분과 달리 그림 부분은 작품성을 논할 만큼의 수준에 이르지 못한 것이 이를 잘 말해주고 있다. 그런데 이 그림에서 우리가 관심을 가져야 할 것은 작품성보다 꽃과 새를 통해 딸에게 사랑과 교훈을 전하려 한 다산의 마음이다.

원래 선비 화가들이 화조화를 그리는 경우에는 대개 꽃과 새의 외형적 아름다움을 표현하는 것보다 꽃과 새를 통해 천지자연의 조

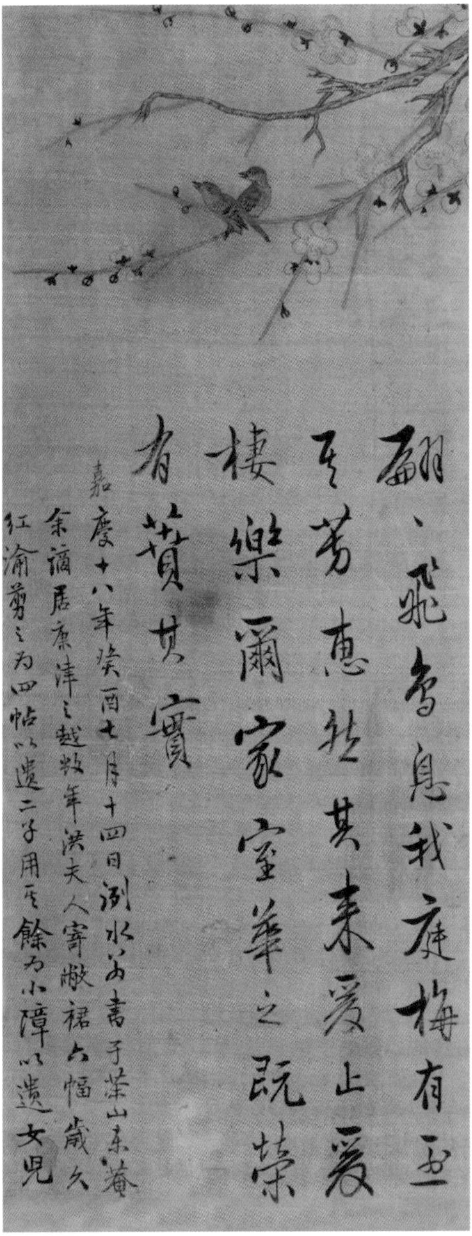

정약용의 〈매화쌍조도〉(1813년). 비단에 옅은 채색. 44.9×18.5cm. 고려대박물관 소장

화의 이치를 드러내려는 데 참뜻을 두는 경우가 많다. 이 경우의 꽃과 새는 화면 밖의 광대한 대자연을 함축한 상징으로 존재한다. 그러나 다산의 〈매화쌍조도〉의 매화와 새는 자연의 이치를 함축한 화조가 아니라 다산이 평소 가슴속에 품고 있던 꽃과 새에 대한 몽환적 넋의 일부다.

가족과 헤어져 유배지에서 생활하다 보면 가족에 대한 그리움과 걱정이 더욱 커진다. 추사 김정희가 제주도 유배 시절에 부인, 며느리 등과 40여 통의 한글 편지를 주고받은 것도 유배라는 특수 상황이 만든 일이다. 강진 유배지에서 다산은 항상 죄인의 아내와 자식으로 살아가는 가족을 걱정했다. 아들에게는 서첩을 보내 문인의 자식으로서 처신을 올바르게 하고 근검절약하는 생활 습관을 갖도록 가르쳤고, 딸에게는 〈매화쌍조도〉를 보냈다. 다산이 아내의 치마폭으로 서첩을 만들어 두 아들에게 보내고 화조화를 그려 딸에게 보낸 것은 어머니의 치마와 아버지의 시화를 볼 때마다 어버이의 교훈과 흔적을 느낄 수 있게 하려는 뜻이었다.

제시에 담긴 부정父情

— 다산은 평소에 시에 대해 "아름다움을 아름답다, 미운 것을 밉다 하며, 선을 권장하고 악을 징계하는 뜻이 담겨 있지 않다면 그것은 시가 아니다(非有美刺勸懲之義非詩也)"(《여유당전서》)라고 말해왔다. 자식들에게 주는 교훈을 대부분 서첩과 시화의 형식으로 보낸 것을 보면 시에 대한 그의 평소 생각이 읽히고도 남는다. 〈매화쌍조도〉는 그림보다 시의 비중이 큰 것이 특징인데, 시의 내용을 살펴보자.

翩翩飛鳥 息我庭梅	훨훨 날던 저 새가 내 뜰 매화나무에서 쉬네
有烈其芳 惠然其來	향기 짙게 풍기니 꽃향기 사모하여 찾아왔네

爰止爰棲 樂爾家室	여기에 머물러 지내며 네 집안과 가족들을 즐겁게 하렴
華之既榮 有蕡其實	꽃이 이미 벌써 활짝 폈으니 열매가 주렁주렁 많으리

이 시의 핵심 주제어는 매화, 새〔鳥〕, 그리고 가실家室이다. 조선의 문인들은 평소 제자백가諸子百家의 사상이나 성현의 언행을 두루 인용하면서 그 출처가 무궁함을 자부했고, 그 내용을 자신의 사상과 감정을 표현하는 수단으로 삼기도 했다. 그렇기에 〈매화쌍조도〉에 쓰인 제시에 담긴 마음속의 뜻을 파악하기 위해 제시에 인용된 문구와 단어의 출처에 대해 살펴볼 필요가 있다.

시의 내용 중 '낙이가실樂爾家室'과 '유분기실有蕡其實'은 각각 《시경詩經》의 〈상체常棣〉편과 〈도요桃夭〉 편에서 인용한 것이다. 먼저 '낙이가실'은 〈상체〉의 '처자의 어울림이 거문고를 타듯 하고, 형제는 뜻이 맞아 화합하며 즐겁구나. 너의 집안을 화목케 하면, 너의 처자가 즐거우리라(妻子好合 如鼓瑟琴 兄弟既翕 和樂且湛 宜爾室家 樂爾妻帑)' 중 '의이실가 낙이처노宜爾室家 樂爾妻帑'를 편집한 말이다. 그리고 '유분기실'은 '젊고 예쁜 복숭아나무에 탐스러운 열매 열렸네. 시집가는 아가씨여! 온 집안을 화순케 하라(桃之夭夭 有蕡其實 之子于歸 宜其家室)'에서 인용한 것이다.

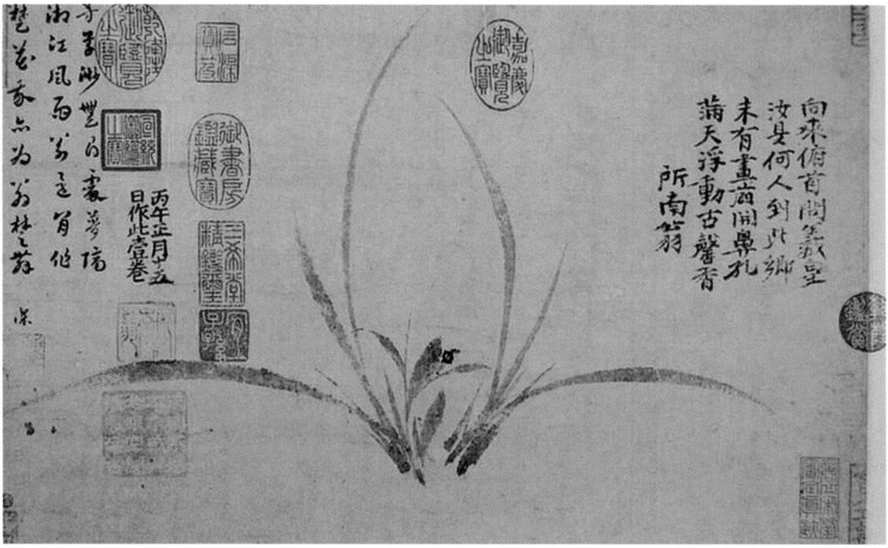

정사초의 〈무근란도〉. 지본 수묵. 일본 개인 소장

〈상체〉는 형제간의 우애와 가정의 화목이 인륜의 근본임을 노래한 것이고, 〈도요〉는 주나라 문왕文王의 후비가 현숙함으로 칭송한 노래다. 그래서 〈매화쌍조도〉 제시에 담긴 뜻은 형제의 우애와 가정의 화목을 강조하는 데 있음을 알 수 있다.

정치적 배경을 가진 그림으로 중국 송나라의 정사초가 그린 〈무근란도無根蘭圖〉가 유명하다. 정사초는 몽고족에게 국토를 잃은 송조宋朝의 유민으로, 평생 그 한을 안고 살아간 화가다. 초나라 굴원이 난을 심어놓고 우국충정의 마음을 달랬듯이 그는 송나라 황제의 성

姓인 '조趙'를 생각한다는 뜻으로 사초思肖라 개명하고 이민족이 지배하는 땅에 뿌리 내릴 수 없다 하여 '뿌리 없는 난초 그림'을 그렸다. 조선의 김정희는 제주도에서 유배 생활을 할 때 지조 없는 세태를 꼬집으면서 〈세한도〉를 그렸다. 그가 정치 문제 때문에 절도안치라는 격리의 형벌을 받지 않았다면 이 그림은 태어나지 못했을 것이다. 다산의 〈매화쌍조도〉 역시 같은 배경을 가진 그림으로 이해될 수 있다. 그가 노론 벽파와의 당쟁에서 밀려나지 않았다면, 강진에 유배되지 않았다면 〈매화쌍조도〉는 탄생하지 못했을 것이다.

* * *

다산은 유배지에서, 항상 아버지와 함께할 수 없는 자식들이 수신과 학문을 게을리할까봐 걱정했다. 함께 살 때는 그때그때 가르치고 타이르면 되었지만 멀리 떨어져 있어 그렇게 하지 못함을 늘 안타까워했다. 두 아들에게 준 《하피첩》과 숱하게 쓴 편지가 말해주듯이 멀리서도 두 아들을 가르치는 것을 잊지 않았다. 아들뿐만 아니라 딸에게도 교훈을 아끼지 않아 〈매화쌍조도〉를 통해 가정의 화목이 인륜의 근본임을 깨닫게 해주려 했다. 다산이 행한 일련의 행동의 배후에는 당쟁의 소용돌이 속에서 죄인으로 전락한 자신 때문에 폐족이 된 자식들이 인간의 근본 도리를 잊지 않고 떳떳하게 살아가주기를 바라는 애틋한 아버지의 마음이 담겨 있다. 우리가 기억하지 않으면 안 될 것은 〈매화쌍조도〉를 그리게 된 것은 따지고 보면 신유사화라는 정치적 소용돌이가 그 단초를 제공했다는 사실이다.

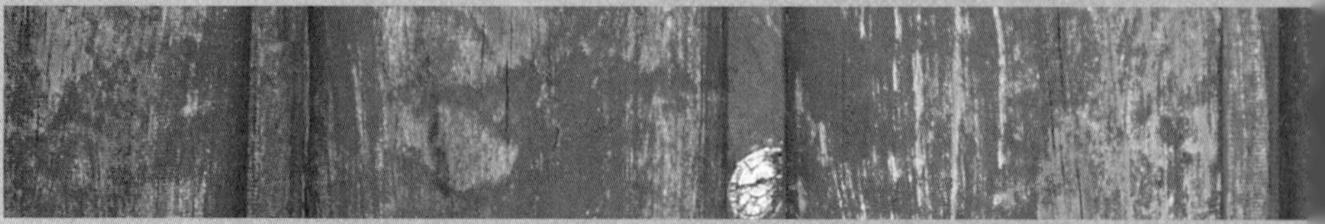

2장

한 폭의 그림으로 왕실의 권위를 드높이다

04

신격을 갖춘 왕의 초상
어진

— 봉건시대의 군주들은 조종의 위엄을 칭송하고 덕을 사모하면서 유훈遺訓을 치세의 근본으로 삼았다. 조상을 섬기는 후손의 마음으로는 그 모습을 잊지 못하기에 선왕先王·선후先后의 모습을 그려 진전眞殿에 모셨다. 진영을 모신 뜻은 가깝게는 그들의 용모와 의태를 추억하려는 데 있지만, 보다 깊은 뜻은 현왕現王이 조종의 계승자임을 드러내어 왕권의 정통성과 권위를 확보하려는 데 있었다.

역대 군왕들이 선왕과 선후의 영정을 대하는 예의는 지극했다. 평소에 진전을 관리하는 전직殿直을 두어 장마로 습도가 높아지면 진영에 곰팡이가 슬거나 젖은 곳이 없는지를 살폈고, 가뭄이 심할 때면 주변에서의 화기 사용을 엄격히 제한했다. 특별한 날마다 왕은 영정 앞에 나아가 작헌례酌獻禮를 베풀고 조종과 함께 정회情懷를 나누었다. 이런 모든 행위는 진영을 단순한 초상화가 아니라 신격을 갖춘 인간의 상像으로 인식하고 있었음을 말해준다.

신인동체神人同體의 인간상

— 선왕과 선후의 초상을 봉안하는 진전은 일종의 원묘原廟라 할 수 있다. '원原'은 '다시[再]'라는 뜻을 가지고 있으니 원묘는 '종묘 외에 따로 마련한 사당'이라는 의미를 갖는다. 조상의 혼백이 머무는 위패를 모셔놓고 신도神道로써 섬기는 종묘와 달리 원묘는 조상의 진영을 봉안해놓고 산 사람 대하듯 섬기며 교감을 나누는 장소였다. 그렇기 때문에 왕실에서는 원묘의 실내 온도를 최적 상태로 유지하기 위해 숯불을 피운 화로를 놓아두거나 바닥에 온돌을 깔고 아궁이에 숯불을 지폈다. 때로는 어진을 궤 속에 넣어 따뜻한 온돌 위에 두었다가 적당한 시간이 되면 꺼내 다시 제자리에 모셔놓는 배려도 아끼지 않았다(《세종실록》 21년 7월 17일).

왕이 영정 앞에서 행한 작헌례는 원래 제자가 스승을 찾아뵐 때 빈손으로 가는 것을 결례로 여겨 술을 가져가 권하는 것에서 비롯되었다. 말하자면 산 사람 사이에 행해지는 예절인 것이다. 초상 앞에서 작헌례를 행한 것은 초상의 주인공을 신인동체神人同體, 즉 신과 하나로 생각했음을 보여주는 증거인데, 영정에 관한 이러한 사고 구조는 다음과 같은 이야기를 지어내는 데까지 이르렀다.

태조 때 영흥의 환조桓祖 옛집에 준원전濬源殿을 세우고 태조의 어진을 봉안했다. 어느 날 땅거미가 질 무렵 진전 안에서 사람 부르는 소리가 났다. 지키던 사람이 놀라 뛰어나갔는데 불이 부엌 밖에서 일어나는 것을 보고 바로 껐다. 또 어리석은 백성이 밤에 아무도 보는 사람이 없다고 우마牛馬를 탄 채 전각 앞을 지나는데 갑자기 정신이 어지러워 쓰러졌다가 한참 후에 겨우 깨어났다고 한다. 뱀과 전갈이 담을 넘어서 전각으로 향하면 저절로 죽지 않는 것이 없어 사람들이 모두 이상히 여겼다(《연려실기술燃藜室記述》 사전전고祀典典故 〈영전影殿〉)고도 한다.

이런 이야기가 선해지는 것은 당시 진전 주변에서 일어난 여러 이상한 일들에 대해 사람들이 태조가 그 안에 살고 있기 때문에 일어난 것으로 믿고 있었음을 말해준다. 당시 사람들이 진전을 침실이라 불렀던 것도 같은 맥락에서 이해된다.

태종은 그의 아버지 태조와 어머니 신의왕후의 진영을 모신 문소전文昭殿에 나아가 작헌례를 행할 때마다 종묘의 격식에 얽매이지 않고 두 분이 평소에 즐기던 음식을 올렸다. 작헌례를 마친 태종은 측근들에게 선왕·선후와 정회를 나눈 감회를 이렇게 피력했다.

"종묘의 경우는 신도神道로써 조상을 섬기기 때문에 예법이 극히 엄숙하여 매번 행사할 때마다 전전긍긍한다. 이와 달리 문소전에서는 살아생전의 모습을 연상시켜주는 완연한 모습을 볼 수 있고 그로부터 흐뭇한 정회를 느낄 수 있기에 마치 슬하에서 직접 뵙던 때와 같은 느낌이다. 그런데 문을 드나들 때 공손하게 인사하는 절차가 없는 것은 온당치 않은 일이다. 이것이 어찌 죽은 사람 섬기기를 산 사람처럼 한다는 도리에 맞다 하겠는가(《국조보감》 태종조 2, 15년)."

세종도 태종과 같은 생각을 가지고 있었다.

"조상의 은혜에 보답하는 것은 보편적 예경禮敬이고, 죽은 부모 섬기기를 생전처럼 하는 것은 효의 지극함이다. 역대 제왕들이 종묘를 짓고 태고의 예를 숭상하는 것은 신성시하기 위한 것이며, 원묘를 마련하여 평소처럼 섬기는 것은 친근해지기 위함이다. 나는 조종이 물려준 법을 받아 끝없는 복을 누리고 있으므로 선대 사업의 계승을 게을리하지 않을 것이며, 추모의 마음은 그지없다. 매번 사시四時의 일로 향천饗薦하는 예를 엄숙하게 잘 거행해서 효성을 펼치도록 힘쓰겠다(《국조보감》 세종조 2, 15년)."

왕실에서는 세자가 등극할 때면 진영 앞에 나아가 만세 태평을 이루게 해달라고 빌었고, 원자의 탄생, 태자, 태자비 및 왕비의 책봉, 국상의 탈상 등의 대사가 있을 때마다 전후 사실을 고했다. 전란으로 왕이 피신하면 왕을 떠나보낸 신하들은 어진 앞에서 통곡하며 비탄에 빠지기도 했다. 이처럼 사왕嗣王에게 있어 영정의 주인공은 살아 있는 왕, 또는 신과 인간이 한몸인 존재로 인식되었다.

어진 제작 목적과 숨은 뜻

— 어진은 조종을 추억하고 공덕을 기린다는 뜻과 함께 현왕의 정통성과 권위를 확보하려는 정치적 목적으로 제작되었다. 1, 2차 왕자의 난을 통해 권력을 잡은 태종, 붕당정치 하에서 손상된 왕권을 회복하고 권력을 강화하기 위해 힘쓴 숙종, 탕평책·균역법 등 개혁 정치를 펴 문예 부흥기를 이룬 영조, 열강의 침탈을 겪은 고종 등의 왕들이 진전眞殿 체계를 정비하고 역대 선왕들의 어진 제작과 훼손된 어진을 모사하는 일에 정성을 쏟은 사실은 어진 제작의 목적이 단순히 조종을 추억하는 데만 있지 않았음을 단적으로 보여준다.

어진 제작에는 대개 세 가지 경우가 있다. 왕이 살아 있을 때 용안을 직접 보며 그리는 도사圖寫가 있고, 승하한 뒤에 그 인품이나 의태를 상상해서 그리는 추사追寫가 있으며, 원본이 훼손되었거나 새 진전에 봉안할 어진이 필요할 때 기존의 어진을 베껴 그리는 모사模寫가 있다. 어진이 제작되면 후세 사람들이 식별하기 어려울 것을 염려하여 '어느 왕의 영影'이라고 밝히는 글을 썼는데, 세종 대에는 진영 뒤와 장함藏函 거죽에 '모왕某王·모후某后의 진영'이라 썼다(《세종실록》 16년 6월 3일). 그러다가 후대에 와서는 진영 전면 가장자리에

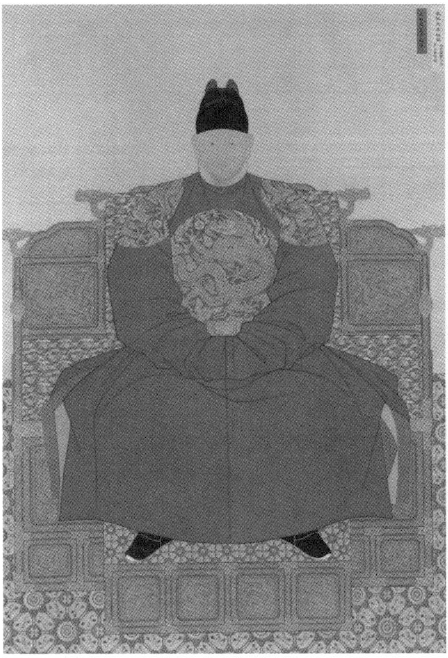

태조 어진. 경기전 소장

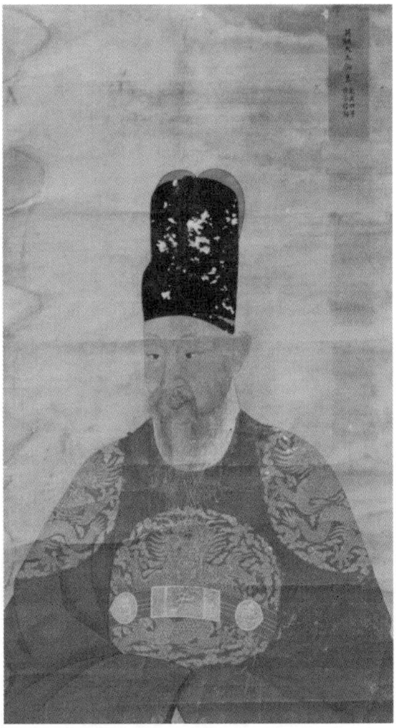

영조 어진. 국립고궁박물관 소장

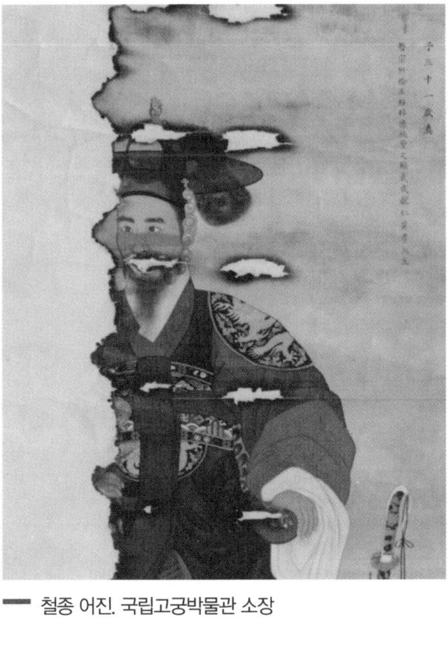

철종 어진. 국립고궁박물관 소장

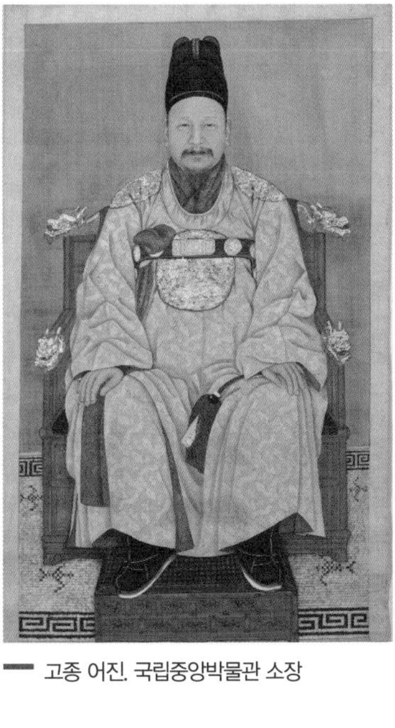

고종 어진. 국립중앙박물관 소장

쓰는 것이 보편화되었다.

사왕嗣王이 선왕·선후를 사모하는 정성이 지극하면 영정이 없더라도 그들과 비슷한 모습을 상상함으로써 추억하고 추모할 수 있다. 그렇지만 그 풍의風儀의 아름다운 자태를 실제처럼 우러러보고 싶을 때에는 진영만 한 것이 없다. 진영이 완성되고 절차에 따라 진전에 봉안되면 그림 속의 인물은 순간 현현신顯現神으로 변신한다. 특히 추사한 진영은 선왕·선후의 정신과 덕성을 추억하고 그 모습을 시각화한 것이기 때문에 그림 속의 선왕·선후의 모습은 눈에 비치는 것보다 더 고차적인 상징성을 갖게 된다. 이것이 단순히 신령이 머무는 위패 또는 신주와 크게 구별되는 점이다.

선왕·선후의 진영을 그릴 때 가장 중요한 것은 실제 모습과 터럭만큼의 차이도 없게 묘사하는 것이다. 그렇다고 해서 외형 모사에만 몰두해서는 안 된다. 어용화사御容畫師들은 선왕·선후의 인품과 덕성을 표현하기 위해 모든 정성과 신경을 집중했다. 조선 말기의 실학자이자 사상가인 최한기가 남긴 다음과 같은 글을 통해 당시 사람들의 진영 제작에 대한 생각을 읽을 수 있다.

"진영을 그리는 자가 하나의 상像을 두세 장 그려 비교해보면 한 획의 차이에 신태神態가 달라지고, 한 점의 잘못에 기상氣像이 현격히 달라진다. 이처럼 필묵으로 신기神氣를 나타내는 데도 오히려 터럭 차이에서 어긋나고 맞음을 다투게 된다."

이렇게 말하면서도 최한기는 "그 사람의 용모에만 집착하여 자나 깨나 잊지 못하다가 그의 초상만 보아도 기뻐하고 그의 이름만 들어도 신이 나는 것은 소인이나 여자들의 구구한 정태情態다"라고 꼬집었다(최한기 《인정人政》 측인문2測人門二). 어떤 사람을 추억하되 마음을 잊고 얼굴만 기억하는 것보다는 차라리 그 얼굴을 잊고 마음을 기억하는 것이 더 낫다는 의미다.

그러나 그 어떤 경우보다 나은 것은 얼굴도 잊지 않고 그 마음도 잊지 않는 일일 것이다. 조선의 왕들은 선왕 · 선후의 진영을 그리거나 대하면서 이 두 가지를 함께 생각했던 것이다.

진전 제도와 태조의 경기전

— 진전眞殿 제도는 고려 시대부터 시작됐다. 궁궐 안에 경령전景靈殿을 설치하고 태조와 4대 선왕의 어진과 신위를 봉안한 것이 시초인데, 고려 시대의 진전은 주로 사찰 경내에 설치했다는 점이 특징이다. 조선 시대에도 국조인 태조와 열조列朝의 초상을 받든 진전을 설치했다. 태조와 신의왕후의 진영을 봉안한 문소전을 비롯해서 태조 어진을 모신 경주의 집경전集慶殿, 전주의 경기전慶基殿, 평양의 영숭전永崇殿, 개성의 목청전穆淸殿, 영흥의 준원전濬源殿 등 진전이 전국에 배치되었다. 태조 진전을 전국 주요 지역에 설치한 것은 태조

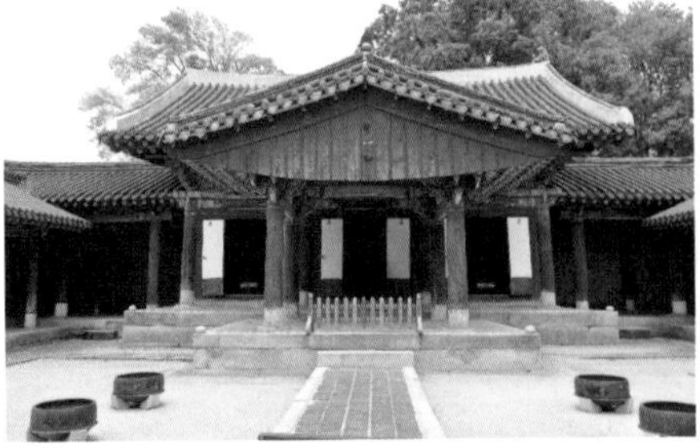

경기전 정전 전경. 전라북도 전주시 완산구 풍남동3가

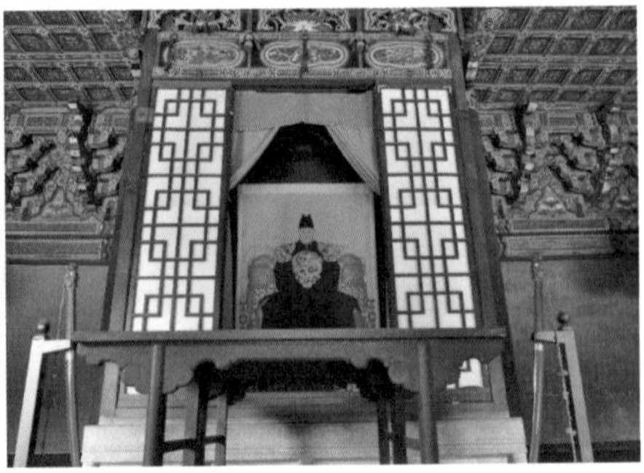

경기전 정전에 봉안된 태조 어진

가 개국 시조로서의 막중한 상징성을 가지고 있기 때문이었다.

세조 때는 지금의 봉선사 동쪽에 봉선전奉先殿을 지어 진영을 모셨고, 숙종 대에는 창덕궁 선원전璿源殿에 태조를 비롯해서 세조, 원종, 숙종, 영조 등 모두 11개의 진영을 봉안했다. 이 밖에 역대 왕들은 필요에 따라 어진을 제작했다. 조선 말기까지는 선원전, 영희전 및 태조 진전인 준원전, 경기전, 목청전, 이 밖에 소규모 진전들이 곳곳에 남아 있었다. 그러나 한국전쟁을 거치면서 대부분 소실되고 현재는 창덕궁 선원전과 전주 경기전만 남아 있는 실정이다.

경기전에 모셔진 태조 어진은 전주부의 요청에 따라 경주 집경전 본本을 모사해 태종 10년인 1410년에 봉안한 것이다. 임진왜란과 병자호란을 무사히 넘긴 경기전 본은 서울의 남별전(이후 영희전으로 개칭) 봉안용 어진을 제작할 당시에 범본으로 사용되기도 했다. 임진왜란 당시에 어진은 난을 피해 내장산, 강화도, 묘향산 등지로 옮겨졌다가 광해군 6년인 1614년에 중건된 경기전에 다시 모셔졌다. 인조 13년(1635년)에는 무주 적상산으로 옮겨진 뒤에 다시 경기전에 이안移安되는 곡절을 겪었다. 현존하는 태조 어진은 고종 9년(1872년)에 영희전의 태조 어진을 범본 삼아 모사한 것이다. 태조의 어진은 단순한 초상화라기보다 신인동체의 존재였고 국가와 왕권의 상징이었다.

경기전의 길상 장식

— 태조 어진을 모신 경기전은 신문神門, 당堂, 침실(본전)로 구성된 작은 궁궐 수준의 진전이다. 경내에서 주목되는 것은 신문인 외삼문과 내삼문 홍살〔紅箭〕에 장식된 '亞'자형, '卍'자형 장식과 침전 풍판에 부착된 두 마리의 거북이상이다. 이들은 비록 크기는 작아도 진전 경역을 상서롭고 권위롭게 조성하는 데 큰 역할을 담당하고 있다.

먼저 신문의 '亞'자형 장식에 대해 알아보자. 이 문양은 9장章, 또는 12장 문장 중 하나로 특별히 불黻 문양이라 불린다. 옛날 중국에서는 황제가 입는 예복인 곤복에는 12장 문양을, 제후의 옷에는 9장 문양을 수놓았는데, 모두 권위와 신성성을 상징한다. 12장 문양에 대해서는 《서경》 우서虞書편 〈익직益稷〉에 상세히 기술돼 있다.

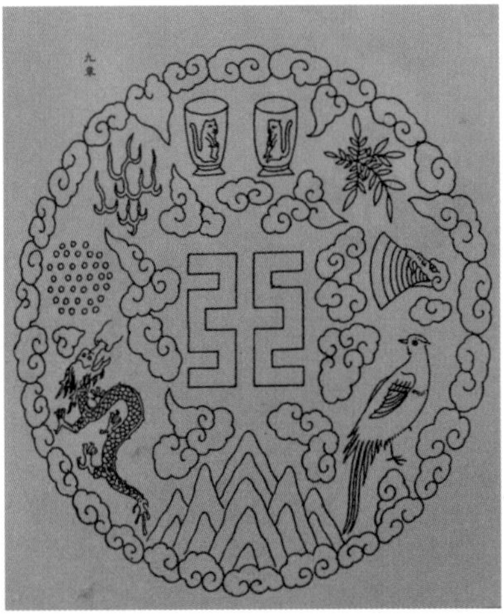

구장(九章) 문양. 중앙의 것이 불(黻) 문양이다

그 내용에 의하면 12장은 해, 달, 별, 산, 용, 꿩華虫, 불, 종이宗彝(나라의 제사에 쓰이는 제구), 조藻, 분미粉米, 도끼 모양의 보黼, 아자亞字 모양의 불黻로 이루어져 있다. 조선의 경우 국왕은 해, 달, 별을 제외한 9장복을, 왕세자는 7장복을, 왕세손은 5장복을 입었다.

각 문양의 상징적 의미를 살펴보면 해·달·별은 하늘을, 산은 땅을 상징하고, 용과 화충은 비와 구름을, 종이宗彝는 종묘의 제기로서 효를 상징한다. 그리고 조藻는 바다의 풀로 청결 또는 결백을, 불은 덕 또는 정의를 의미한다. 그리고 분미는 목민牧民을 뜻하며, 보黼는 왕의 결단을, 불黻은 선을 지향하고 악을 배척한다는 선향배악善向排惡, 즉 시비를 명확히 하여 착오를 고치는 미덕을 상징한다. 결국 경기전 내의 삼문 홍살의 '卍'자와 불黻은 길상만덕이 왕과 함께하기를 비는 마음과 왕의 권위와 덕성을 칭송하는 상징 문양이라 할 수 있다.

'卍'은 범어로 스바스티카Svastika라 불리는 문자가 아닌 상相이다. 그 모양은 빛과 생동을 대표하는 태양을 상징화한 것으로 고대 인도를 비롯해서 페르시아, 그리스, 인도네시아, 이란, 멕시코, 말레이시

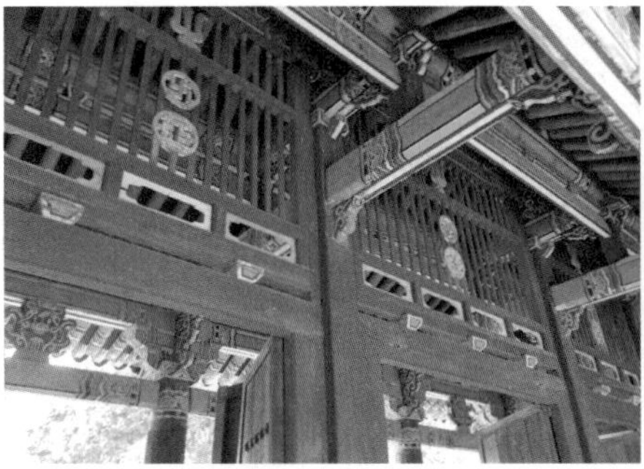

경기전 외삼문 홍살의 길상 장식

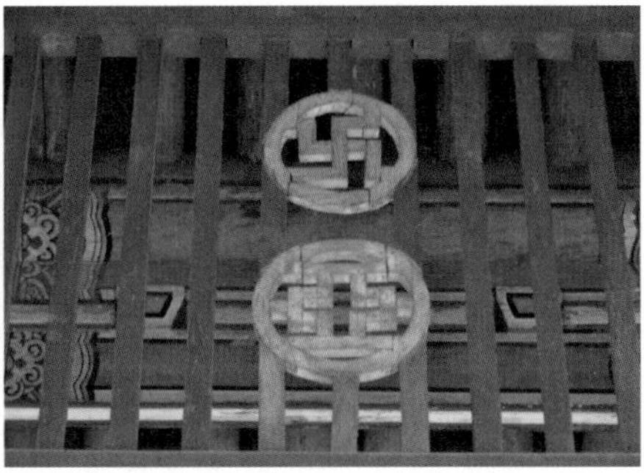

홍살의 '불(黻)' 문양과 '卍' 문양

아에서 장식 문양으로 사용되었고, 바라문교와 자이나교 등에서도 이 문양을 사용하였다.

卍 문양에 대해 불교 경전인《화엄경》권28에서는 '여래의 가슴에 나타난 이 상은 卍과 같으며, 이를 길상해운吉祥海雲이라 한다'고 했다. 또 같은 경의 이세간품離世間品에서는 '卍의 상은 금강견고金剛堅固의 승장勝藏으로서 마음을 장엄했다. 일체의 모든 마구니가 온다 할지라도 털끝만큼도 건드릴 수 없다'고 설명하고 있다. 대승大乘의 설명으로는 부처와 십지보살十地菩薩의 가슴 위에 생기는 길상상吉祥相이라 했고, 소승小乘의 설에 의하면 이 상은 부처 가슴 위에만 한정된 것은 아니다. 한편 卍은 덕, 길상, 유락有樂, 경복慶福, 행운의 의미로 해석되기도 한다. 따라서 경기전 신문에 장식된 卍자 장식은 곧 만상이 원만하게 유전하듯이 길상 경복의 상태가 항상 전내에 유

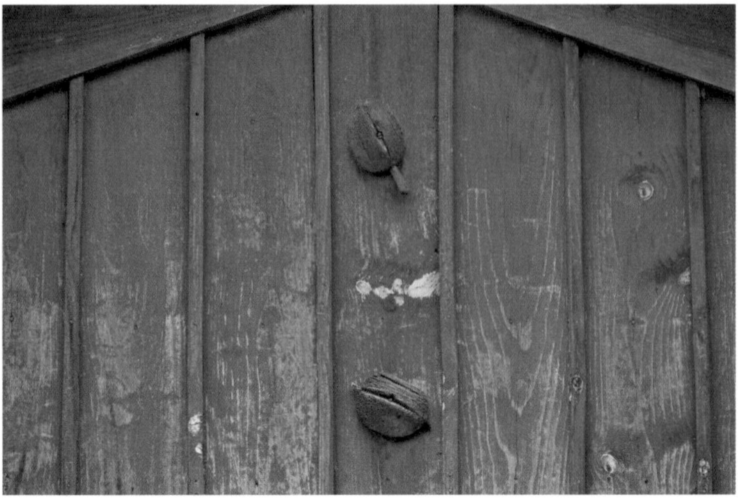

경기전 침전 정면 풍판의 거북 장식

지되기를 바라는 뜻을 담은 길상 상징이라 할 수 있다.

한 가지 더 말하면, 중국 민간에서는 卍이 만능의 신력神力과 우주를 간직한 문양으로 여겼다. 당나라 측천무후 장수 2년(693년)에 길상의 상을 표현하는 방편으로 卍자 형태의 글자를 제정하여 정식 문자로 채택했고, 만덕이 모였다는 뜻으로 새겼다.

또 하나 주목되는 장식물은 경기전 정전 건물 풍판에 부착된 목조 거북상이다. 거북은 용, 봉황, 기린麒麟과 달리 실재하는 동물이지만 신화, 전설 등의 주인공으로 등장하면서 현실과 환상을 넘나드는 신령스러운 존재로 변신했다. 별명도 많아서 변화무상한 신귀神龜,

산에 살며 울 수 있는 영귀靈龜, 껍데기에 그림과 글이 쓰여 있는 문귀文龜, 점치는 풀인 시초蓍草(톱풀) 아래에 사는 서귀筮龜 등 10여 가지가 된다. 한편 오천 살의 거북은 신귀로 불렸고, 1만 살 먹은 거북은 영귀로 불렸다(《연감유함淵鑑類函》).

고대인들은 거북의 출현을 하늘이 인간에게 내리는 계시로 여겼고 상서의 징조로 해석했다. 또한 거북점(龜卜)이 보여주는 정밀함을 믿어 거북을 미래를 예견할 수 있는 능력과 밝은 식견을 겸비한 신이한 존재로 숭배했다. 거북 껍질로 점치는 것을 복卜이라 하고, 시초蓍草로 점치는 것을 서筮라고 한다. 고대에는 나라에 중대한 일이 있을 때 군왕 주재 하에 거북점을 쳤고, 사소한 일인 경우에는 시초점을 쳤다. 거북점을 칠 때는 귀갑에 먹선을 긋고 불속에 넣어 태우는데, 이때 가로로 큰 금이 가면 '대횡大橫의 길운'이라 하여 크게 기뻐했다. 실제로 한나라 문제文帝가 천자가 되기 전에 거북점을 쳐보니 '대횡경경 여위천왕大橫庚庚 余爲天王'이라는 점괘가 나왔다. 이를 '제후로서 다시 황제가 된다'는 의미로 풀이했다는 기록이 전해진다(《사기》〈효문본기孝文本紀〉 10).

고대인들은 성왕聖王의 태평성대와 왕가의 상서를 칭송하고 기원할 때 흔히 "기린은 교외에서 놀고 봉황은 산에서 울고 하수河水의 용마와 낙수洛水의 거북은 도서圖書를 바친다"고 말했다. 그들에게 낙귀洛龜는 성왕聖王에게 하늘의 뜻을 전하기 위해 온 전달자이며,

거북이 등에 지고 나온 서書는 하늘이 내린 비밀스러운 계시였다. 이처럼 거북은 실재와 환상의 세계를 오가는 신령스러운 동물로 존재하면서 현실 정치와 인간 윤리에 관여했다. 결국 경기전 침전에 장식된 거북상은 태조의 바르고 정밀한 식견에 대해 하늘이 내린 상서의 표징이자 왕권의 무궁한 발전을 기원하는 상징 조각으로 볼 수 있다.

* * *

선왕 · 선후를 추억하고 섬기기 위해 제작된 진영은 보통의 신주神主와 성격이 다르다. 선왕 · 선후의 진영을 직접 대하면 지극히 감동하지만, 진영 속의 인물은 결코 살아있는 사람이 아니다. 그러나 그리움과 추억의 대상이 될 때는 산 사람이 되고, 환란을 극복할 수 있는 힘을 줄 때는 신이 된다. 진영 속의 선왕 · 선후는 그래서 신인가 하면 인간이고, 인간인가 하면 신인 것이다.

사왕嗣王의 입장에서 볼 때 선왕 · 선후는 부모나 조상이기 전에 인격자이고 유덕자이다. 그들의 사상이나 삶의 방식은 모범적 선례로 인식되었고, 그것을 계승 발전시키는 것이 사왕의 임무로 생각되었다. 그리고 조종의 덕과 삶의 방식을 따르는 것은 왕 자신의 정통성을 확보하는 일이고, 조종과 항상 교감하는 것은 현왕의 권위를 유지하는 길이다. 이처럼 진영은 신인동체로서 후손들 앞에 존재하면서 암암리에 현실 정치에 관여했던 것이다.

05

창업 군주의 신성과 권위의 상징

〈태조 팔준도〉

— 고대 봉건사회에서 말은 가축 이상의 의미와 가치가 있었다. 소와 돼지가 우리 속에서 여물을 탐하고 있을 때 말은 난세의 영웅을 등에 태우고 용감히 적진을 돌파했다. 주나라 무왕의 준마駿馬는 은殷을 정벌하고 주周를 세우는 데 큰 힘을 보탰고, 당 태종의 육준마는 왕을 도와 전장을 종횡으로 누비며 수隋를 폐하고 당唐을 창업하는 데 큰 공을 세웠다. 조선 태조 이성계의 팔준마 역시 고려를 멸하고 조선을 건국하는 데 한혈汗血을 흘렸다. 이 때문에 왕을 도운 준마는 간난艱難 속에서 왕조를 일으킨 창건 군주의 권위와 신성의 상징이 되었고, 준마의 등 위에서 이룩한 건국의 위업은 후세 치자들의 귀감이 되었다.

영적 존재로서의 말

— 말은 군사, 교통, 무역 방면에서 효용성이 높다. 그래서 국가에서는 특별히 말을 관리하는 부서를 설치하고 물과 풀, 굶주림과 배부름을 조절했다. 말이 병이라도 나면 의원으로 하여금 치료토록 했고, 죽으면 사체를 휘장에 싸서 매장하는 등 관리에 정성을 쏟았다. 다른 한편으로 말은 천계天界나 초현실적 세계와 교통하는 신령한 동물로서, 또 제왕의 성덕을 상서롭게 하고 성명聖明을 드러내는 영적 존재로서 인식되었다. 《주례周禮》 주註에서는 '방성房星이 용마龍馬가 되었다'고 한다. 방성이란 천계 28수 중 동방 창룡 7수蒼龍七宿에 속한 별이다. 천사성天駟星 또는 방사성房駟星으로도 불린 이 별은 천한天閑, 즉 '하늘 마구간'의 말을 관장하는 신격을 가지고 있다.

조선 태조 때 서울 동대문 밖에 마조단馬祖壇을 설치하고 중춘仲春의 길일을 택해 방성에 제사지냈던 마조제馬祖祭가 이와 맥을 같이한다. 마조제란 말의 질병을 퇴치하고 무사히 사육하기 위해 신에게 지내는 제사를 말한다. 마조단에는 방성의 귀신인 마조馬祖를 비롯해서 말 기르는 법을 창조한 선목先牧, 천마의 마구간 귀신인 마사馬社, 말을 해치는 귀신인 마보馬步의 신위가 각각 봉안되었다.

신라의 시조 혁거세왕이 말이 전해준 알에서 태어났다거나(《삼국사기》 신라 혁거세왕 조), 고구려 시조 주몽이 부벽루 아래의 기린굴에서 기른 기린마麒麟馬를 타고 조천석朝天石으로 나와 하늘로 올라

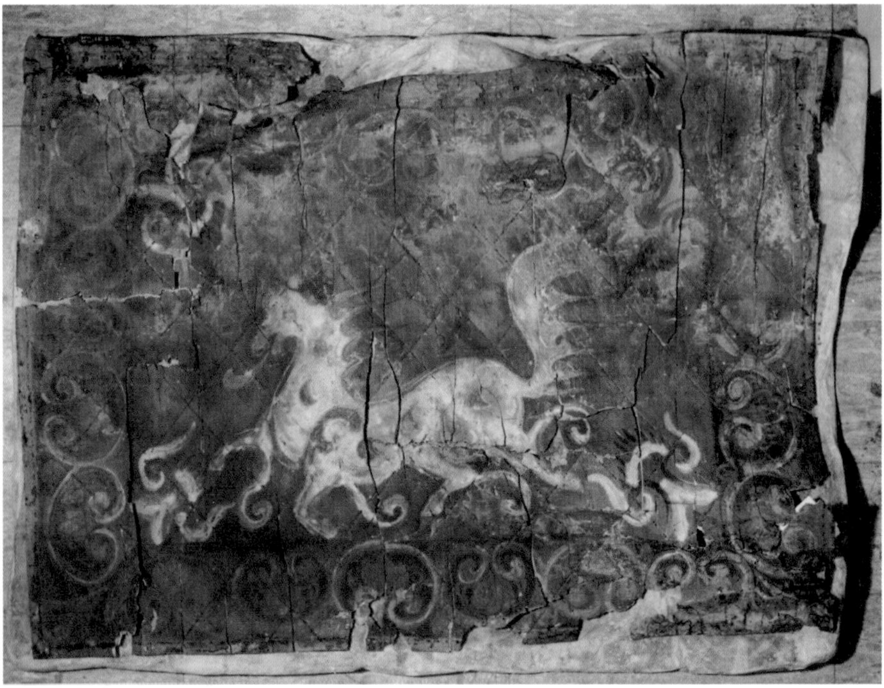

〈천마도〉. 국립경주박물관 소장

가 조회朝會했다는 이야기(《세종실록》 지리지 평양부平壤府) 등은 말에 관한 고대인들의 생각을 잘 보여주는 사례들이다. 고대인들의 관념 속에서 말은 이처럼 천손, 즉 하늘의 자손인 임금을 태우고 천상을 오르내리는 신령스러운 동물로 존재했다. 천마의 개념도 같은 생각에서 나온 것으로 추정된다. 현재 국립경주박물관에 소장되어 있는 〈천마도〉(국보 제207호)를 두고 천마라는 의견과 기린이라는 주장이 분분하지만, 고대 신라인들의 말에 대한 인식을 바로 읽는다면 '기린마'로 보는 것이 타당할 것으로 생각된다.

혁명 군주와 준마

— 중국 전설에 의하면 황제가 즉위할 때 비황飛黃이라는 준마가 마구간에 머물러 있었고, 제왕이 탄생할 때는 언제나 신비로운 준마가 나와 호응했다고 한다. 또 황하에서 기이한 그림을 등에 지고 나왔다는 동물을 용마라고 한 것도 말에 대한 고대인들의 관념을 잘 보여주는 사례다.

말은 국가 창업과 관련된 이야기의 주인공으로 자주 등장한다. 대표적 사례가 주周 무왕武王이 은殷을 멸망시킨 후 화산華山 남쪽에 말을 방목했다는 이야기, 주 목왕穆王이 타고 천하를 주유했던 팔준마 이야기, 수隨를 멸하고 당唐을 건국한 태종의 육준마 이야기, 그리고 조선 태조의 팔준마와 관련된 이야기다.

먼저 주 무왕과 말에 얽힌 내용을 보자. 주 문왕文王의 둘째 아들 무왕은 다른 8개의 변경 국가들과 연합하여 하남성河南省 목야牧野에서 주왕紂王의 대군을 격파하고 폭군 주왕을 몰아냈다. 전쟁이 끝난 후 무왕은 지금까지 자신을 도왔던 말들을 모두 화산華山 남쪽에 풀어주었다. 이에 대해《서경書經》은 '무왕이 상을 이기고 하수를 건너 서쪽으로 가서 말을 화산의 남쪽에 풀어놓아 다시는 타지 않았고, 소를 도림桃林 들에 방목하여 다시는 일을 시키지 아니했으며, 수레와 갑옷은 피를 칠하여 부고에 보관하고, 방패와 창을 호피로 싸서 거꾸로 세워두시니 천하가 무왕이 다시는 군사를 쓰지 않을 것을 알았다'라고 기록하고 있다. 이 같은 무왕의 사적事蹟은 흔히 난亂을 평정한 후에 맞이하는 태평성대의 상징으로 인식되었다.

조선의 태조 이성계는 여러 전장에서 여덟 필의 준마를 타고 적들을 토벌하여 조선을 건국하고 한양을 도읍으로 정했다. 이어서 전마戰馬를 지금의 서울 광진구 화양동 일대에 풀어놓고 그곳을 목장으로

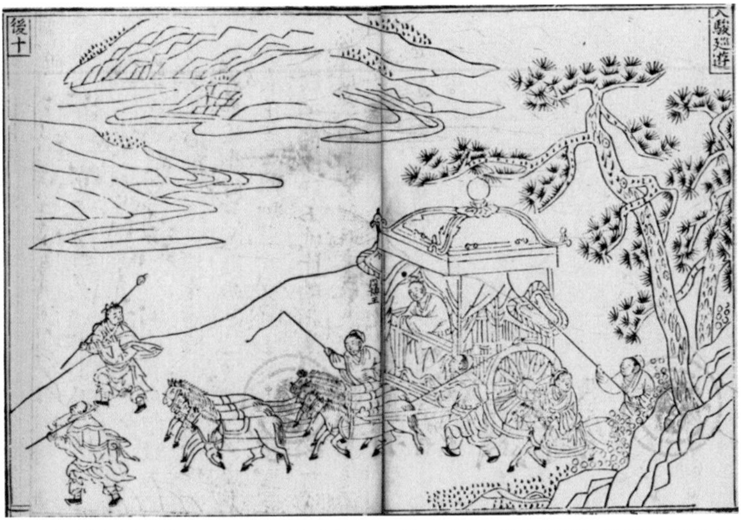

주 목왕 〈팔준 순유도(巡遊圖)〉. 《제감도설(帝鑑圖說)》(명, 장거정). 대만 중앙연구원 역사언어연구소 소장

삼았다. 그것은 과거 주 무왕이 난을 평정한 뒤에 전쟁에 썼던 말을 화산 남쪽에 풀어놓은 선례를 따른다는 의미가 있었다. 태조가 목장 북쪽 언덕에 정자를 짓고 문신 유사눌로 하여금 정자 이름을 짓게 하니 그는 '화양정華陽亭'이라는 이름을 지어 올렸다. '화양華陽'은 '화산의 양지'라는 뜻으로, '화산 남쪽'을 의미한다. 유사눌은 그의 기문에서 "열성조(태조)께서 무武를 쉬고 문文을 닦으며 말을 목장으로 돌려보내고 소를 놓아먹이시니 그때(주 무왕 때)의 일에 맞게 하려는 것이다"(《신증동국여지승람》 한성부漢城府 누정 조)라고 했다.

중국 역사상 팔준마로 유명한 왕은 목왕穆王이다. 목왕은 주나라의 제5대 왕으로, 《사기史記》에서는 50세에 즉위해 55년 동안 통치했다고 기록하고 있다. 목왕은 젊어서 팔준마가 끄는 수레를 타고 하루에 만 리를 치달리며 곤륜산崑崙山 꼭대기의 요지瑤池에 가서 전설적 선녀 서왕모西王母와 함께 잔치를 벌이기도 하고, 서쪽 끝까지 가서 해가 들어가는 광경을 구경하기도 하는 등 신선처럼 놀았다고 한다(《열자列子》 주 목왕周穆王편). 그가 군대를 일으켜 말을 타고 동쪽으로 진군할 때 구강九江에 이르러 길이 막히자 자라와 악어에게 다리를 놓게 한 뒤에 강을 건너 월越나라를 쳤다는 믿기 어려운 이야기도 전한다(《죽서기년竹書紀年》). 목왕이 탔다는 팔준마의 이름은 문헌에 따라 다르다. 예컨대 《목천자전穆天子傳》에는 적기赤驥, 도려盜驪, 백희白犧, 유륜踰輪, 산자山子, 거황渠黃, 화류華騮, 녹이綠耳로 기록되어 있다. 《습유기拾遺記》에는 절지絕地, 번우翻羽, 분소奔宵, 초영超影, 유휘踰輝, 초광超光, 등무騰霧, 협익挾翼으로 기록돼 있다.

그런데 주 목왕의 고사는 조선의 치자들에게는 경계의 대상이었다. 팔준마를 타고 천하를 유람하면서 정사를 멀리했고, 신선설에 심취하여 임금의 기강을 무너뜨리고 왕도를 쇠하게 했다는 이유에서였다. 정조는 목왕의 팔준마와 무왕의 준마를 비교하여 이렇게 말했다.

"하늘이 내린 것을 받은 것은 같은데, 득과 실이 현저히 다른 경우

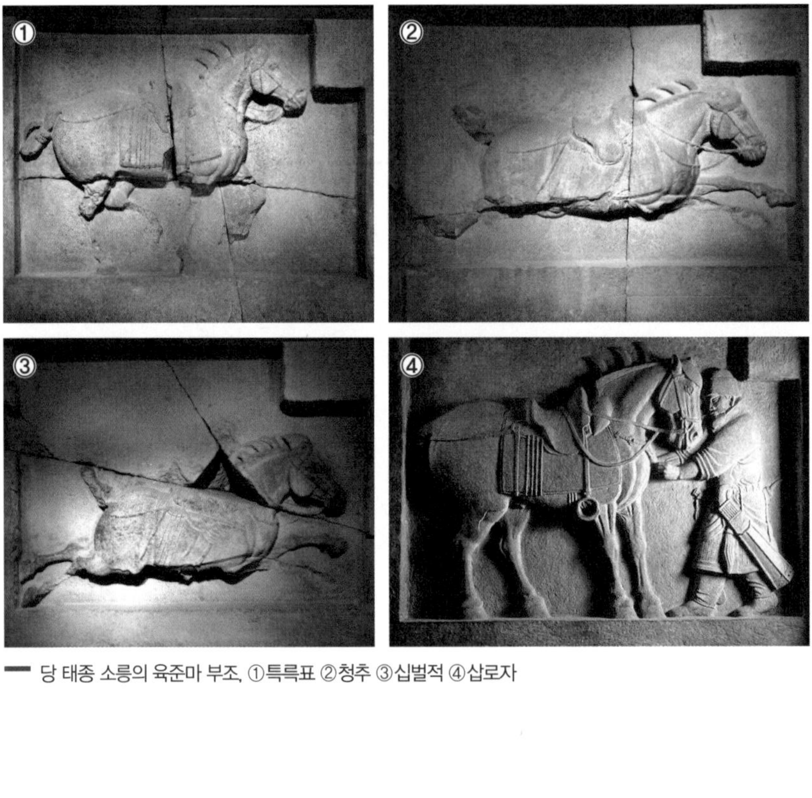

당 태종 소릉의 육준마 부조, ①특륵표 ②청추 ③십벌적 ④삽로자

가 있다. (목왕은) 팔준마를 요지瑤池에 내모니 나라가 거의 망할 뻔했고, (무왕은) 4천 마리의 말을 우산牛山에 풀어놓으니 백성들은 칭송할 말을 잃었다(《홍재전서》〈도기유생到記儒生의 추시秋試〉)."

주 목왕의 주유천하는 정사를 게을리한 사례로 치부되었지만 다른 한편에서 주 목왕의 팔준마는 신선 사상과 연결되어 신비성을 띠면서 민간의 기복 사상과 결부되어 입신양명과 길상의 상징으로 인기를 누리기도 했다.

치자들은 목왕의 팔준마를 나라에 무익한 것으로 평가했지만 당 태종의 육준마六駿馬에 대한 생각은 달랐다. 당 태종은 북방 민족의 피가 섞인 무인 귀족의 후손으로, 젊은 나이에 전쟁터에 나가 종횡무진 싸우며 많은 시간을 말 위에서 보낸 인물이다. 그는 수 양제煬帝의 폭정으로 내란이 일어나 나라가 시끄러운 틈을 타서 수나라 타도의 뜻을 품고 당시 군사령관이던 부친을 설득, 거병하여 장안長安을 점령하고 서기 626년에 당나라를 세웠다. 왕위에 오른 지 11년 되던 해에 태종은 자신이 묻힐 소릉昭陵을 축성하기 시작했다. 당시의 저명한 공예가였던 염입덕과 그의 동생이자 화가인 염입본에게 명해 국가 창업을 도운 여섯 필의 준마, 즉 특륵표特勒驃, 청추青騅, 십벌적什伐赤, 삽로자颯露紫, 권모왜拳毛騧와 백제오白蹄烏의 형상을 돌에 새겨 능 좌우 배전에 배치하도록 했다.

당 태종이 육준마 조각상을 자신의 무덤 주위에 배치하게 한 데

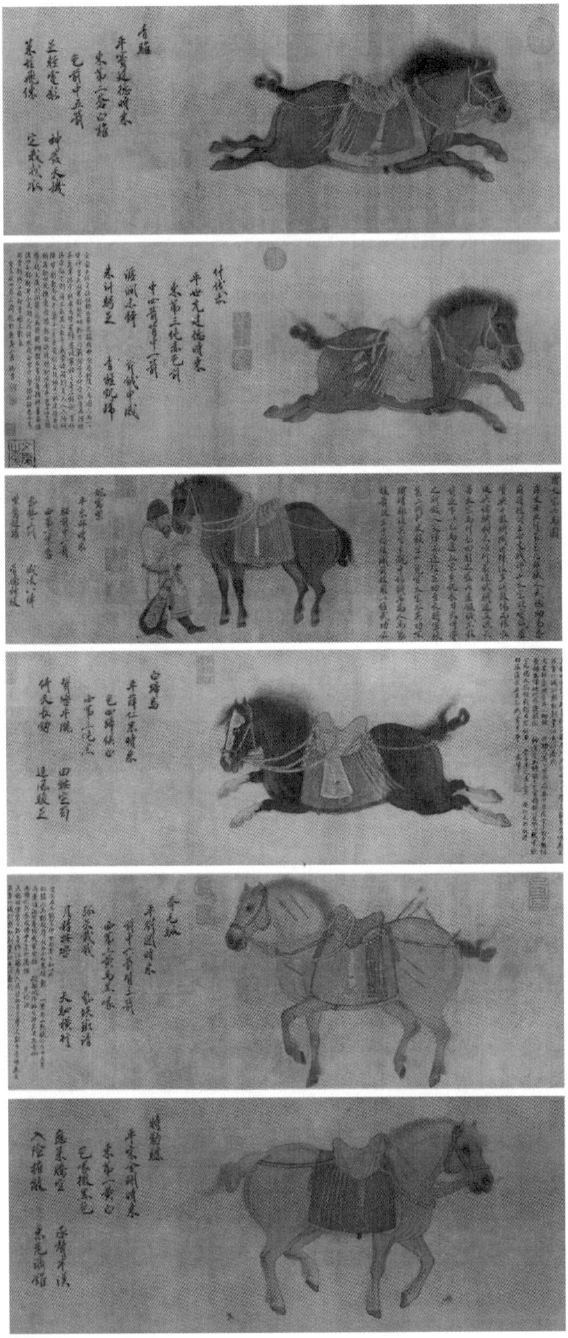

금의 조림이 그린 〈당 태종 육준도〉. 비단에 채색. 27.4×444.9cm. 위부터 청추, 십벌적, 삽로자, 백제오, 권모왜, 특륵표

는 위난으로부터 새 왕조를 이룩한 자신의 공훈을 생사고락을 같이 한 준마를 통해 드러내기 위한 목적이 있었다. 그러나 지금의 소릉에서는 육준마 조각상을 볼 수 없다. 삽로자颯露紫와 권모왜拳毛騧는 1914년 미국인에 의해 반출되어 현재 펜실베이니아대학 박물관에 보관돼 있고, 나머지 네 마리는 서안의 비림碑林박물관에 이전되어 있기 때문이다. 소릉의 당 태종 육준마는 후세에 그림으로도 그려졌는데, 대표적 예가 금金의 조림이 그린 〈당 태종 육준도〉다. 조선 세종 때 지어진 《용비어천가》에서도 당 태종의 육준마를 언급하고 있는데, 그것은 태조의 조선 건국의 위대함이 당 태종의 건국 위업과 일치함을 강조하기 위한 것이었다.

조선 태조의 팔준마

— 조선의 태조 이성계는 공민왕 재위 기간에 홍건적을 평정했고, 또 만주 일대에 세력을 펴고 있던 원나라 장수 나하추를 동쪽으로 몰아냈으며, 북쪽으로는 원나라의 남은 무리를 동녕東寧에서 평정했고, 남쪽에서는 왜구를 지리산에서 물리쳤다. 인월역, 토동 등지에서 전투를 하고 막바지에는 위화도 회군을 감행했다. 무릇 수십 년에 걸친 수백 번 싸움의 위난을 무릅쓰면서 모든 적을 평정하여 백성을 도탄에서 구해낼 때 그의 옆에는 항상 여덟 필의 준마가 있었

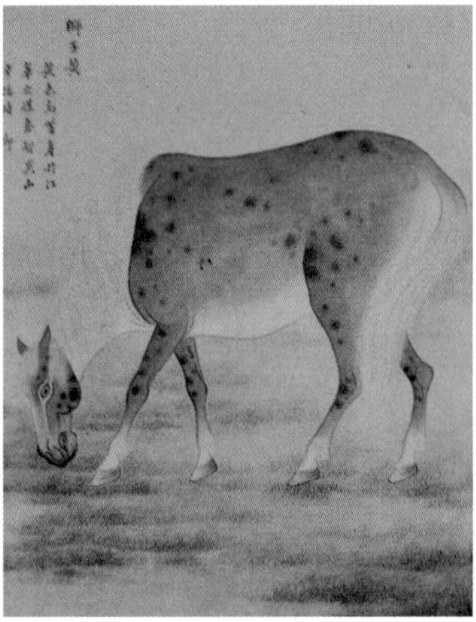

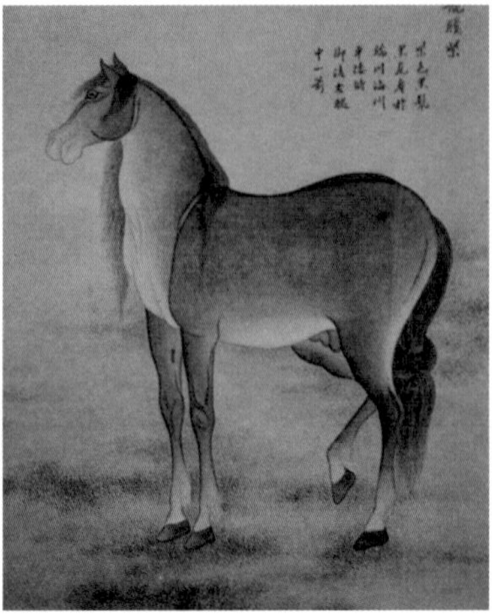

필자 미상 〈태조 팔준도〉 중 사자황, 용등자. 국립중앙박물관 소장

으니 그 이름은 횡운골橫雲鶻, 유린청游麟青, 추풍오追風烏, 발전자發電赭, 용등자龍騰紫, 응상백凝霜白, 사자황獅子黃, 그리고 현표玄豹였다.

횡운골은 그 자태가 구름 속을 횡행하는 매와 같다고 해서 붙은 이름이다. 산지는 여진산이고, 나하추를 패주시키고 홍건적을 평정할 때 탔으며 두 대의 화살을 맞았다. 유린청은 빠른 기린과 같은 청총마로 산지는 함흥산이고, 해주에서 싸우고 운봉에서 승전할 때 탔다. 세 대의 화살을 맞았고, 31년을 살다가 죽었다. 이성계가 가장 아끼던 말이다. 추풍오는 바람을 좇는 오추마로, 여진에서 났으며 검은 까마귀 색깔을 하고 있고, 화살 한 대를 맞았다. 발전자는 번개와 같이 빠른 적토마로, 안변에서 났다. 장단에서 사냥할 때 탄 말이

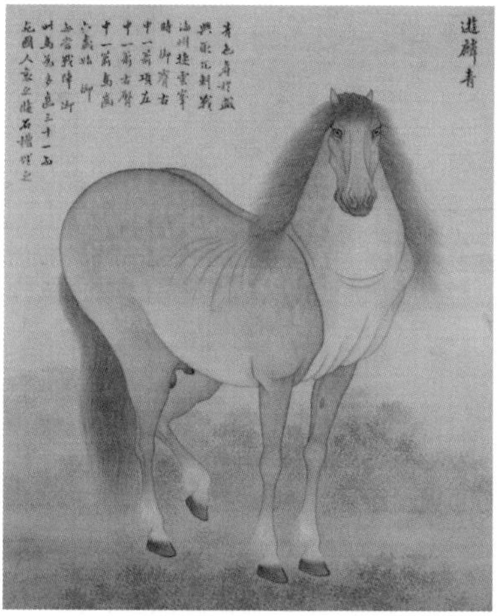
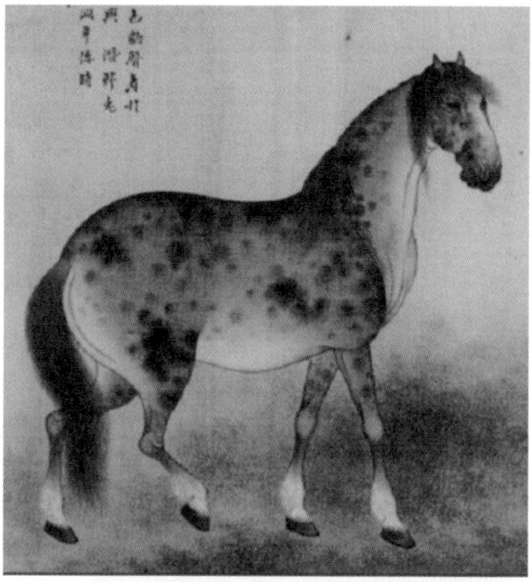
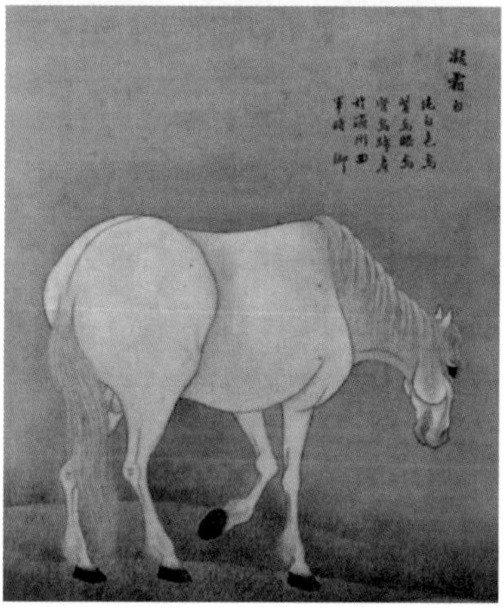

필자 미상 〈태조 팔준도〉 중 유린청(위 왼쪽), 현표(위 오른쪽), 응상백(옆). 국립중앙박물관 소장

며, 코는 붉은색이고 발목은 흰 빛이다. 용등자는 용처럼 달린다는 준마로 단천 소산이다. 왜적을 평정할 때 탔으며, 화살 한 대를 맞았고, 갈기는 자줏빛에 꼬리는 검다. 응상백은 서리가 어린 듯한 백마로 제주에서 난 것이고, 압록강에서 회군할 때 타던 것이다. 흰색이나 주둥이와 배와 음경과 발굽은 검다. 사자황은 사자와 같은 누른색의 말로 강화 매도에서 났는데 지리산에서 왜적을 평정할 때 타던 것이다. 주둥이가 검다. 현표는 검은 표범과 같은 말로 함흥에서 난 것이다. 토아동

에서 왜적을 평정할 때 타던 것이다. 빛깔은 검고 음경은 표범의 것과 같다(《약천집》〈함흥십경도기병서咸興十景圖記并序〉, 《임하필기》〈문헌지장편文獻指掌編〉, 《해동잡록》 본조本朝 안견安堅 조 참조).

태조 팔준마, 주목왕의 팔준마, 당 태종의 육준마의 이름을 비교해보면 아래 표와 같다. 여기서 주목되는 것은 말 이름에 색을 나타내는 글자가 포함돼 있다는 점인데, 오행색을 기본 바탕으로 하는 것이 특징이다. 태조의 팔준마 이름에는 청青 · 자紫 · 백白 · 오烏 · 황黃 · 현玄 등의 색이 포함돼 있고, 주 목왕의 팔준마의 경우에는 녹綠 · 적赤 · 백白 · 황黃이, 당 태종의 육준마의 경우에는 청青 · 백白 · 적赤 · 자紫가 이름에 들어 있다. 이를 감안하면 태조 팔준마의 이름이 주목왕의 팔준마와 당 태종의 육준마의 선례를 참고하여 지은 것으로 생각된다.

조선 태조 팔준마, 주 목왕 팔준마, 당 태종 육준마의 이름

조선 태조의 팔준마	주 목왕의 팔준마	당 태종의 육준마
횡운골橫雲鶻	유륜踰輪-청자색	권모왜拳毛騧
유린청游麟靑	녹이綠耳	청추靑騅
추풍오追風烏	산자山子-회백색	백제오白蹄烏
발전(뢰)자發電(雷)赭	화류華騮-검은 꼬리黑尾	특륵표特勒驃
용등자龍騰紫	적기赤驥	십벌적什伐赤
응상백凝霜白	백의白義	삽로자颯露紫
사자황獅子黃	거황渠黃	
현표玄豹	도려盜驪	

《용비어천가》와 안견의 〈팔준도〉

— 이성계가 처음 왕위에 올랐을 때 사헌부에서 최초로 올린 상소문은 '전하께서 천의에 순응하여 혁명을 일으켜 처음으로 왕위에 오르게 되었습니다'라는 말로 시작된다(《태조실록》 1년 7월 20일). 고려를 폐하고 조선을 건국한 역성혁명의 정당성을 강조하고 태조의 건국 위업을 칭송하는 발언이다. 위험과 어려움을 무릅쓰고 백성들을 도탄에서 건져 천명과 인심이 군주에게 돌아오게 한 태조의 높고 큰 공훈을 기리고 칭송하는 작업은 세종 대에 와서 더욱 본격화된다. 세종은 조종祖宗이 국가의 기반을 힘들게 마련한 내력을 후세 치자들이 반드시 기억해야 한다는 취지에서 권제, 정인지 등에게 명해 목조穆祖 이후의 조상이 국가 기틀을 마련하기 위해 노력한 자취를 찬술토록 했는데, 그것이 그 유명한 《용비어천가龍飛御天歌》다. 왕은 궁중에서 인출하여 신하들에게 하사하고 조제朝祭와 연향宴享의 악사樂辭로 삼게 하였다.

《용비어천가》에서는 조선 창업의 주역으로 숭앙된 목조·익조·도조·환조·태조·태종의 육조六祖를 여섯 용(六龍)에 비유하여 군주의 권위를 드러냄과 동시에, 조선 건국이 천명을 따른 조치임을 강조하고 있다. 팔준마에 관한 내용은 제70장에 언급돼 있는데, 그 내용은 이렇다.

'하늘이 (당 태종과 같은) 영기한 재주를 내시어 백성을 편안히 살도록 하시매 여섯 준마가 시기를 맞춰 나타났고, 하늘이 (이 태조와 같은) 용기와 지혜를 가진 분을 주시어 나라의 평안을 위하니 여덟 준마가 때를 맞춰 나타났다.'

태조의 조선 창업의 위대함이 주 무왕과 당 태종의 건국 위업과 부절符節을 합친 것과 같음을 강조한 것이다.

같은 취지에서 세종은 태조의 조선 창업을 도운 팔준마 형상을 안견安堅에게 그리게 하고, 집현전 학자들에게는 찬贊을 짓게 했다. 모두 같은 목적에서 이루어진 일이지만, 팔준도는 회화적 표현을 빌렸고 《용비어천가》는 문학적 표현을 빌렸다는 점에 차이가 있다.

신숙주는 그의 《팔준도부八駿圖賦》에서 "태조가 위험과 고난을 무릅쓰고 나라와 백성을 구한 공적은 실로 말 위에서 이루어진 것"이라면서 현란한 수식어로 팔준마를 극찬했다.

"뛰는 모습은 번개인 듯 털빛도 찬란하고, 머리를 내두르면 서늘한 바람이 불어오고 몸을 굼틀거리면 봄 구름이 일어난다. 한 번 울면 서역 사막이 와르르하고, 두 번 울면 기북冀北(말의 명산지)이 휩쓸어 지나니 이런 말은 천백 중에 하나 둘이다. 기린과 봉황과 함께 착하고 아름다움을 견줄 만하다(《동문선》)."

한편, 당시 집현전 학자 성삼문은 그가 지은 《팔준도명八駿圖銘》에서 "태조의 팔준도를 후손이 본다면 부귀가 말 위에서 얻어진 것을 알 것이며, 방석 위에 앉아서도 바람에 빗질하고 비에 목욕하던 때를 생각할 것이요, 팔진미八珍味를 앞에 벌려놓고도 콩죽과 보리밥 먹던 날을 생각하면 팔준도 한 폭이 마땅히 저 《시경詩經》 빈풍豳風편의 〈칠월〉과 더불어 같이 갈 것이다"(《동문선》)라면서 팔준도가 가진 교훈적 의미를 강조했다.

동시대 선비 서거정은 그의 《팔준도행八駿圖行》을 통해 "원하옵건대 이 팔준도를 성상께 바치오니 구중궁궐 용상 뒤에 게시하여 천대 만대 또 억만대를 전하여 왕업이 후색朽索(썩은 새끼. 《서경》 오자지가吾子之歌에 '지금 세상을 보면 무섭기가 썩은 새끼로 여섯 마리 말을 묶어놓은 것 같다'라는 말이 있음)처럼 어려움을 경계했으면 한다"(《사가정집四佳亭集》)면서 자신의 생각을 밝히고 있다. 군신에게 팔준도가 어떤 의미를 가진 그림인가를 잘 보여주는 대목이다.

그런데 안견이 그렸다는 〈태조 팔준도〉는 문헌으로만 전해질 뿐 실물의 행방은 묘연하다. 현재 국립중앙박물관에 소장된 〈팔준도〉는 숙종 대에 그린 것으로, 안견의 〈태조 팔준도〉를 모본 삼아 그린 것으로 추측된다. 모두 8폭으로 구성되어 있는데, 각 폭에 한 필씩 그리고 말의 이름, 외형적 특징과 성격에 관해 기록해놓았다. 말의 이름은 각각 횡운골橫雲鶻, 유린청游麟青, 추풍오追風烏, 발전자發電赭, 용등자龍騰紫, 응상백凝霜白, 사자황獅子黃, 현표玄豹로 표시하고 있는데, 《팔준도부八駿圖賦》 등 문헌에 전하는 태조 팔준마의 이름과 일치한다.

세조, 숙종 대의 준마도

— 세조도 〈태조 팔준도〉의 선례를 따르려는 마음에서 〈십이준도〉를 제작했다. 그에게는 12준마가 있었는데 그 이름은 약표若驃, 약류若騮, 약려若驪, 약규若虯, 약곡若鵠, 약구若駒, 약리若螭, 약표若豹, 약홍若鴻, 약룡若龍, 약린若麟, 약기若驥 등이다(《홍재전서弘齋全書》 마정인馬政引). 이 명마들은 마치 용이 움직이듯 날랬다고 한다.

세조는 태조처럼 위난을 무릅쓰고 새 왕조를 세운 것도, 정상적으로 왕위를 계승한 것도 아니지만 세조 9년(1463년) 봄, 최항에게 〈십이준도〉를 보이며 찬문贊文을 짓도록 했다.

> 예부터 나라를 차지한 임금들은 모두 안장에 올라앉아 위험을 무릅쓰고 사방을 다니며 전투에 종사하여 특수한 공적을 세웠다. 그런데 사람과 마음을 같이하여 쫓아다니며 힘을 바친 것으로는 말과 같은 것이 없다. (중략) 항우의 오추烏騅나 한漢의 적노的盧 같은 것은 대단할 것이 없고, 다만 당 태종의 육준과 우리 태조의 팔준은 곧 백대百代를 두고도 가장 뚜렷하다. 나도 일찍 활쏘기와 말 타기를 배워서 비록 전투에서 이룬 공로는 없지만, 생각하면 세종조 전성기에 해마다 봄가을이면 행차를 따라가서 말달리며 활을 쏘아 승부를 겨룰 때 내가 언제나 앞장서 용기를 자랑하니 나를 따를 자가 없었다. 또한 삼군三軍은 환호성을 치며 탄복하기에 여념이 없었으니 왕께서 기뻐하신 적이 한두 번이 아니었다.

나는 배우기 어려운 용한 재주를 배웠고 다루기 힘든 말을 다루었다. 그중에도 가마솥을 걸어놓고 쏘아 맞추게 한 유騮는 그보다 더 날쌘 놈이 없었고, 국난을 바로잡을 때 탔던 표驃는 재주를 따를 놈이 없었다. 더구나 활 쏘고 말달리는 기술이 사실상 오늘 이 자리에 있게 된 원인인즉, 당시에 수고를 바친 말의 공을 어찌 잊을 수 있겠는가. 당唐 대의 고사를 모방해서 그림으로 그려 이를 자손들에게 전하여 교훈 될 자료로 남기려 하니 경은 이것을 서술하라(《동문선》 〈십이준도 찬 병서十二駿圖贊幷序〉).

세조는 수양대군 시절에 일으킨 계유정난의 중심인물이다. 계유정난은 수양대군이 아우 안평대군과 그의 측근인 황보인, 김종서 및 우의정 정분, 병조판서 조극관, 이조판서 민신, 우찬성 이양 등을 살해하고, 금성대군까지 유배시켜 단종 폐위와 자신의 즉위를 결정지은 사건이다. 그런 세조가 즉위 9년째 되던 해인 1464년에 명을 내려 자신이 전에 탔던 말 12필을 당나라 고사를 모방하여 그림으로 그리게 한 것이다.

세조가 탔다는 12준마의 이름은 각각 정세표靖世驃, 유하류流霞騮, 이화려梨花驪, 옥영규玉英虯, 능공곡凌空鵠, 축풍구逐風駒, 약운리籥雲螭, 등무표騰霧豹, 일경홍軼驚鴻, 익비룡翼飛龍, 대방린戴房麟, 조야총照夜驄이다(《동문선》 〈십이준도 찬 병서〉). 그런데 《청장관전서》 앙엽기8盎葉記八 〈팔준마 · 십이준마〉에서는 전운리를 섭운리籋雲螭로, 조야총을

조야기照夜驥로 표기하고 있다. 단종을 힘으로 폐위시키고 왕위에 오른 세조에게 가장 필요했던 것은 자신의 입지에 대한 정당성을 확보하는 일이었다. 그 묘수를 세조는 자신이 탔던 12준마에서 찾고 찬문을 지어 태조 팔준마와 같은 지위에 올려놓으려 했던 것이다.

팔준도 제작의 전통은 숙종 대로 계승되었다. 숙종은 재위 31년인 1705년에 화원에게 명해 안견의 〈팔준도〉를 모사하여 짧은 축軸으로 만들게 하고, 직접 찬贊과 서序를 썼다. 숙종이 팔준도를 그리게 한 뜻은 간난의 시절에 있었던 조종의 위대한 공적을 찬양하고 후손들로 하여금 교훈으로 삼게 하려는 데 있었다.

정조의 치마대비馳馬臺碑

— 정조는 태조의 행적을 미화하고 왕업을 일으킨 역사를 칭송하기 위해 1797년에는 함흥의 태조 사적지인 독서당과 치마대馳馬臺에 비석을 세우고 비명을 통해 태조의 건국 위업을 다음과 같이 칭송했다.

"저 우뚝한 산 구불구불한 게 마치 신룡이 도사리고 있는 듯하네. 옥으로 장식한 고삐에 금장식을 한 안장으로 육룡을 타고 삼한을 다스리다가 우리에게 억만년 태산 반석 같은 기반을 남기셨다네(彼岨矣山 蜿蜿蜒蜒如神龍之交盤 飛玉轡而揚金鞍駕六龍而奠三韓 以垂我萬

億年磐泰之安)."

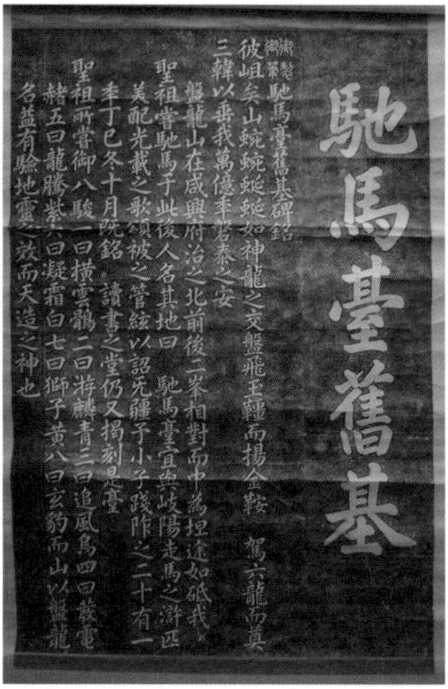

〈치마대구기비명〉 탁본. 정조. 국립중앙박물관 소장

비를 세운 뜻에 대해서는 이렇게 밝혔다.

"함흥부咸興府 북쪽에 반룡산盤龍山이 있는데, 두 봉우리가 앞뒤로 맞보고 그 가운데는 숫돌같이 평탄한 길이 나 있다. 우리 성조께서 늘 그곳에서 말을 달렸으므로 후인들이 그곳을 치마대馳馬臺라고 이름했다. 옛날 기산岐山 남쪽에서 물가 따라 말을 달렸던 태왕과 똑같이 빛나고 아름다운 일이다. 그 사실을 노래로 만들고, 그 가락을 관현에다 올려 영원히 전해야 할 것이다. 이 소자가 왕위를 이어받은 지 21년이 되는 정사년 10월에 독서당 명을 쓰고 나서 이어 이 대에도 비를 새겨 세웠다. 성조가 타시던 팔준마는 횡운골, 유린청, 추풍오, 발전자, 용등자, 응상백, 사자황, 현표인데 그 산 이름이 반룡이니 여기에서 지령地靈의 효험과 신기한 하늘의 조화를 징험할 수 있는 것이다(《홍재전서弘齋全書》 치마대구기비명馳馬臺舊基碑銘)."

정조는 태조가 왕업을 일으킨 공적을 선양, 칭송함과 아울러 후인들이 조종의 뜻을 본받을 수 있도록 치마비를 세웠다. 그리하여 대대로 철왕哲王이 나와 왕업을 크게 계승하여 산천의 신령을 편안케 하고 천지에 쌓인 복을 열어 억만년을 두고 영원히 누릴 수 있기를 기원했던 것이다.

* * *

조선의 치자들이나 식자들의 관념 속에 자리 잡고 있던 말은 가축이 아니라 창건 군주의 권위와 신성성의 상징으로서의 말이었다. 그들이 말을 통해 보았던 것은 옛날 주 무왕이 전쟁 후에 화산 남쪽에 방목한 말의 모습이며, 주 목왕이 타고 천하를 주유했던 팔준마의 환상이며, 당 태종의 육준마, 그리고 조선 태조의 팔준마였다.

창업 군주의 공훈을 기리고 권위를 높이며 업적을 칭송하는 방법은 많다. 악장樂章도 있고, 시가도 있고, 찬讚도 있다. 그러나 혁명 군주를 도운 준마를 눈앞에 보듯 그린 그림에는 미치지 못한다. 여덟 마리의 말을 그린 〈팔준도〉 속에는 위난을 무릅쓰고 나라와 백성을 구한 창업 군주의 공적과 후손들의 칭송의 뜻이 함께 담겨 있다.

06

왕도 정치의 이상 실현을 위한 수신

왕실 감계화

— 왕의 마음은 만 가지 징조가 연유하는 곳이자 백 가지 책임이 모이는 곳이며, 왕의 자리는 각종 욕심이 공격하고 온갖 간사함이 다투어 침해하는 곳이다. 그렇기 때문에 왕은 조금이라도 태만하고 방종해서는 안 된다. 만약 그렇다면 나라가 바로 서기가 어렵다. 《서경書經》에서는 '나무가 먹줄을 맞으면 바르게 되고, 왕이 간언을 따르면 성스럽게 된다(惟木從繩則正 后從諫則聖)'고 했다. 왕이 성스럽게 되려면 좌우에서 보필하는 현신賢臣들이 옳은 도리와 이치로써 간하면 물 흐르듯 따르고, 왕 스스로도 수신을 게을리하지 말아야 한다. 조선의 임금들은 교훈을 담은 그림과 좌우명을 어좌 가까이에 두고 수신과 감계의 수단으로 삼았다. 그 근본 목적은 옛 성왕의 선례를

따라 스스로 삼가고 경계하여 바른 정치를 베풀고자 함에 있었다.

선정을 위한 다짐, 좌우명과 의기欹器

── 왕도 정치의 진의는 권력으로써 정의와 진리를 실현하는 것이다. 정政은 정正, 즉 바르게 한다는 뜻이다. 공자도 "정치는 바르게 하는 것(政者正也)"(《논어》 안연편)이라 했다. '바르게 한다'는 것은 바른 주체가 바르지 못한 객체를 바르게 하는 것을 뜻한다. 주체가 바르지 않고서는 객체를 바르게 할 수 없는 것이다. 군주가 바르면 명령을 안 해도 정치가 잘 이루어지지만, 그렇지 못하면 명령을 엄히 한다 해도 백성들은 따르지 않는다. 요컨대 정政을 정正으로 정의하는 왕도 사상은 정치의 주체이자 원동력인 군주에게 항상 올바른 생각과 모범적 처신을 요구했던 것이다.

중국 은나라의 탕湯왕은 "참으로 하루 새로워졌으면 나날이 새로워져야 하고 또 날로 새로워져야 한다(苟日新 日日新 又日新)"면서 날마다 마음의 때를 씻어 스스로 덕을 새롭게 할 것을 다짐했다. 그는 이 경구를 새긴 대야를 앉은 자리 오른쪽에 두었는데, '좌우명座右銘'이라는 말이 이로부터 생겨났다. 조선을 창업한 후 태조는 자신의 침실 네 벽에 본받을 만한 훈계의 말을 적어놓기 위해 정도전에게 명하여 경서經書와 사서史書의 좋은 경구를 모아 올리게 했다(《태조실록》

4년 9월 22일). 그것은 탕왕의 선례를 따르려는 상고주의尙古主義 정신의 발로이자 현실 정치에서 선정을 베풀려는 의지의 표현이었다. 세종은 "눈에 보이는 것으로써 마음을 깨우치게 하는 것은 진실로 유익하다"(《조선왕조실록》 세종 15년 8월 13일)라고 했는데, 이것은 '탕왕의 관반명盥槃銘'을 염두에 두고 한 말이다.

생활의 지혜와 자경의 의미가 담긴 경구는 그것을 새긴 물건에 따라 이름이 달리 불렸다. 예를 들면 이러하다. 탕왕의 경우처럼 대야에 새긴 것은 관반명盥槃銘, 책상에 새긴 것은 궤명机銘, 거울에 새긴 것은 감명鑑銘이라 하고, 기둥에 새긴 것은 영명楹銘, 지팡이에 새긴 것은 장명杖銘, 띠에 새긴 것은 대명帶銘, 신발에 새긴 것은 이구명履屨銘, 술잔에 새긴 것은 상두명觴豆銘, 검에 새긴 것은 검명劍銘, 활에 새긴 것은 궁명弓銘이라 했다.

글로써 표현된 경구가 아닌 특수하게 제작된 그릇을 교훈의 대상으로 삼은 예가 있다. 의기欹器라는 것인데, 이 그릇은 속이 비어 있을 때에는 조금 기울어지고, 물이 가득 차면 뒤집어지며, 물이 절반 정도 찰 때 비로소 바르게 선다고 한다. 군주들이 이 의기를 자경의 대상으로 삼은 것은 중용中庸의 도를 깨우쳐주기 때문이다. 중용의 '中'은 공간적으로 양단兩端이 어느 데에도 편향하지 않는 중심을 말한다. 이에 대해 '庸'은 변화하는 세계에서 절대 동하지 않는 진리를 말한다. 그런데 중의 위치는 고정되어 있는 것이 아니라 항상 변

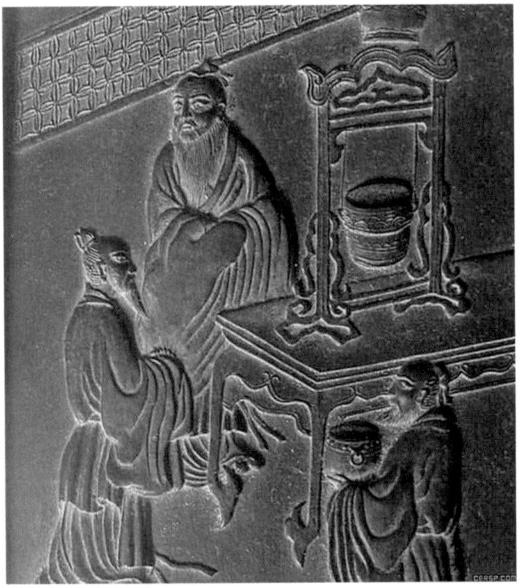

〈공자성적도〉 중 관기논도(觀器論道)

경될 수 있다. 예컨대 5자 길이의 막대가 있을 때 그 중中은 2자 5치가 되지만, 1자를 잘라내었다면 중은 2자로 변경되지 않을 수 없다. 중용은 이처럼 변화하는 상황을 따라가면서 진리를 사용하는 것이다. 시대와 상황의 변화에 맞추어 중용의 태도를 견지하는 것, 이것이 왕에게 요구되는 가장 중요한 덕목이었다. 의기가 이 덕목을 깨우치게 해주기 때문에 군주들은 항상 의기를 곁에 두고 스스로 경계하는 기회로 삼았던 것이다.

의기와 관련해 이런 이야기가 전해진다. 공자가 노魯나라 환공의 사당을 방문했을 때 의기를 보았다. 사당지기에게 이것이 무엇이냐고 물으니 "환공이 항상 앉은 자리 오른쪽에 두던 그릇"이라 대답했다. 그러자 공자가 "이것은 '비면 기울고, 절반쯤 차면 바르게 서며, 가득 차면 엎어진다(虛則欹 中則正 滿則覆)'고 들었다"면서 제자더러

물을 담아 실험해보게 하니 과연 말한 그대로였다고 한다(《공자가어》 삼서三恕).

조선의 성석린은 왕(정종)이 중용의 도를 실천하여 백성들로부터 존경받기를 바라는 마음에서 〈의기도欹器圖〉를 그려 올렸다. 왕이 경연經筵에 임해 이 그림을 신하들에게 보여주니 이서李舒란 자가 이 그릇이 암시하는 중용의 도를 설명하여 임금을 기쁘게 했다는 기록이 있다(《국조보감》 정종 1년 1월 1일). 왕뿐만 아니라 사대부들도 〈의기도〉를 앉은 자리 오른쪽에 두고 그 의미를 새기며 수신의 계기로 삼았다. 조선 전기의 문신 안숭선은 〈의기도〉를 얻어 벽에 걸어놓고 드나들 때마다 주시하며 마음을 다스렸고(《세종실록》 세종 15년 8월 13일), 단종 때의 선비 손순효도 항상 깨끗한 방에 〈의기도〉를 걸어두고 출입할 때마다 관성觀省했다(《해동잡록海東雜錄》 본조 손순효). 이처럼 의기는 군주뿐만 아니라 신하들에게도 교훈과 자경의 계기를 마련해주는 그릇으로 인식되었다.

사왕嗣王에게 준 애민愛民의 교훈시, 빈풍칠월편

— 왕권 국가에서 특히 중요시했던 직책은 사관史官이다. 사관의 임무는 왕의 언동과 시정時政의 잘잘못, 그리고 그때그때의 정치 상황을 숨김없이 기록하는 일이다. 이 제도를 둔 가장 큰 목적은 현

왕現王이 전조前朝의 선정과 실정失政을 거울삼아 덕을 쌓고 올바른 정치를 하도록 하려는 데 있었다. 같은 목적에서 조선의 역대 왕들은 전조의 가권가계可勸可戒 사적事蹟을 서병書屛 또는 그림병풍으로 제작하여 측근에 비치해놓고 스스로를 경계함은 물론 장차 왕이 될 세자가 선정을 베푸는 데 교훈으로 삼도록 배려했다. 가장 많이 활용되었던 것이 《시경》 빈풍豳風편에 있는 〈칠월七月〉이다.

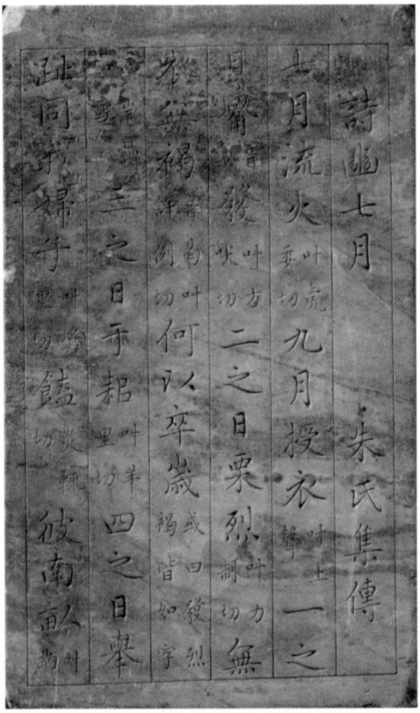

빈풍편에 실린 〈칠월〉, 주자 《시경집전》, 조맹부, 국립고궁박물관

〈칠월〉은 빈豳 땅(기산의 북쪽 들, 지금의 섬서성 서북)에서 농사지으며 힘들게 살아가는 백성들의 삶을 묘사하고 있다. 이 시를 지은 주공周公은 예악禮樂과 법도法度를 제정하는 등 이상적인 문물제도를 창시해 후대 군주들의 칭송과 귀감의 대상이 된 인물이다. 주공이 〈칠월〉을 지은 이유는 나이 어리고 경험이 부족한 성왕이 백성들의 노고를 알아 올바른 정치를 펼 수 있도록 하기 위함이었다,

〈칠월〉의 내용을 구체적으로 살펴보면, 1월에는 빙고에 얼음 넣

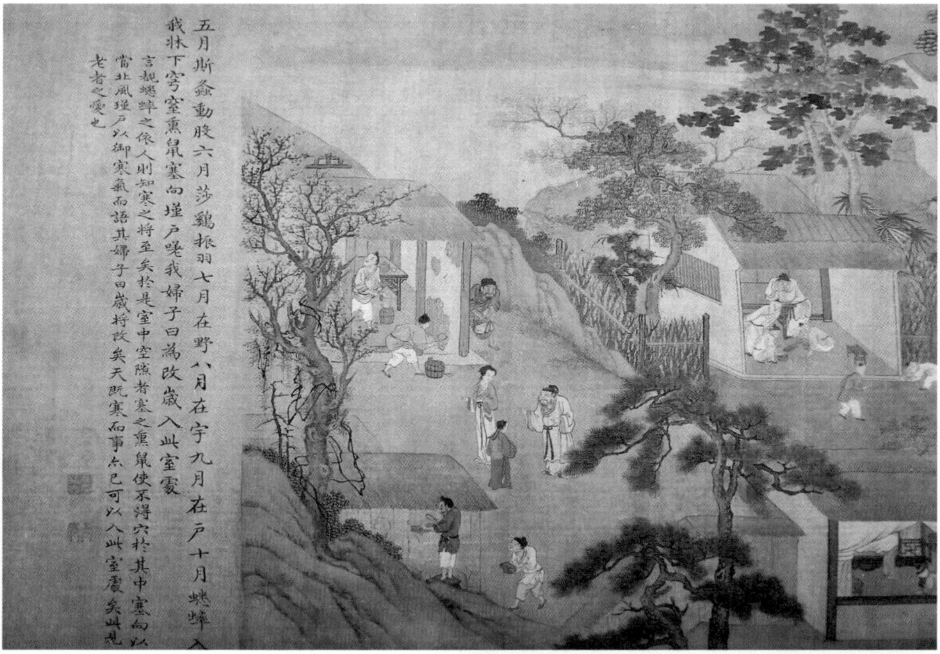

필자 미상의 〈빈풍칠월도〉. 중국 청대. 국립중앙박물관 소장

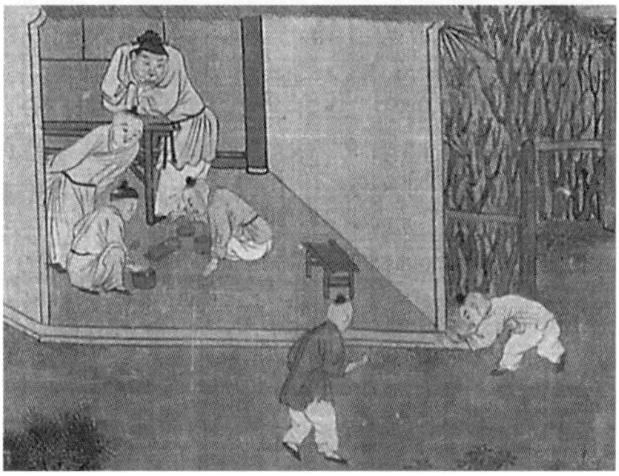

〈빈풍칠월도〉의 일부분

기와 보습 손질, 2월의 밭 갈기, 6월의 아가위와 머루 따기, 7월의 아욱 · 콩 삶기와 햇뽕 따기, 흰 쑥 뜯기, 8월의 대추 따기와 오이 먹기,

박 타기, 갈 베기, 베 짜기, 추수하기, 9월의 삼씨 줍기와 씀바귀 뜯기, 10월의 벼 베기 등이 있다. 농사일 외에 각 계절에 해야 하는 일도 열거돼 있다. 9월의 겨울옷 마련, 10월의 마당 치우기, 11월의 담비 · 여우 · 살쾡이 · 돼지 사냥, 쥐구멍 막기, 북창 바르기, 문짝 흙칠하기, 12월의 새끼 꼬기 등 백성들의 생활상이 언급돼 있다.

백성들의 농사일은 파종과 김매기도 힘들지만 거둬들이는 것도 힘들다. 그런데 땀 흘려 수확한 농작물을 지주에게 바치고, 누에 쳐서 얻은 비단과 사냥하여 얻은 여우, 그리고 돼지가죽 등을 모두 공출하고 나면 자신들에게는 보잘 것 없는 것들만 남는다. 농사가 끝난 뒤에도 편히 쉬지 못하고 귀족들의 집을 찾아다니며 수리하는 노역을 계속해야 했다. 이런 현실을 담은 시 〈칠월〉은 '전가田家의 낙사樂事'가 아니라 '전가의 고苦'를 읊은 시라 해야 옳은 것이다.

세종은 집현전에 명하여 시 〈칠월〉의 선례를 따라 우리나라 풍속을 채집하고 백성들이 논밭 갈고 추수하는 내용을 담은 노래를 만들어 왕실의 자손들이 농사일의 수고로움과 소중함을 알도록 했다. 더불어 납세, 부과금, 부역, 농업, 잠업 등에 관한 것도 널리 채집해서 실상을 그림으로 그리고 찬시를 덧붙여 칠월시七月詩를 만들도록 했다(《세종실록》 15년 8월 13일).

권농勸農과 자경自警, 〈빈풍도〉와 〈무일도〉

—— 세종은 〈빈풍도〉를 병풍과 족자로 만들어 대내大內 벽에 걸어놓고 식사 때마다 보면서 백성들의 고충을 되새겼다. 식량을 풍족하게 하려면 농사철을 놓치지 말아야 하고, 왕이 백성을 부릴 때는 농사철이 아닐 때를 택해야 하며, 풍년을 기약하기 위해서는 농사지을 때를 제대로 알려줘야 한다. 세종이 경복궁 침전 옆에 흠경각欽敬閣을 설치한 것은 농사짓는 때를 알아내어 백성들에게 알려줌으로써 풍년을 맞게 하려는 경천애민정신의 발로였다. 이러한 정신을 담고 있는 것이 〈빈풍칠월도〉다.

세종 당시에 제작된 〈빈풍칠월도〉가 어떤 형식과 내용을 갖추고 있었는지는 실물이 남아 있지 않아 자세히 살필 수가 없다. 그러나 조선 후기의 화가 이방운이 그린 〈빈풍칠월도〉(《사시풍속도첩》, 국립중앙박물관 소장)를 통해 당시의 〈빈풍칠월도〉가 담고 있었을 내용을 짐작해볼 수 있다. 이 그림은 총 여덟 면으로 이루어졌는데, 각 면마다 소재가 된 시 내용이 적혀 있다. 왕이 〈빈풍칠월도〉를 궁실에 걸어두고 조석으로 대한 것은 기본적으로 항상 백성들의 노고를 잊지 않기 위함이었다. 그러나 그 제작 배경에는 옛날 주공周公이 그랬던 것처럼 왕 스스로 성군의 자세를 갖추고 있음을 신하들과 백성들에게 알리려는 정치적 목적이 숨어 있었음을 부인할 수 없다.

〈빈풍칠월도〉는 왕명에 의해서 궁중에서 제작되는 경우가 대부분이지만 신하가 직접 왕에게 진상하는 경우도 있었다. 세종 39년(1544년) 5월, 호조 참의 이명규가 사명使命을 받들고 북경에 갔다가 돌아와 〈빈풍칠월도〉를 왕에게 바쳤는데 원나라 학사 조맹부가 그림을 그리고 명나라 학사 송렴이 서문을 쓴 것이었다. 왕이 교훈 삼아야 할 내용을 그린 그림을 사사로이 선물할 경우 자칫 왕을 가르친다는 의미로 해석될 우려가 없지 않았지만 세종은 그림을 흔쾌히 받고 활과 화살을 답례로 내리는 은전까지 베풀었다. 이것은 주공의 정치에 의해 상징되는 왕도정치의 이상을 군신이 공유하고 있었음을 말해주는 대목이다.

정조 역시 경직耕織을 장려하는 한편으로 백성들의 노고를 잊지 않기 위해 노력했다. 《홍재전서弘齋全書》에 기록된 다음과 같은 글을 통해 당시 정조의 생각을 읽을 수 있다.

> 매양 밥을 먹을 때마다 논밭에서 농사짓는 백성을 생각하지 않은 적이 없었으니, 내 말은 결코 진부한 것이 아니다. 무엇보다 중요한 것은 정치의 근본을 아는 것이다. 《서경》에서는 '식량을 풍족케 하려면 농사철을 어기지 말아야 한다(食哉惟時)'고 했고, 공자는 '백성을 부리기를 농사철이 아닐 때에 해야 한다(使民以時)'고 했으며, 맹자는 '농사지을 때를 빼앗지 말아야 한다(不奪農時)'고 하였으니, 힘으로 일하는 것은 백성이고 때를 알려주는 것은 임금이다(《홍재전서》 고식故寔 국조고사).

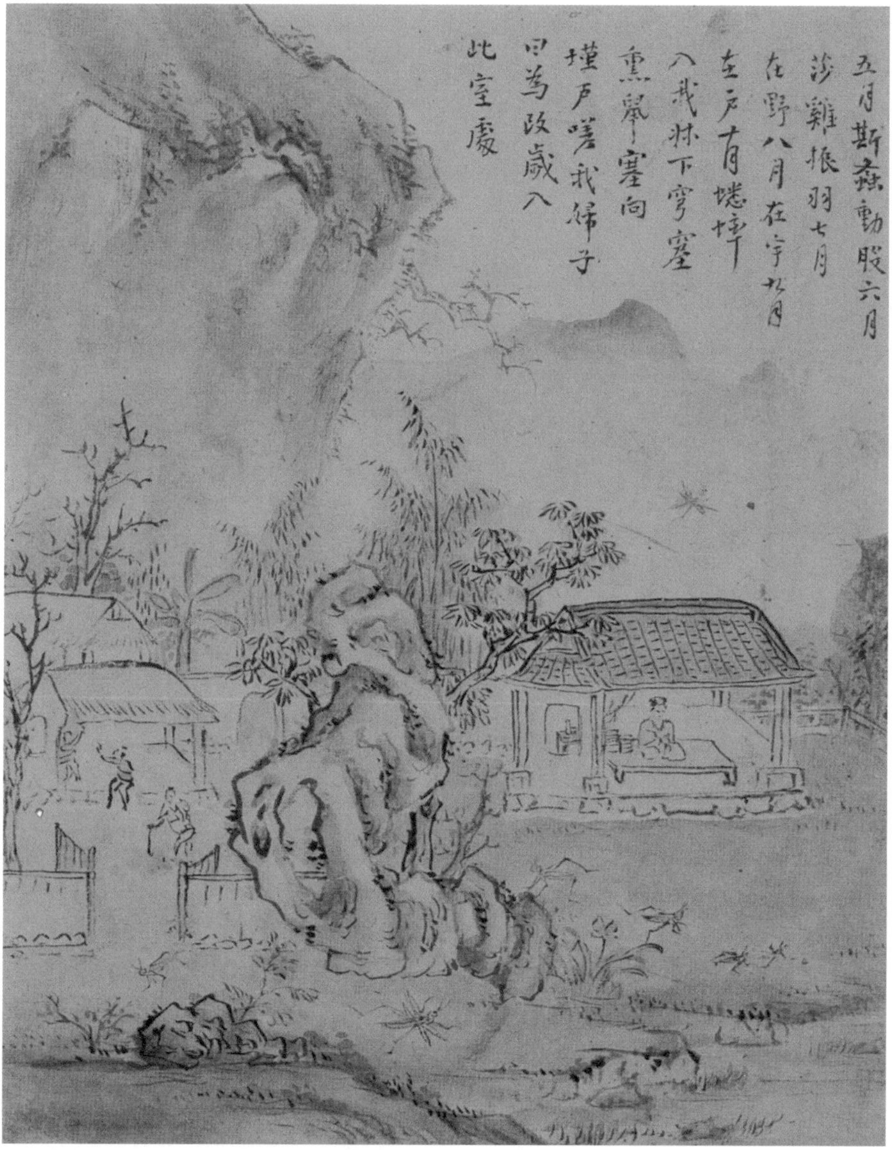

이방운의 〈사시풍속도첩〉 중 5월. 국립중앙박물관 소장

〈빈풍칠월도〉는 대개 여덟 폭으로 그려지는데, 그것은 빈풍의 시 〈칠월〉이 여덟 연으로 된 것과 관련이 깊다. 그림의 내용을 보면 대체로 제1폭에 보습을 손질하는 모습, 며느리가 아이를 데리고 들에 점심을 가져가는 모습, 권농이 이를 보고 기뻐하는 모습이 그려져 있다. 제2폭에는 겨울옷을 마련하는 모습, 햇뽕을 따는 모습, 흰 쑥을 뜯는 모습이 그려진다. 제3폭에는 갈 베는 모습, 뽕잎 따는 모습, 베 짜고 염색하는 모습이, 제4폭에는 추수하는 모습과 사냥하는 모습이, 제5폭에는 집을 손질하는 모습이, 제6폭에는 벼 베는 모습, 삼씨 줍는 모습, 대추 따는 모습이, 제7폭에는 곳집에 곡식을 들이는 모습, 띠 베는 모습, 새끼 꼬는 모습, 지붕 이는 모습이, 제8폭에는 얼음을 빙고에 저장하는 모습, 제사 지내는 모습 등이 그려져 있다.

빈풍편의 〈칠월〉 편과 더불어 자주 거론되었던 것이 《서경》 주서周書편의 〈무일無逸〉이다. 〈무일〉은 어린 나이에 왕위에 오른 주나라 성왕成王이 농상의 노고와 어려움을 이해하여 스스로 행동을 삼가고 안일을 멀리하며 상벌을 바르게 하라는 교훈을 담고 있다. 빈풍편의 〈칠월〉과 함께 유교 왕도론의 핵심적 전거로서 만세 임금의 귀감이 되었다. 조선의 인종은 관료들에게 〈무일〉을 빈풍편의 〈칠월〉과 함께 써서 올리게 하고, 손수 선대 성현의 격언과 제후에게 빈객賓客 대우를 받은 사람들의 훈계를 글로 써서 가까이 두고 자경의 계기로 삼았다(《인종실록》 인종대왕 묘지문).

명종도 즉위하자마자 "〈무일〉을 보면서 정사를 살피는 것이 이롭다"고 하면서 〈무일〉을 쓴 서병書屛을 만들어 올리게 했다(《명종실록》 1년 4월 7일). 그리고 8년 후에는 강녕전에 옛날처럼 억시抑詩와 〈무일〉을 써서 걸게 했다(《명종실록》 9년 11월 21일). 억시는 춘추시대에 위나라 무공武公이 95세에 지은 시로 악관樂官인 소경으로 하여금 조석으로 읊게 하여 자신을 경계했다는 시다. 시에서는 "네가 방에 있을 때를 살펴보건대 오히려 옥루에서도 부끄러움이 없다(相在爾室 尙不愧于屋漏)" 했다. '옥루'는 방의 서북쪽 모퉁이로 방에서 가장 깊숙한 곳을 말한다. 남의 눈에 띄지 않는 이런 곳에 혼자 있어도 스스로를 조심하고 삼가며 부끄럼이 없도록 해야 한다는 교훈이 담겨 있다.

왕정의 선무先務를 깨닫게 하다, 경직도

—— 〈빈풍칠월도〉와 비슷한 성격을 가진 그림이 경직도耕織圖다. 중국 남송의 화가 누숙(1090~1162년)이 전해 오던 〈빈풍칠월도〉를 참고해서 그려 고종에게 올린 것이 시초다. 누숙의 경직도는 농업과 잠업의 일을 시기 순으로 묘사한 경직도와 잠직도蠶織圖를 경직시와 함께 제작했다. 경직도에는 농사를 짓는 21가지 장면이 묘사되었고, 잠직도에는 베 짜는 24가지 장면이 표현되었다. 모두 45폭

으로 이루어져 있으며, 각각의 장면마다 오언시五言詩가 써져 있다. 누숙의 원본은 지금 남아 있지 않으나, 이를 모본으로 한 많은 이본異本들이 남아 있어 당시 〈경직도〉의 면모를 짐작할 수 있다.

곡식은 사람의 생명을 좌우하고 농사는 그 곡식을 생산하는 원천이다. 치자治者의 입장에서 보면 농업은 백성들의 생활을 윤택하게 하고 국가 경제를 넉넉히 하는 가장 중요한 일이다. 더구나 일 년 농사의 풍흉을 왕의 덕과 연결시켜 해석했던 당시로서는 권농이 왕정의 수무首務가 될 수밖에 없었다. 그래서 조선의 왕은 항상 맹춘孟春에 권농 교서를 내리고, 해마다 첫 신일辛日에 풍년을 기원하는 의식을 거행했으며, 금원禁苑에서 벼 베기를 관람하는 등 농사를 장려하는 일을 게을리하지 않았다. 그런데 궁궐 안에서 벼 베기를 관람하는 것은 수확하는 수고를 보는 것에 불과할 뿐 백성들이 일 년 내내 논밭에서 땀 흘리며 김매느라 손발에 못 박히고 등이 굽은 형상은 바르게 살피지 못한다. 그런 부족함을 메우기 위해 필요했던 것이 경직도였다. 그렇게 해서라도 왕은 경직도를 항상 자리 가까이에 두고 농민들의 수고로움을 생각하며 마음을 다지고 행동을 삼가는 노력을 그치지 않았다.

〈누숙경직도〉의 모본이 조선에 전래된 시기는 1498년(연산군 4년)으로 추정된다. 현재 김홍도가 그린 것으로 추측되는 〈누숙경직도〉는 경직도 12폭과 잠직도 18폭 등 총 30폭의 장면만이 남아 있다.

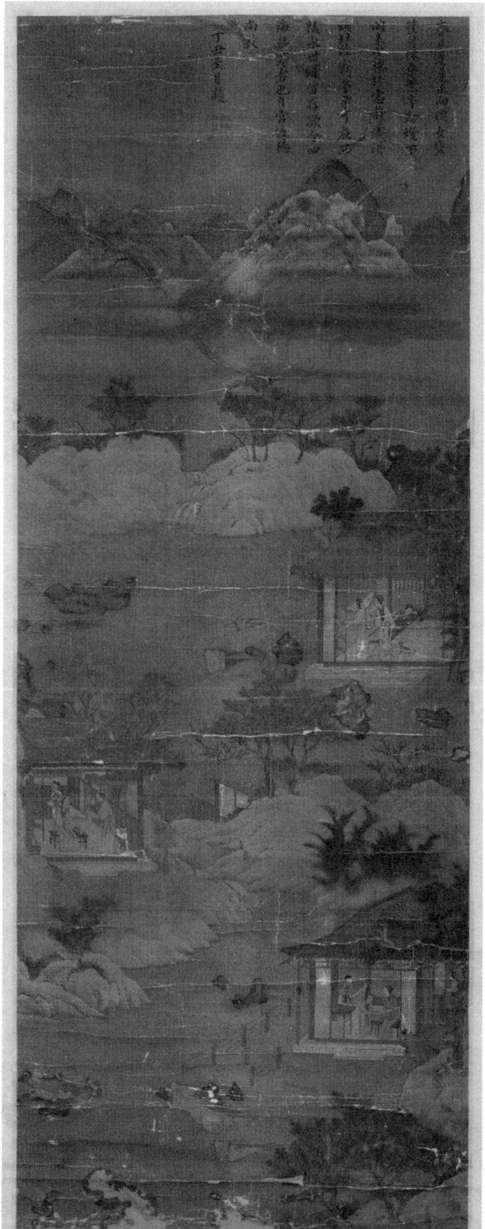

〈숙종어제경직도〉. 전 진재해. 국립중앙박물관 소장

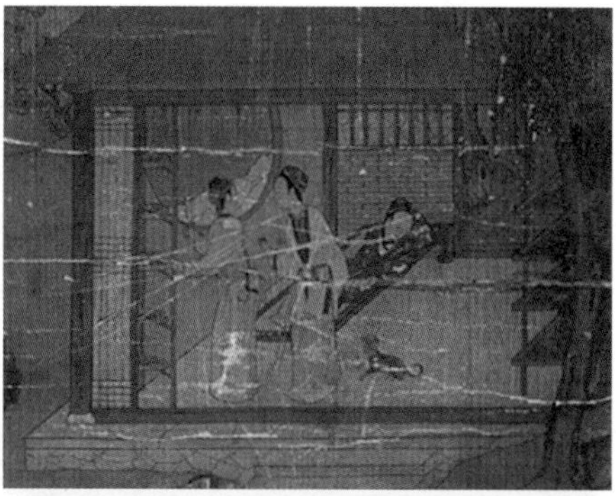

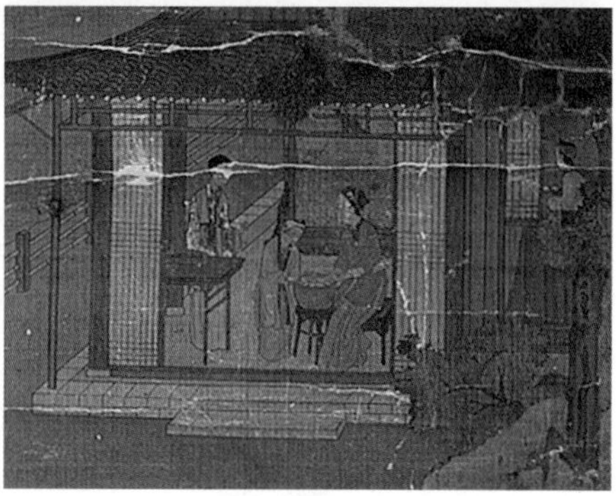

〈숙종어제경직도〉의 일부분

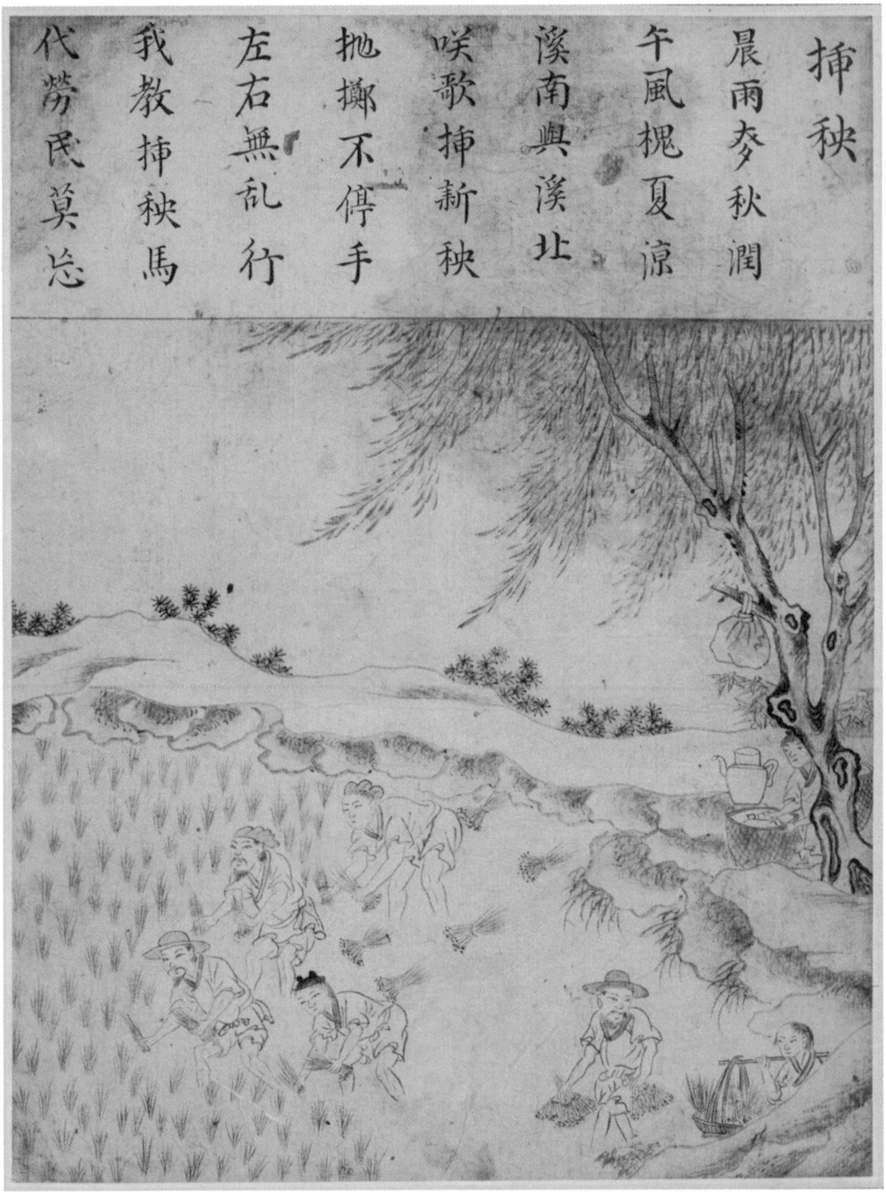

김홍도가 그린 것으로 추측되는 〈누숙경직도〉. 국립중앙박물관 소장

한 폭당 하나의 장면이 담겨 있으며, 그 위에 경직시가 적혀 있다.

백성을 두려워하는 군주의 자세, 주수도

《서경》 우서虞書편 〈대우모大禹謨〉에 이런 말이 나온다. '친애스러운 것은 임금이 아닌가? 두려운 것은 백성이 아닌가? 백성들은 임금이 없다면 누구를 떠받들며, 임금은 백성이 없다면 누구와 나라를 지킬 것인가?(可愛非君 可畏非民 衆非元后何戴 后非衆罔與守邦)'

임금이 비록 높은 자리에 있지만 사직에 견준다면 임금이 가볍고[輕]하고 백성이 무겁다[重]는 것을 말한 것이다.

《순자荀子》 왕제王制 편에는 이런 말이 나온다.

"임금은 배요 서인은 물이니 물은 배를 싣기도 하고 엎기도 한다(君者舟也 庶人者水也 水則載舟 水則覆舟)."

물은 능히 배를 뜨게 할 수 있지만 또한 배를 뒤집어엎을 수도 있다. '임금을 떠받드는 것은 백성이지만 백성의 마음이 떠나면 어떤 왕도 나라를 보존할 수 없으니 백성을 두려워하지 않으면 안 된다'는 교훈이다. 이러한 교훈을 담고 있는 것이 주수도舟水圖이다.

조선의 인조대왕이 즉위 초에 치적을 이룰 뜻이 있어 화공畫工에게 명하여 "임금이 배라면 백성은 물이다(舟水君民)"라는 옛날의 비유를 그림으로 그리게 하고 직접 〈어제주수도설御製舟水圖說〉을 지어 신하에게 내렸다. 그것은 대개 나라를 다스리는 도를 논한 것으로 5개의 강목으로 구성되어 있었다. 즉 학문을 좋아하는 것, 현명한 신하를 등용하는 것, 충간忠諫을 받아들이는 것, 허물 듣기를 좋아하는 것, 보배를 천히 여기고 현자를 귀히 여기는 것이다. 여기에 임금 노릇을 하고 백성을 사랑하는 도가 모두 들어 있었고, 신료들로 하여금 보좌하고 받들기에 겨를이 없도록 해야 한다는 훈도도 포함되어 있었다. 대소 신료들이 잘된 일은 그 뜻을 받들어 성취시켜주고 잘못된 일은 저지하여 바로잡아주기 위한 목적에서였다(《갈암집葛庵集》〈어제주수도설발휘御製舟水圖說發揮를 올리는 소〉).

숙종은 일찍이 공인工人에게 명하여 주수도를 제작케 하고 친히 지은 글을 그림 위에 써서 좌석 옆에 걸어놓고 스스로 경계하곤 했다. 어느 날 보필하는 신하들에게 그림을 내보이며 "경卿 등은 마땅히 이 그림의 의미를 체득하여 보필의 책임을 다해야 한다"고 말한 바 있다(《숙종실록》 부록附錄편 〈숙종대왕 행장〉).

정조 또한 "임금은 배와 같고 백성은 물과 같다. 내가 이제 배를 타고 백성에게 왔으니 더욱 절실히 조심한다. 대저 사람의 마음이 느끼는 것은 흔히 사물을 만날 때에 있거니와, 옛 사람이 말한 이른바 유類를 따라서 부연한다는 것이다. 예전에 우리 성조聖祖께서 주수도를 만들고 사신에게 명하여 그 명銘을 짓고 그 일에 대해 서문을 쓰게 하셨다" 하고, 이어서 배에 있는 신하들에게 음식을 베풀라고 명했다(《정조실록》 3년 8월 3일).

국조보감國朝寶鑑 정조 3년(1779년) 7월의 기사를 보면, 왕이 영릉寧陵에 행행하였는데 성조께서 승하하신 해인 때문이었다. 광나루에 이르러 용주龍舟에 오르고 나서 정조가 신하들에게 이르기를 "임금은 배와 같고 백성은 물과 같다. 내가 지금 배를 타고 백성들을 대하고 보니 더욱 두려운 마음이 든다. 옛날에 성조께서 주수도를 만들고 사신으로 하여금 명을 짓게 하신 것은 이러한 뜻이었다"고 말했다.

모범적 선례를 따라서, 고사인물화

— 사상과 행동의 가치 기준과 규범을 고대 문물제도와 성현들에게서 찾으려는 상고주의 정신은 유교 철학을 정치와 생활의 근본이념으로 삼고 출발한 조선시대의 지배층에 있어서도 예외가 아니었다. 유학자들의 입장에서 볼 때 고대 성현들은 인격자요 유덕자이기 때문에 그들의 사상이나 삶의 방식을 모범적 선례로 삼아 유교적 이상을 현실에 이루고자 했다. 조종祖宗의 고사古事를 본받아 옛날 성왕의 본받을 만한 선善과 말세의 혼암昏暗한 군주의 징계될 만한 악惡을 취하여 제목을 삼고 홍문관으로 하여금 그 일을 관장하여 그림으

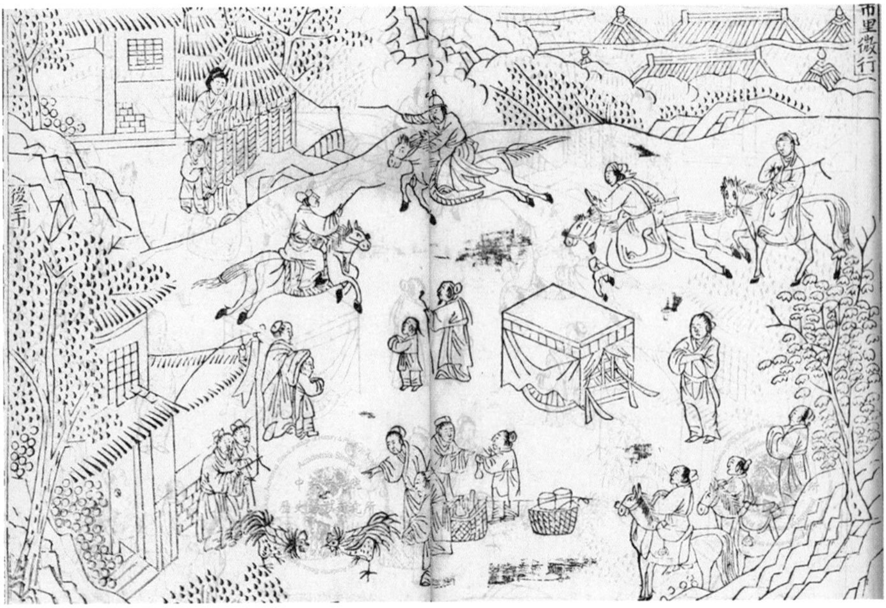

한(漢) 성제(成帝) 〈시리미행도(市里微行圖)〉. 《제감도설(帝鑑圖說)》(명, 장거정), 대만 중앙연구원 역사언어연구소 소장

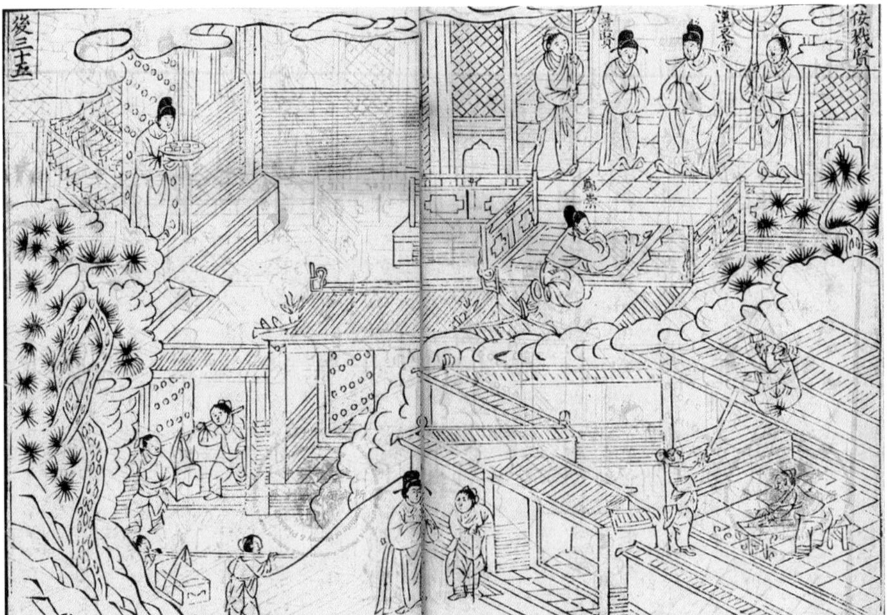

한(漢) 애제(哀帝) 〈폐녕륙현도(嬖佞戮賢圖)〉. 《제감도설(帝鑑圖說)》(명, 장거정), 대만 중앙연구원 역사언어연구소 소장

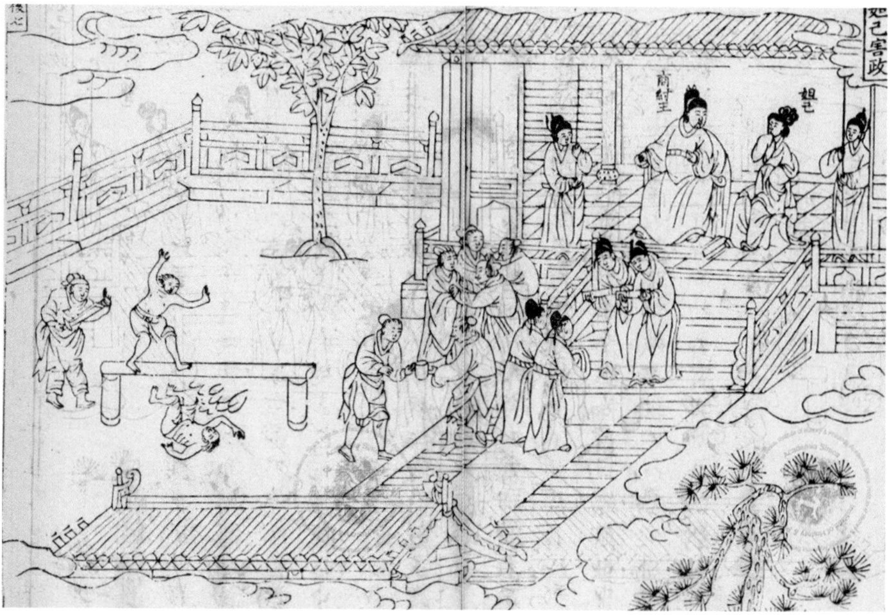

주왕(紂王) 〈달기해정도(妲己害政圖)〉. 《제감도설(帝鑑圖說)》(명, 장거정), 대만 중앙연구원 역사언어연구소 소장

로 묘사하도록 하고, 또 주문主文의 신하로 하여금 그 앞머리에 시를 지어 써넣어 병풍으로 만들어 올리게 하고 곁에 펴두어 권면하고 경계하는 뜻을 담았다(《갈암집葛庵集》 〈어병御屛 16폭의 찬贊을 올리는 상소〉). 그것은 왕이 부지런히 선을 닦아 감히 무도하고 안일하지 않으려는 지극한 뜻에서 나온 것이었다.

역대 임금들은 타산지석의 교훈을 얻을 수 있는 인물을 궁실 벽에 그려놓고 눈으로 보고 마음으로 사유하여, 안으로 반성하거나 같아지기를 생각하면서 요순堯舜과 삼대三代(하 상 주)의 일을 본보기로 하여 말세를 경계하는 계기로 삼았다. 기록으로 전해지는 내용을 살펴보면 현명한 왕이나 충신, 선현, 왕후 등 모범적인 선례를 남긴 사람들, 앞서는 현명했으나 뒤에 암군暗君으로 전락한 임금, 그리고 악역과 질투에 얽힌 경계의 대상이 되는 인물들이 주류를 이루었다.

고사를 내용으로 한 그림이 교육적 효용성을 가지고 있음을 알게 하는 선례를 이식李植의 《택당선생 별집》에서 찾아볼 수 있다.

> 중국 한나라 성제成帝가 총애하는 사람들과 함께 주연을 즐기다가 병풍에 상나라의 마지막 왕 주왕紂王이 취해서 달기妲己에게 몸을 기댄 채 밤새도록 술을 마시는 그림이 그려 있는 것을 보고는, 신하 반백班伯에게 "주紂가 이토록까지 황음무도荒淫無道하였던가" 하고 묻자 반백이 "천하의 악이 모두 그 한 몸에 모여들게 되었다"는 말로 답변했다. 이 일로 인해 성제는 주연을 즐기며 노는 것을 싫어하게 되어 다시 시서 공부를 시작했다고 한다(택당선생 별집 제5권 서序 '수양남행도隋煬南幸圖' 뒤에 쓴 글).

조선의 태종은 벽 위쪽에 법으로 삼을 만한 전대의 일을 그림으로 그려서 관성觀省의 자료로 삼았다. 그 내용을 보면 주 문왕周文王이 세자 시절에 왕계王季를 문안하던 모습과, 한나라 고제高帝가 태상황太上皇에게 헌수獻壽하던 모습, 그리고 주나라 선왕宣王의 후비后妃가 선왕이 늦게 일어나는 것을 간언하던 모습, 당나라 장손황후長孫皇后가

임금은 현명하고 신하는 정직한 것을 하례하는 모습 등이다(《태종실록》 2년 4월 23일).

성종은 본받고 경계할 만한 것을 가려 병풍을 만들게 하고 신하로 하여금 시를 짓게 했다. 특별히 병풍으로 제작하게 한 것은 앉은 자리 가까이 펴두고 항상 자신을 성찰하려는 목적에서였다(《숙종실록》 17년 11월 12일).

숙종은 조종조祖宗朝의 고사故事를 따라서 옛 성왕들의 훌륭한 일들 가운데에서 마땅히 본받아야 할 일과 역대 어리석은 왕들의 나쁜 행실 가운데에서 경계해야 할 것들을 뽑아 신하들에게 내려 8폭짜리 고사인물화 병풍 두 개를 만들게 했고, 더불어 문형文衡을 잡은 이현일에게 시를 지어 병풍 머리에 써서 올리게 했다. 이것은 주나라의 무왕이 단서丹書(중국 고대의 황제와 전욱顓頊의 도가 기재되어 있다는 적작赤雀이 물고 온 글)의 경계를 받고 나서 삼가고 두려운 마음으로 글을 지어 자리, 기둥, 그릇, 궤장 등 눈과 귀가 닿고 손과 발이 닿는 곳에는 모두 명銘을 적어서 경계로 삼은 일을 교훈 삼는 뜻과 함께 왕의 훌륭하신 교훈을 드러내는 의미를 가지고 있었다.

병풍에 그린 인물 고사의 내용은, 요임금이 어진 이에게 정치를 맡겨 치세를 도모한 것(帝堯任賢圖治), 순임금이 노래를 지어 하늘의 명을 계칙한 것(帝舜作歌勅命), 하나라 우임금이 악기를 걸어놓고 바른말을 구한 것(夏禹揭器求言), 상나라 탕임금이 상림에서 비를 빈

것(商湯桑林禱雨), 중종이 덕을 닦아 요망한 뽕나무를 없앤 것(中宗德滅祥桑), 주나라 문왕의 은택이 해골에게까지 미친 것(周文王澤及枯骨), 무왕이 단서로 경계를 받은 것(武王丹書受戒), 선왕이 간언에 감동하여 정사를 부지런히 한 것(宣王感諫勤政) 등이다. 그리고 경계해야 할 인물을 그린 병풍에는 하나라 태강이 사냥을 즐기다가 제위를 잃은 것(夏太康遊畋失位), 한나라 성제가 저잣거리를 미복으로 다닌 것(漢成帝市里微行), 한나라 애제가 아첨하는 자를 총애하고 현인을 죽인 것(哀帝嬖佞戮賢), 후한後漢 영제가 서쪽 궁궐에서 관작을 판 것(靈帝西邸鬻爵), 진나라 무제가 양이 끄는 수레를 타고 잔치를 즐긴 것(晉武帝羊車遊宴), 당나라 현종이 재물을 긁어모으고 사치를 일삼은 일(唐玄宗斂財侈費), 당나라 의종이 직간하는 신하에게 화를 내고 유배 보낸 일(懿宗怒流諫臣), 송나라 휘종이 간적을 임용한 일(宋徽宗任用奸賊) 등을 그렸다(《갈암집》 잠명찬箴銘贊 〈어병십육폭찬御屛十六幅贊〉 병서). 이 병풍을 받은 숙종은 후하게 격려한 후 좌우에 두고 아침저녁으로 방향과 악취를 느끼며 관성하였다.

* * *

정政을 정正으로 정의하는 왕도사상은 정치의 주체이자 원동력인 군주에게 항상 삼가며 올바르게 처신할 것을 요구한다. 백성들이 이

반離叛하면 나라가 존재할 수 없다. 그러므로 신하들도 임금을 항상 의심의 눈초리로 바라보고 과실이 있으면 마땅히 면전에서 직언하고, 임금은 또한 간언을 선의로 받아들여 스스로 수신하는 기회로 삼았다. 한편, 역대 왕들은 옛 성현들의 언행을 교훈 삼아 자신의 덕을 돈독히 하기 위해 노력했고, 치우침과 과부족 없는 중용의 도를 터득키 위해 노력했다. 그런가 하면 타산지석의 교훈을 주는 인물과 고사를 그려 벽에 걸어두고 교훈과 경계의 대상으로 삼았고, 또한 베 짜서 옷을 해 입고 곡식으로 배를 채우며 편히 살게 함으로써 백성들의 삶을 윤택하게 하는 것을 왕업의 선무先務로 여겼다. '왕도 정치의 이상을 이 땅에 펴려는 이상'을 품은 왕이 스스로를 바르게 하기 위해 항상 가까이 두었던 것이 의기도이고 주수도이며, 빈풍도이고 경직도이고 고사인물화였다.

07

유교 정치 속의 원초적 욕망
왕실 발원 불화

— 유교를 건국이념으로 삼고 출발한 조선은 고려 불교의 타락을 비판하면서 숭유배불崇儒排佛을 정책의 기조로 삼았다. 이성계를 도와 조선을 건국한 정도전 등 신흥 정치 세력들은 불교를 정면으로 배척했다. 불교는 인륜을 끊고 세상 밖에서 허무하고 괴이한 설로 사람들을 기만하는 이단으로 폄하되었고, 승려들은 일하지 않고 백성의 힘으로 먹고 살면서 교화를 핑계로 혹세무민하는 존재로 매도되었다. 조정 권신들이 불교 혁파를 주장하는 엄중한 상황에서도 왕실에서는 여전히 선왕先王·선비先妃의 죽음이나 질병, 왕자 생산 등 인륜대사를 두고 부처님의 가피加被를 비는 유습이 있었다. 근본적 이유는 유교가 인간의 생로병사에 관한 원초적 욕구를 풀어주지 못한 데 있었다.

권신들과 내명부 수장 간의 갈등

— 조선 건국의 일등 공신 정도전은 개국 과정에서 자신을 한나라 장량張良에 비유했다. 한고조 유방이 장량을 활용한 것이 아니라 장량이 유방을 이용했다면서 '개국의 실질적 주역은 자신'이라 자처했다. 그는 오래전부터 본인의 뜻대로 할 수 있는 시기가 오면 반드시 불교의 폐단을 뿌리 뽑겠다고 다짐했다. 마침 태조가 자신을 신임하여 말을 하면 듣고 계획하면 따르자 불교 배척에 앞장섰다. 그는 평소에 불교를 혁파하는 것이 자신의 임무라고까지 말해왔는데, 그 이유를 세상 사람들이 이단의 설에 미혹되어 사람의 도가 없어질까 두렵기 때문이라고 했다(《삼봉집》〈불씨잡변佛氏雜辨〉).

조선 건국에 공을 세운 양촌 권근도 불교에 대한 생각만큼은 정도전과 다르지 않았다. 그는 불교의 수미須彌에 대한 설, 부처의 사대四大에 대한 설 등은 모두 허망된 것이며, 업에 따라 생사 세계를 돌고 돈다는 윤회설 역시 믿을 만한 것이 못 된다고 했다. 불교가 이토록 비난과 공격의 대상이 된 일차적 원인이 고려 시대의 전반에 걸쳐 누적되고 심화된 불교 자체의 폐단 때문이라고 한다면 그것은 충분히 이해할 만한 일이다. 그러나 이들의 주장은 현실적으로 드러난 불교의 폐단을 척결하는 수준을 훨씬 넘어 불교의 본래적 가치와 의미를 전면으로 부정하는 단계에까지 이르게 되었다. 그것은 새 왕조 창건이라는 정치적 요인이 불교에 대한 극단적 배타 의식으로 표출된 결과라고 할 수밖에 없다.

왕실에서의 끊이지 않는 불사는 불교를 혁파하려는 조정 권신들의 주장을 무색케 했다. 왕비·왕대비 등 내명부 수장들은 왕이 죽거나 병에 걸렸을 때, 또는 후사가 없는 경우와 같은 인륜대사와 관련된 문제가 있을 때, 그리고 평상시에도 왕족의 수명장수를 기원하고 왕실의 안녕을 빌기 위해 사찰과 부처님을 찾았다. 그럴 때마다 조정 권신들과 내명부 수장 사이에 첨예한 갈등이 빚어지곤 했는데, 다음은 덕종의 비 인수대비(소혜왕후)가 대간들에게 항변한 내용 중 일부다.

"명복을 구하기 위해 비는 일은 예부터 있어왔다. 유자儒者들이 부처를 배척하는 뜻은 오직 임금이 지나치게 불佛을 숭상하면 국정이 어두워지고, 절을 짓게 되면 백성이 괴로워지며, 승려를 대접하면 국고가 축난다고 하는 데에 있다. 그런데 나는 사재私財로써 불경을 만들고 사곡私穀으로 사람들을 먹이고 있으니 조금도 나라에 해를 끼친 바가 없다. 그런데도 대간들의 반대가 이토록 심하니 내가 어찌할 바를 모르겠다(《성종실록》 8년 3월 7일)."

인수대비는 불화를 제작하여 봉안하거나 절에서 재齋를 올리는 것은 선왕·선비先妃가 죽은 뒤의 일이고, 재앙 소멸과 왕실 평안을 비는 것은 국가 평안을 목적으로 명산대천에 제사 지내는 것과 무엇이 다른가를 반문했다. 이에 대해 조정 권신들과 유생들은 선왕·선비를 배향하는 능陵과 재실이 있고, 관官으로 하여금 제사를 맡게 하고, 군軍으로 하여금 능을 지키게 하고 있는데 굳이 능침 가까운 절에서 재를 지내는 것은 제사를 번거롭게 할 뿐이라고 주장했다. 더구나 부모도 버리고 임금도 모르는 승려들에게 능침을 돌보는 일을 맡기는 것은 도리에 맞지 않는 일이라고 반박했다.

계속되는 왕실 불사佛事

—— 대신들과 유생들의 항소가 끊이지 않는 상황에서도 여전히 왕실의 후원으로 불당 건립, 사경寫經, 대장경 인출印出, 재 등 다양한 불사가 계속되었다. 불사의 주목적은 재앙 소멸과 왕실 평안, 왕족의 병세 회복, 죽은 왕과 왕비의 명복을 빌기 위함이었다. 실제로 태조는 하늘에 별의 변괴가 자주 나타난다는 이유로 왕비와 함께 재앙 소멸을 위한 도량을 궐내에서 베풀었고, 개국공신 2등 자리에 올랐던 은천군 조기趙琦가 등창이 나서 죽을 지경에 이르자 승려들을 내전으로 불러 부처께 기도하게 했다. 또한 현비顯妃 강씨의 병이 깊어지자 승려 50명을 궐내로 불러들여 부처의 가피를 빌기도 했다.

조선 태조 때부터 계속되었던 불교 신앙의 유습은 정종 대로 이어졌다. 정종은 평소 부처에게 비는 것이 징험이 없다고 말하면서도 상왕(태조)이 높이 믿었다는 이유로 불교를 혁파하지 않았다(《정종실

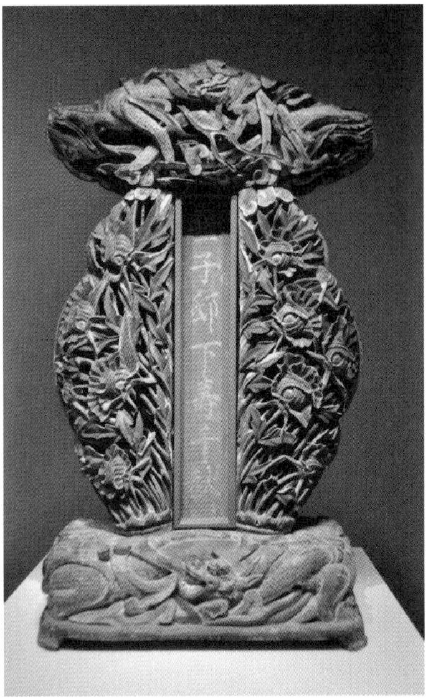

왕실 원패. '世子邸下壽千秋'라 쓰여 있다. 국립중앙박물관 소장

록》, 2년 11월 13일). 더 나아가 정릉사 탑전에 불사를 베푸는가 하면, 사리 네 과顆가 분신했을 때 유동楡洞에 불당을 짓고 사리를 안치토록 했다.

평소에 불교의 응보應報설을 믿을 수 없다고 말해오던 3대 태종도 한양 재천도 후 생모 신의왕후 한씨의 진전인 인소전仁昭殿을 창덕궁 안에 지을 때 내불당內佛堂도 함께 지었다. 진전에 모후의 초상을 모시는 것은 당연하나 내불당을 짓는 것은 도리에 맞지 않는 일이라고 대간들이 간언했지만 태종은 듣지 않았다. 태종은 겉으로는 나라가 행하는 불사는 있을 수 없다면서도 궁중 부녀들이 사재를 써서 예참禮懺(부처나 보살에게 예배하고 죄를 참회함)이나 수륙재 등을 행하는 것은 어디까지나 사적인 일이므로 제지할 명분이 없다는 이중적 태도를 보였다(《태종실록》, 1년 1월 17일).

불사에 더욱 적극성을 보인 왕은 세종이다. 배다른 아우 온녕군의 비 신녕궁주 신씨가 문소전 내불당에 금으로 불경을 써서 봉안하겠다고 할 때 도움을 마다하지 않았다. 그리고 부왕 태종이 창건한 흥천사 사리각을 중수하고, 탑 속에 석존의 사리와 패엽경貝葉經, 가사 등을 봉안케 하는 등 여러 불사를 일으켰다. 한번은 동대문 밖에 거둥했다가 환궁하는 길에 병문안 차 효령대군(세종의 형)의 처소에 들렀는데, 대군이 불사 비용을 요청하자 세종은 흔쾌히 들어주었다. 이를 두고 유생들의 항소가 있었으나 세종은 늙은 형님이 병중에 하는 말씀을 좇지 않을 수 없어 들어준 것일 뿐 진실로 부처를 믿어서가 아니기 때문에 이단으로 모는 것은 지나친 처사라고 꾸짖었다(《세종실록》 21년 4월 18일).

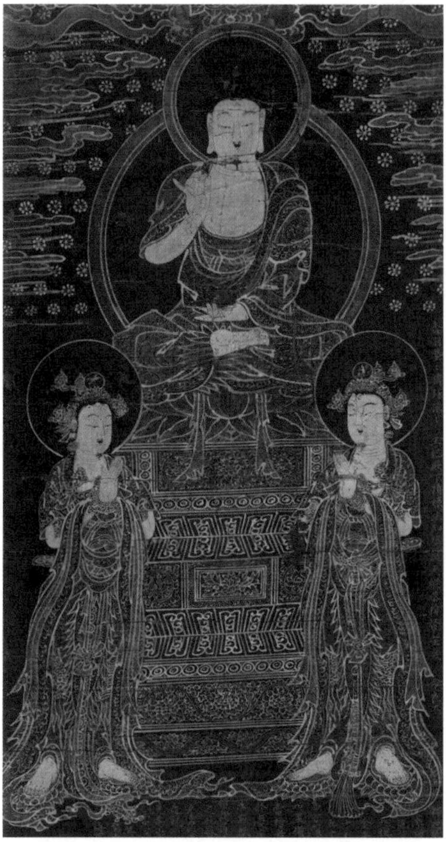

〈약사삼존도〉. 30×54cm. 1565년 명종의 어머니였던 문정왕후가 아들인 명종의 성수(聖壽)와 왕자의 탄생을 발원하며 회암사 중창에 맞춰 조성한 400점 중 하나. 국립중앙박물관 소장

세종의 뒤를 이은 문종 역시 여막廬幕에 있을 때 불경과 불상을 조

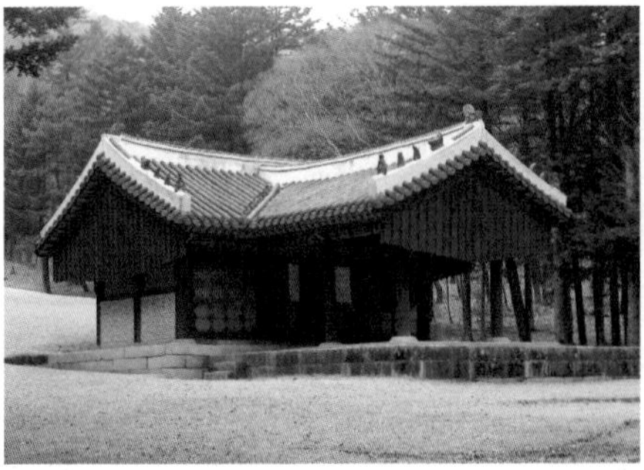

소령원 정자각. 경기도 파주시 광탄면 영장리

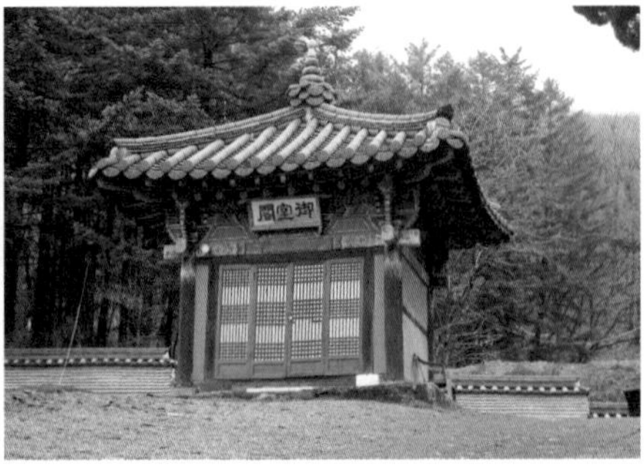

어실각. 영조의 어머니 숙빈 최씨의 사찰 내 사당. 경기도 파주시 광탄면 영장리 보광사

성하는 등 불교에 관심을 두었으며, 그 뒤를 이은 세조는 한양에 원각사를 지어 대종을 조성하고 물자를 지원했다. 그리고 예종 때의 기록을 보면 임금이 족질足疾이 있은 지 오래 되어도 낫지 아니하므로 목멱산과 백악산 · 한강 · 원각사 · 복세암 등에 기도하도록 한 사실이 있다(《예종실록》 1년 1월 6일). 뿐만 아니라 기우 불사를 내불당과 흥덕사에서 베풀고 이와 병행하여 원찰을 짓거나 확보하는 등의 불사도 이어갔다. 1457년, 덕종이 큰 병을 앓고 있을 때 쾌유를 빌기 위해 21명의 승려를 경복궁 경회루에 불러 공작재孔雀齋(밀교에서 공작명왕을 본존으로 삼아 그로 하여금 재앙을 없애고 병마를 덜어 오래 살게 하도록 베푸는 재)를 지내는 등 궐내에서의 불사도 끊이지 않았다.

조선 불교의 기운이 최고조에 다다른 시기는 아무래도 중종의 비 문정왕후가 수렴청정하던 명종 대로 봐야 할 것이다. 문정왕후는

12세라는 어린 나이로 즉위한 명종을 위해 8년간 수렴청정하면서 불교의 부흥을 위해 노력하였다. 선교禪教 양종兩宗을 부활시키고 승과 · 도첩제度牒制를 다시 실시하는 한편 중종의 능침 사찰을 보우普雨가 주지로 있는 봉은사로 옮겼다. 이로 인해 봉은사는 봉선사와 함께 불교 중흥의 중심이 되었고, 조정 대신들에게는 첫 번째 훼철 대상으로 지목되었다.

왕실 불교의 존재 이유

— 조선 시대의 능원陵園은 서울과 가까운 경기 지역에 조성됐기 때문에 이 지역의 사찰이 능침수호사찰로 선정되거나 신축, 중창되는 경우가 많았다. 이 사찰들은 세자의 탄생을 기원하거나 왕실의 안녕을 비는 원찰의 지위를 누렸는데, 대표적 원찰로는 서울의 봉은사를 비롯하여 경기도 지역의 봉선사, 흥국사, 신륵사, 용주사, 보광사 등이 있다.

왕실을 위한 법회나 재는 주로 내명부에 의해 이루어졌다. 영조의 생모인 숙빈 최씨 사례를 보면, 시신은 보광사 근처 소령원昭寧園에 안치하고 위패는 보광사 어실각御室閣에 봉안했다. 기일이 되면 내명부 사람들이 왕과 함께 이곳 어실각을 찾아 숙빈 최씨를 위한 재를 올렸다. 그때 왕과 수행원들은 어실각 남쪽의 만세루에 머물렀다.

이 재를 계기로 영조는 보광사에 많은 땅을 하사했고, 계속 재를 올리도록 명했다.

이처럼 왕실의 불사가 끊이지 않았던 데에는 몇 가지 이유가 있었다. 첫 번째 이유는 새 왕조 건설이라는 정치적 상황과 맞물린 급진적 배불 정책이 장구한 세월 동안 이어져온 불교 신앙의 전통을 하루아침에 혁파하기에는 역부족이었다는 점을 들 수 있고, 생로병사에 관련된 인간의 원초적 욕망과 내세 행복에 대한 욕구를 유교가 해결해주지 못했기 때문이다.

또 하나 중요한 이유는 불사를 일으키는 마음이 유교 덕목과 직·간접적으로 연결돼 있었다는 점이다. 예컨대 선왕의 명복을 빌거나 왕족의 수명장수와 병의 쾌유를 비는 경우 외형적으로는 불교식 의례를 따른다고 해도 내적 동인이 부도婦道의 실천이라는 유교적 윤리 덕목에 기초하고 있어 적극적으로 배척할 명분이 약했던 것도 한 이유가 되었다.

현왕現王의 입장에서 보면 선왕이나 어머니, 할머니뻘 되는 내명부 여인들이 행하는 불사를 후원 내지 묵인하는 것이 효의 도리에 맞다고 생각했던 점도 무시할 수 없는 이유다. 세종이 대간들의 반대를 무릅쓰고 궐 안에 보관해오던 불가의 물건을 '선왕이 갈무리해 온 것'이라는 이유 하나만으로 궐 밖으로 내치지 않았던 일이나, 정조가 양주군 배봉산에 있던 아버지 사도세자의 묘소 영우원永祐園을 경기도 화성으로 옮겨 현륭원顯隆園이라 개칭하고 용주사를 원찰願刹로 지정해 사찰로 하여금 능을 돌보게 한 것도 모두 부모의 뜻을 어기지 않는 효의 덕목과 연결돼 있었음은 두말할 필요가 없다. 한편, 앞서 말한 효령대군의 불사를 세종이 후원해준 것은 유교의 제悌의 도리에 해당되는 것으로 볼 수 있다. 이런 여러 가지 이유로 배불 정책 하에서도 왕실의 불교가 일정한 긍정적 기능을 하면서 존재할 수 있었던 것이다.

왕실 발원 불화

— 왕실 불사에서 매우 중요한 위치를 차지하는 것이 불화다. 특히 왕이나 왕비, 계비 또는 세자가 죽었을 때 영가천도靈駕薦度를 목적으로 불화가 많이 제작되었다. 《마미타경》, 《무량수경》, 《관무량수경》 등 정토삼부경 내용을 요약하고 가시화한 것이 많았는데, 그중 하나가 일본 교토의 지은원知恩院에 소장돼 있는 〈관경16관변상도〉다.

현존하는 조선 왕실의 발원 불화 중에서 가장 오래된 것으로 알려진 이 작품은 1435년 세종 17년 6월에 익산군부인益山君夫人 순천박씨가 대시주가 되어 죽은 신녕궁주愼寧宮主를 위해 제작한 것이다. 순천박씨는 세종의 이복형제이자 태종의 서庶 3남인 온녕군 이정

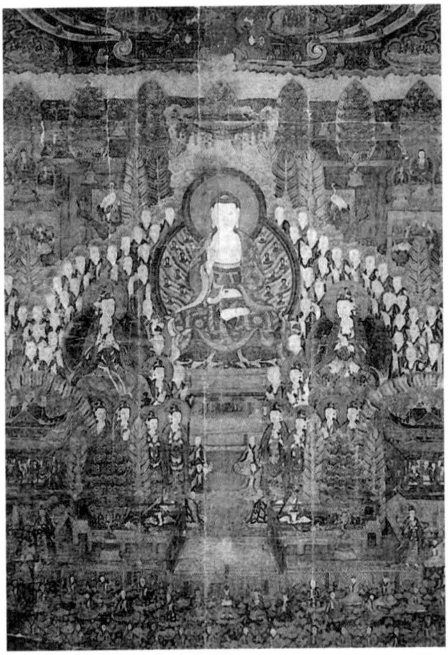

〈관경십육관변상도〉(1435년 작). 비단에 채색. 222.6×160.8cm. 《관무량수경》의 중심 부분인 정종분(正宗分)의 내용을 그렸다. 일본 지은원 소장

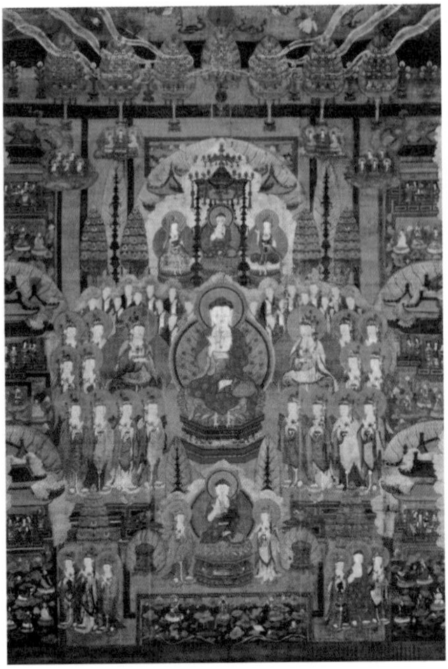

〈관경십육관변상도〉(1465년 작). 비단에 채색. 2690×1822cm. 효령대군과 월산대군, 영응대군 부인 등이 태종이 극락왕생하기를 기원하며 발원한 불화. 일본 지은원 소장

李裡의 부인이다. 온녕군의 생모는 신빈신씨信嬪辛氏로, 태종의 후궁으로 온녕군 이정과 함녕군 이인, 그리고 일곱 명의 딸을 낳았다. 신씨는 원래 태종의 정비 원경왕후의 종이었으나 온녕군을 낳은 후에 옹주가 되었다가 뒤에 신녕궁주로 작위가 올랐다.

당시 후궁들은 생전에 모시던 왕이 죽으면 궁궐 밖 별궁에 나가 살거나 비구니로 출가하는 경우가 많았다. 세종 4년인 1422년에 태종이 죽자 신녕궁주는 정의궁주貞懿宮主 권씨와 함께 왕(세종)에게 알리지 않은 채 여승의 길로 나섰다(《세종실록》 4년 5월 20일). 이 일이 있은 후로 태종의 후궁들은 경쟁하듯 머리를 깎고 비구니가 되었는데, 말려도 소용이 없었다. 선왕의 후궁들은 현왕現王에게는 어머니뻘이 되기 때문에 승려가 된다고 해도 현왕의 입장에서는 어쩔 도리가 없었을 것이다.

같은 해 6월 21일, 궐 밖에 있는 신녕궁주가 태종의 명복을 빌기 위해 금박이나 금빛 수실로 《법화경法華經》을 등사하고자 할 때 세종은 권신들의 반대를 예견하면서도 그녀를 도왔다. 더 나아가 나인으로 하여금 의발衣鉢과 등롱燈籠 만드는 것을 감독하여 경전을 기리는 기구를 장만케 하고, 승려 정순에게는 청룡사(숭인동 낙산)에서 그 일을 맡게 하는 등 적극적으로 후원했다(《세종실록》 4년 6월 21일). 이 불사는 신녕궁주를 위하는 일도 되지만 부왕 태종을 위하는 일이기도 하기 때문에 세종은 적극 후원했던 것이다.

불사에 정진했던 신녕궁주는 1435년 2월 2일에 세상을 뜬다(《세종실록》 17년 2월 2일). 세종은 그녀의 죽음을 애도하여 조상弔喪과 치제致祭를 내리고 염에 쓸 옷을 하사하는 등 극진히 대우했다. 승려 신분으로 세상을 등진 만큼 왕실에서는 극락왕생을 비는 뜻으로 익산군부인 순천박씨가 주축이 되어 〈관경십육관변상도觀經十六觀變相圖〉를 제작한 것이다. 궁주가 죽은 날짜와 완성 날짜를 감안해보면 불화의 제작 기간은 약 4개월 정도였을 것으로 추정된다.

〈관경십육관변상도〉는 16관觀을 행하면 진실한 세계인 극락에서 다시 태어날 수 있다는 《관무량수경》의 내용을 요약해 가시화한 것이다. 《관무량수경》은 정토종에서 매우 존중하는 경전이다. 정토 신앙은 극락세계 주재자인 아미타불을 신앙하여 선근공덕善根功德을 쌓고 일심으로 아미타불을 염하면 극락왕생할 수 있다고 믿는다. 경전에는 아미타불과 관음, 대세지의 두 보살, 그리고 극락정토의 장엄을 마음을 통해 관하는 방법이 모두 16관으로 정리돼 있다. 16관법은 지는 해를 보고 극락세계를 관하는 일상관日想觀, 극락세계의 대지가 수면이나 얼음처럼 평탄함을 관하는 수상관水想觀 등 16가지의 관법을 말한다. 그 의도하는 바는 절실한 구도求道의 염원으로 석존의 가피를 빌던 마가다국 왕사성 성주의 부인 위제희가 고뇌를 벗고 서방정토로 가는 과정을 관불觀佛, 관상觀相의 설법으로 명백히 하여 타력구제他力救濟의 진실성을 실증해 보이는 데 있다. 결국 〈관경십육관변상도〉는 승려로 생을 마감한 신녕궁주가 진실한 행복만 있는 극락정토에 화생化生하기를 바라는 마음에서 왕실이 제작한 불화라 할 수 있을 것이다.

문명대 전 동국대 교수는 《강좌미술사》 38호에 수록된 글에서 이 불화가 태종과 형제들의 왕권 쟁탈, 세종과 그 형제들 사이의 왕위 계승 문제가 원만히 해결되고 왕실의 평화와 안녕을 기원하기 위해 조성됐다고 설명한다. 그러나 불화 제작의 대시주자가 신녕궁주의 며느리라는 점, 16관법 자체가 극락왕생을 위한 관법이라는 점, 그리고 승려로 죽은 신녕궁주를 위해 제작한 불화라는 점 등을 고려할 때 정치적 색채보다는 순수한 기복을 목적으로 제작된 불화로 보는 것이 타당할 것으로 생각된다.

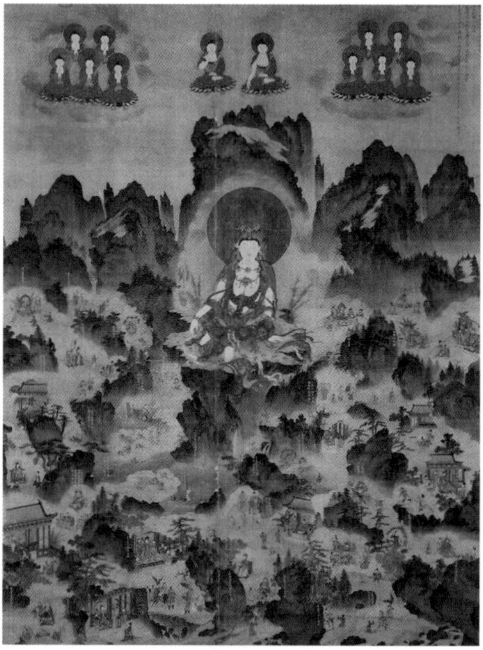

〈관세음보살32응탱〉. 명종 5년(1550년). 비단에 채색. 201.1×151.2cm. 원 소재지 전남 영암군 도갑사. 일본 지은원 소장

또 하나 더 살펴볼 조선 왕실의 발원 불화는 태종이 죽은 후 30년이 지난 1465년에 태종의 2남 효령대군과 월산대군, 영응대군(세종의 8남) 부인 등이 태종의 명복을 빌고, 모든 고혼孤魂들이 극락왕생하기를 기원하며 조성한 〈관경십육관변상도〉다. 효령대군은 불교에 독실하여 수많은 유신들의 반대에도 불구하고 승려들을 모아 불경을 강론토록 했으며, 원각사를 창건하게 되자 조성도감 제조가 되어 역사役事를 친히 감독했고, 《원각경》을 국역하여 간행하기도 했다.

또 하나의 왕실 발원 불화가 지은원에 남아 있는데, 《법화경》의 관세음보살보문품을 그림으로 도해한 작품이다. 명종 5년(1550년) 인종비 공의왕대비恭懿王大妃가 인종의 명복을 빌기 위해 화공 이자실로 하여금 그림을 그리게 하여 영광 도갑사 금당에 봉안했었던 것이다.

이처럼 왕실에서 불화를 조성, 봉안했던 것은 그렇게 하면 세상을 뜬 사람이 극락에 왕생할 뿐만 아니라 종전에 지은 온갖 죄악과 과오가 있더라도 가벼운 사람은 선 자리에서 곧 소멸되고 무거운 사람은 점차 가벼워지며, 항상 선신과 길신이 옹호하므로 전염병과 수재, 화재 등 일체의 재난을 겪지 않으며, 원한 맺힌 원수를 대하더라도 보복당하는 고통을 영원히 면할 수 있다는 믿음 때문이었다.

* * *

유교의 정치 이념을 신봉했던 새 왕조의 권신들은 불교를 '세상 밖에서 허무괴탄虛無怪誕의 설로써 사람들을 기만하는 이단'으로 매도했다. 그러나 그들의 눈에 비친 불교의 모습이 어떠했던 간에 불교는 삼국시대부터 고려 시대에 이르는 천여 년의 긴 시간 동안 한국인들의 정신과 생활에 큰 영향을 끼쳐왔다. 조선 왕실에서 불교를 신앙했던 중요한 이유는 불교가 현세적 욕망을 해결해주고 사후 세계의 행복한 삶까지 보장해줄 것이라는 믿음 때문이었다.

이러한 종교적 믿음은 근엄한 유교적 정치 이념과는 배치되는 것이었지만 인간이면 누구나 가지고 있는 원초적인 것이었다. 왕실의 불화 제작과 봉안은 불교적 의례와 형식을 따르고 있었다 해도 그것은 불교의 진리 추구와 수행을 위한 방편이라기보다는 선왕 · 선후를 비롯한 왕족의 극락왕생과 병환의 쾌차를 비는 지극히 인간적이고 현실적인 욕망의 발로였다. 다른 한편으로 그것은 효, 부도婦道와 같은 유교 덕행을 행하는 의미를 가지는 것이기도 했다.

08

도법 자연의 도상적 표현
〈일월오악도〉

— 유교 정치사상의 관점에서 보면 왕은 천명天命에 응하고 인심을 따르는, 즉 응천순인應天順人의 존재다. 진나라 때 황제라는 칭호가 처음 만들어지기 전에는 군주는 왕 또는 천자天子였다. 천자는 하늘이 아버지이고 땅이 어머니인 '하늘의 아들로서 천명을 받은 자'라는 뜻으로 해석되었다. 하늘에는 광채가 빛나는 일월성신이 떠 있고, 땅에는 굳건한 오악五嶽이 있다. 그래서 옛 사람들은 천지를 다른 말로 광악光嶽이라 불렀다. 조선시대의 궁궐 어좌나 왕이 임하는 자리에 펼쳐진 〈일월오악도〉의 해와 달, 그리고 산은 바로 광악을 상징적으로 표현한 것이다. 그러므로 〈일월오악도〉는 천지 상하의 존재 원리를 가시화한 그림이라 할 수 있다. 왕이 이 〈일월오악도〉

앞에 서면 도의 본원인 하늘과, 만물을 화육하는 땅 사이에 인간이 참여한 삼재三才의 원리가 가시화된다.

〈일월오악도〉는 궁궐 정전의 어좌 후면을 비롯해서 임금의 초상이나 신주를 모시는 선원전에 배설되었다. 기록에 의하면 조선의 역대 임금 가운데 태조·세조·원종(인조의 친아버지)·숙종·영조·순조의 영정을 봉안하고 제사지내던 영희전永禧殿과, 예종 원년(1469년)에 광릉 남쪽의 봉선사 동편에 세운 세조의 영전인 봉선전奉先殿 등에 설치되었으며, 현재 창덕궁에 남아 있는 신선원전에서도 옛 〈일월오악도〉의 면모를 살

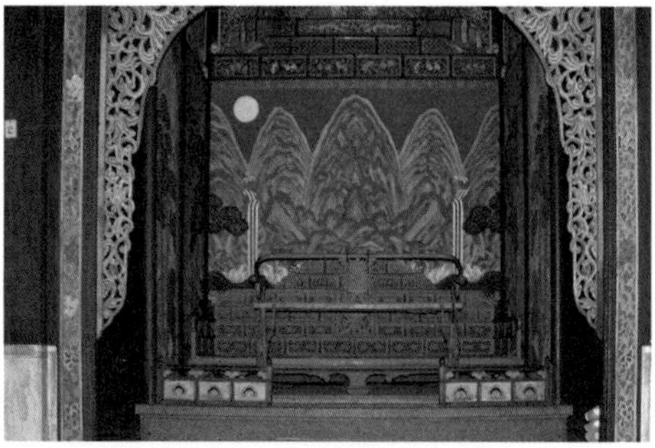

창덕궁 신선원전 내부의 〈일월오악도〉

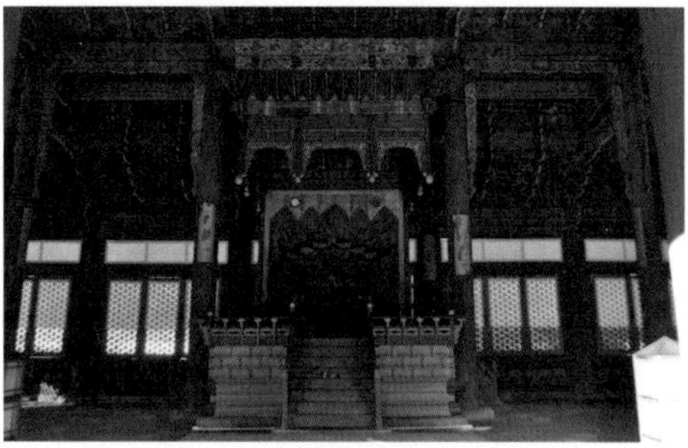

덕수궁 중화전 당가의 〈일월오악도〉

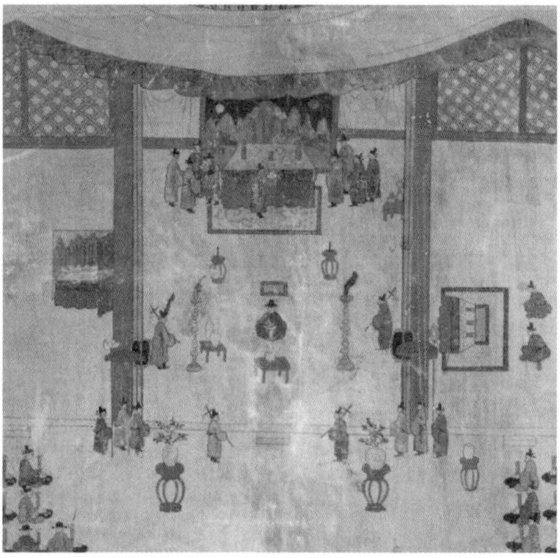

갑자숭정전진연도병(甲子崇政殿進宴圖屛)의 일부분. 비단에 채색, 119.7×334.8cm(6폭), 국립중앙박물관 소장. 1744년(영조 20년), 갑자년 9월 영조의 기로소 입사(入社)를 축하하고자 경희궁 숭정전에서 열린 진연 장면을 그린 그림. 어좌 뒤쪽으로 〈일월오악도〉가 보인다

필 수 있다. 이 밖에 왕이 임석하는 내외진연內外進宴 때 어좌 뒤편에도 〈일월오악도〉가 설치되었다. 진연은 국가에 경사스러운 일이 있을 때 베푸는 잔치로, 외진연은 귀한 외국 손님을 접대하는 잔치이고 내진연은 대비나 왕비 등을 위한 궁중 잔치다.

도道의 본원 상징으로서의 하늘

— 고대인들은 하늘은 특별한 눈으로 바라보았다. 《서경》에서는 "하늘이 오륜五倫을 펼쳐 법法을 두고, 등급을 매겨 예禮를 두었다"(〈고요모皐陶謨〉)라고 했고, 한나라의 대유학자 동중서董仲舒(BC 179~104년)는 "도의 본원은 하늘에 있다"고 했다. 이처럼 고대인들에게 있어 하늘은 도의 본원이자 법과 예의 근원이었다. 한편 《수역》에서는 "하늘을 그대로 말하면 도라 하고, 나누어 형체로서 말하면 천이라 한다"(《성호사설》 〈석천釋天〉)고 했다.

형체로서의 천은 호천昊天, 민천旻天, 상천上天, 창천蒼天 등으로 불렸다. 호천은 그 원기가 넓고 크다는 의미고, 민천은 백성을 인자하게 덮어주고 걱정한다고 해서 생긴 호칭이다. 상천은 위에서 아래를 보살핀다고 해서, 그리고 창천은 먼 데서 보아 끝없이 푸르다고 해서 붙여진 이름이다(《성호사설》 〈석천釋天〉). 하늘이 이처럼 다양한 이름으로 불린 것은 하늘 스스로 그 명칭에 부합하는 특성을 지니고 있기 때문이다.

도와 법의 본체로서의 하늘은 명철明哲한 왕이 지극한 덕으로 백

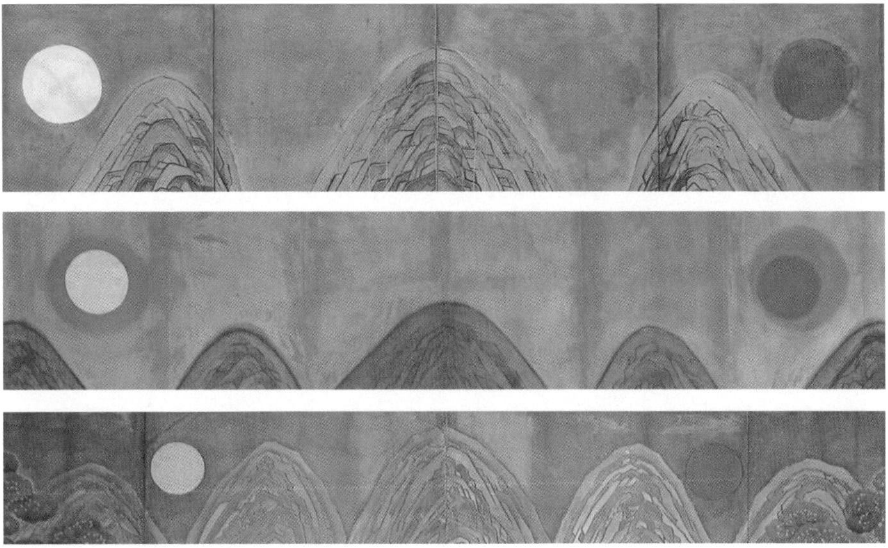

〈일월오악도〉의 해와 달. 위부터 창덕궁 명정전, 덕수궁 중화전, 창덕궁 인정전의 〈일월오악도〉

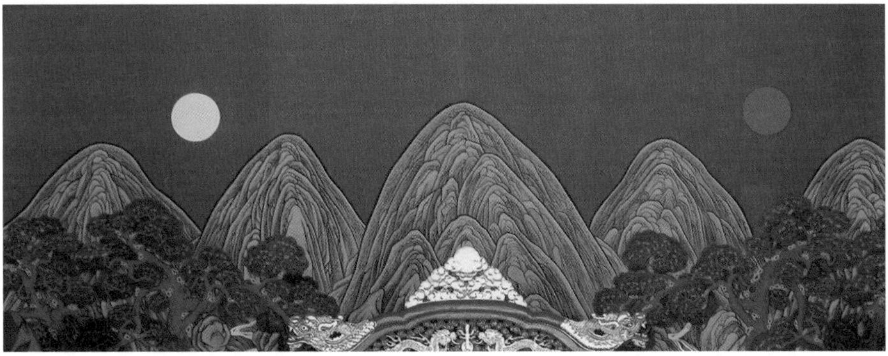

근정전 〈일월오악도〉에서 오악 부분

성들을 잘 다스리면 예사롭지 않은 천문 현상과 신령한 동식물을 출현시켜 칭찬의 뜻을 나타낸다. 반대로 정치를 잘 못하면 가뭄, 홍수, 질병 등 재난과 변고를 일으켜 꾸짖는다. 그래서 왕은 항상 경敬의 마음으로 하늘을 우러러 스스로를 경계하고 수신하기를 게을리하지 않는다.

〈일월오악도〉의 하늘은 해와 달이 동시에 뜬 창천의 모습을 보여준다. 이것은 산수화에서 하늘을 여백으로 처리하는 것과 차원이 다른 표현이다. 이 적막하고 짙푸른 공간은 형체도 없고 소리도 없지만 언제 어디에서나 볼 수 있는 하늘의 상이다.

음양, 밝음, 편조遍照 상징으로서의 일월

── 〈일월오악도〉의 해와 달은 몇 가지 의미로 해석된다.

먼저, 일월은 음양을 상징한다. 위치를 보면 왕이 등지고 앉았을 때 해는 왼쪽에, 달은 오른쪽에 배치돼 있다. 동양 전통의 방위 관념에서 방위의 중심은 자오선 상에서 남향한 위치로 설정돼 있다. 그러므로 화면의 왼쪽이 동이 되고, 화면의 오른쪽이 서가 된다. 그리고 해를 붉은색, 달을 흰색으로(인정전의 경우 노랑) 표현한 것은 음양 상象으로서의 일월을 나타낸 것으로 볼 수 있다. 왜냐하면 해의 양기가 극할 때가 정오인데 정오는 오행상으로 화火고 오방색으로는 붉은색이다. 또 달의 음기가 극할 때는 서쪽으로 질 때인데 서쪽은 오행상으로 금金에 해당하고 오방색으로는 흰색이기 때문이다.

음양은 태극을 이루는 양대 요소이자 만물을 생성하는 두 원소다. 그러므로 세상만사가 모두 음양 이치로써 설명될 수 있는 것이다. 지극히 큰 세계로 말하면 하늘과 땅, 해와 달이 모두 음양이고, 극히 미세한 세계로 말하면 원자, 전자도 모두 음양이다.

음양은 정반대의 성질이 있다. 하지만 두 차원으로 분리되어 대립하고 있는 것이 아니라 하나의 본체를 이루는 두 가지 측면으로 존재한다. 이것은 동전의 양면이 서로 반대편에 있으면서 동전이라는 한몸을 이루는 것과 같다.

음양은 상대적인 것이지만 서로를 근거로 한다. 양은 음에서 나오고, 음은 양에서 나오며, 음이 극하면 양의 성질이 나타나고, 양이 극하면 다시 음으로 돌아간다. 이것은 천둥 번개가 구름 속에서 아무 조짐 없이 있다가 급기야 음의 기운이 극하면 밖으로 터져나와 산을 흔들고 하늘을 밝히다가 양의 힘이 쇠하면 다시 적막한 음의 상태로 돌아가는 것과 같다.

그런데 음양의 원리는 오직 해와 달, 음지와 양지, 음전자와 양전자에만 해당되는 것은 아니다. 입체로 보면 아래 위가 음양이고, 구역으로 보면 안과 밖이 음양이고, 색채로 보면 흑과 백도 음양이고, 사람의 일로 보면 착하고 악한 것도 음양이고, 역사로 보면 옛날과 오늘도 음양이다. 우주 만물과 인간 만사는 물론 어떠한 방면에서도 상대성이 있는 것은 모두가 음양의 원리로 설명될 수 있는 것이다.

광대한 호천에서는 해와 달이 뜨고 진다. 일월이 운행하면 음양 작용이 일고 그에 따라 구름, 비, 눈이 생겨나고, 그 혜택을 받은 지상의 모든 것들은 생사윤회生死輪廻를 반복한다. 해와 달을 음양의 표상이라 할 때 해와 달이 동시에 뜬 하늘은 태극의 상이라 할 수 있다. 일월오악도의 하늘이 상징하는 것은 바로 태극의 원리인 것이다.

해와 달은 또한 밝음의 상징이기도 하다. 조선의 실학자 성호 이익은 "천도는 강건함이 특징이고, 일월은 밝음이 특징이다(天道尙剛日月尙明)"라고 말했다(《성호사설》〈미수허선생 신도비명 병서眉叟許先生神道碑銘 并序〉). 신하들은 임금을 칭송할 때 흔히 "(전하의) 도는 음양을 갖추었고 밝음은 일월과 부합합니다"(《세종실록》 14년 5월 11일), "성덕이 빛나기가 일월이 조림하는 것과 같습니다"(《태종실록》 9년 8월 9일)라고 말하면서 일월을 밝음과 총명의 상징으로 칭송했다.

한편, 일월은 편조遍照와 태평성대의 상징이기도 하다. 맹자는 "해와 달은 밝음 덩어리라 빛을 받아들일 만한 곳은 모두 비춘다(日月有明 容光必照焉)"(《맹자》 진심盡心)라고 했다. 왕은 사사로운 욕심과 백성에 대한 차별이 없어야 하고 사사로운 은혜가 없어야 하는데, 그러기 위해 왕은 해와 달과 같아야 한다고 맹자는 갈파한 것이다. 하늘은 사사로이 덮어주는 것이 없고, 땅은 사사로이 실어주는 것이 없고, 해와 달은 사사로이 비추어주는 것이 없다. 이것을 삼무사三無私라 한다. 천지는 사사로움 없이 만물을 덮어주고 실어주며, 일월은 사사로움 없이 사방을 두루 비춘다. 이처럼 왕은 덕을 베풀되 마땅히 일월과 나란히 해야 한다. 만약 조금이라도 사심이 끼어들면 뭇 소인배가 모여들게 된다. 그렇기 때문에 왕은 나라를 다스릴 때 가까운 사람이라 하여 사사로이 대하지도 말고, 아첨하는 사람에게 현혹되지도 말아야 하며, 작은 이익에 기뻐하지도 말고, 작은 성공에 자만하지도 말아야 하며, 교만한 마음으로 자신만이 옳다고 고집하지도 말아야 한다. 그러기 위해서 왕은 일월과 나란히 해야 한다.

'요순일월堯舜日月' '요천순일堯天舜日'이라는 말이 있다. '요임금과 순임금의 해와 달' '요임금의 하늘, 순임금의 해'로 직역되는 이 말은 흔히 요순시대와 같이 밝고 확연한 태평성대를 일컫는 말로 쓰인다. 이 말은 임금의 성덕을 칭송하는 뜻으로 사용되는데, 궁중 진연 때 〈요천순일지곡堯天舜日之曲〉을 연주하는 것도 같은 의미다. 〈일월오악도〉의 하늘과 해와 달은 '요천堯天' '요순일월'과 연결되고, 그것은 곧 현왕의 덕성을 칭송하는 의미로 해석된다.

결국 〈일월오악도〉에 펼쳐진 짙푸른 하늘은 도와 법과 예의 본체로서의 하늘, 하계下界를 보살피며 인자하게 덮어주는 하늘, 태평성대의 상징인 요순의 하늘을 상징한다. 일월은 음양의 작용을 일으켜 천지만물에 고루 혜택을 주는 밝음의 표상이라 할 수 있을 것이다.

땅의 대표 상징으로서의 오악

— 고대인들은 하늘과 땅을 광악光嶽이라고도 불렀다. 악嶽은 땅을 상징하며 오악으로 대표된다. 오악은 중국 전국시대 이후 오행사상과 오악 신앙을 바탕으로 설정된 동서남북 사방과 중앙의 산을 포괄하는 개념이다.

한나라 무제武帝 이후 역대 제왕들이 오악을 받든 것을 시작으로 당나라 현종은 오악을 왕으로, 송나라 진종은 오악을 제帝에 봉했고, 명나라 태조는 오악을 높여 신으로 삼았다. 한나라 선제가 정한 오악은 안휘성의 천주산天柱山이 남악, 하북성의 항산恒山이 북악이었으나 나중에 호남성 형산衡山을 남악으로 삼았고, 명대에는 산서성의 항산恒山을 북악으로 삼았다. 오악에는 나라의 수호신守護神이 거처한다고 믿어 성산聖山으로 여겨졌다. 우리나라 신라 때는 토함산·계룡산·지리산·태백산과 부악父岳(지금의 팔공산)을 오악으로 삼아 제사를 지냈고, 고려 때에는 덕적산德積山·백악白岳·목멱산木覓山(지금의 남산)의 산신에게 제사를 지냈다. 그리고 조선은 금강산(동), 묘향산(서), 지리산(남), 백두산(북), 삼각산(중앙)을 오악으로 삼았다.

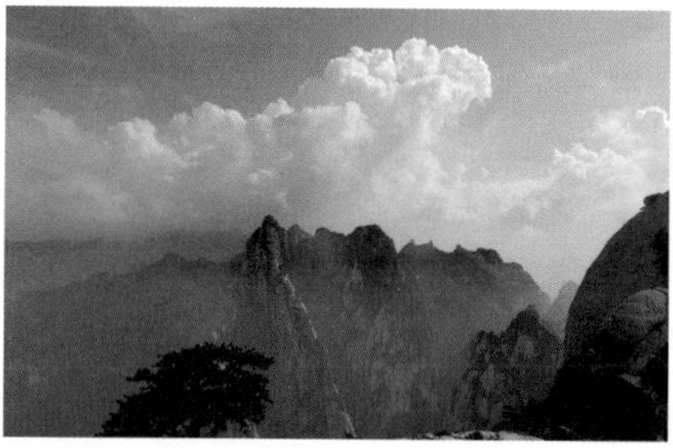

중국의 서악 화산

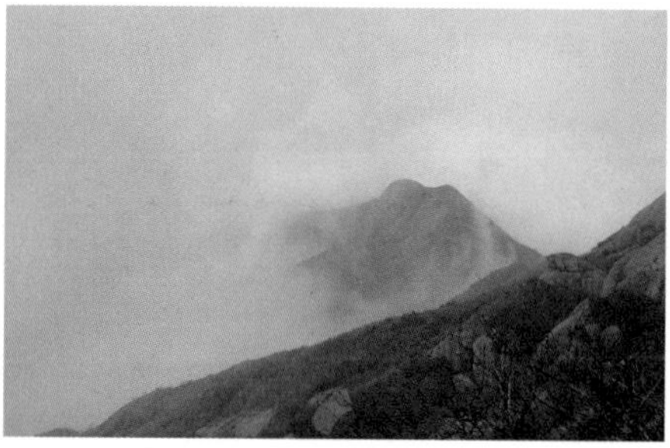

중국의 남악 형산

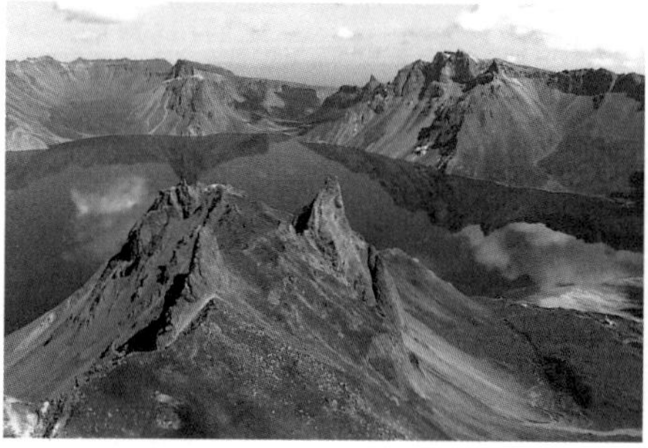

조선의 북악 백두산

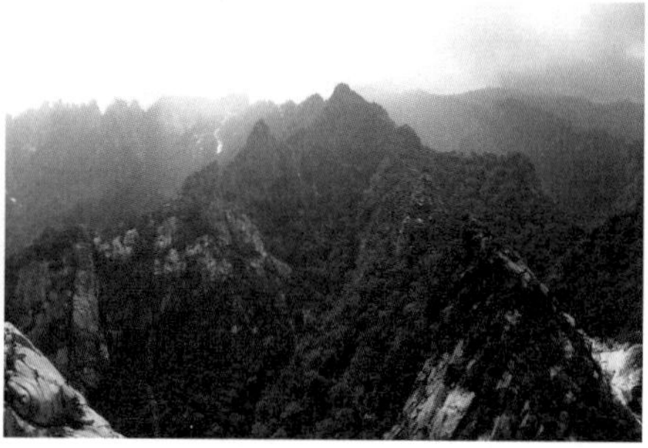

조선의 동악 금강산

땅에는 오악과 더불어 사독四瀆이 펼쳐져 있다. 독瀆이란 근원으로부터 직접 바다로 흘러드는 물줄기를 말한다. 중국의 경우 양자강(동), 황하(서), 회수(남), 제수(북)가 사독으로 설정돼 있고, 우리나라의 사독은 낙동강(동), 한강(남), 대동강(서), 용흥강(북)으로 설정돼 있다. 오악과 사독을 총칭하여 악독嶽瀆이라 하는데, 흔히 하늘에 대응하는 땅의 의미로 쓰인다.

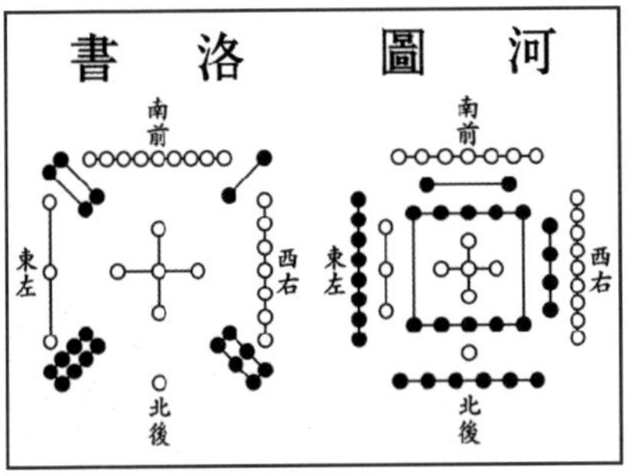

하도 · 낙서. 하도(河圖)는 복희씨(伏羲氏) 때 황하에서 길이 8척이 넘는 용마가 등에 지고 나왔다는 그림으로서 《주역》의 8괘의 근원이 된 것이고, 낙서(洛書)는 하우씨(夏禹氏)의 9년 치수(治水) 때 낙수(洛水)에서 나온 신귀(神龜) 등에 있었다는 글로서 《서경》 홍범구주(洪範九疇)의 기원이 된 것이다

고대인들의 관념 속에 존재했던 이상적인 군주상은 삼광오악三光五嶽의 기운을 타고나서 천지음양과 사물의 무궁한 변화의 이치를 깨우친 자였다. 그 대표적 인물이 바로 요임금이고 순임금이다. 《주역》에서는 요순이 선정을 베푼 것은 하늘의 운행과 함께 했기 때문이며, 의상을 늘어뜨리고 그냥 앉아만 있었을 뿐이었는데도 천하가 잘 다스려진 것은 천지 광악의 법도를 따른 결과라 했다(계사전 하繫辭傳下). 다시 말해 가장 이상적인 왕의 상은 천지자연의 법에 따라 정치를 행하는 왕인 것이다.

오악에서 중요한 것은 5라는 수다. 여기서 5는 양의 변화를 재는 수가 아니라 사물의 상을 상징적으로 드러내는 수이다. 상수학象數學에서 5는 하도河圖 낙서洛書의 수인 5를 근원으로 하고 있으며 그것은 곧 중점, 중심, 중앙의 의미를 가진다. 상수는 문자언어 이전의 진리를 연구하는 선천학先天學이다. 자연의 세계에는 사물이 생긴 후에 상이 있고, 상이 형성된 후에 수가 있는 것이다. 그것을 인식하는 인간의 방법은 수로써 상을 보고 상으로써 사물을 아는 것이다(유정기柳正基, 《동양사상사전東洋思想事典》). 그래서 하도와 낙서의 수와 역괘易卦의 상이 자연의 세계를 인식하는 철학적인 방법이 된 것이다.

하도는 홀수를 양점陽點(○), 짝수를 음점陰點(●)으로 해서 1에서 10까지 도합 55점을 사방과 중앙에 질서 정연하게 배치한 도상이다. 즉 북방에 1점, 남방에 2점, 동방에 3점, 서방에 4점, 그리고 중앙에 5점이 있으니 이것을 생수生數라 하고, 중앙의 5점을 가지고 기존의 점수에 가산한 수를 오방에 이중으로 배치하면 북에 6, 남에 7, 동에 8, 서에 9, 중앙에 10이 이루어지니 이것을 성수成數라 한다.

상수학에서 5는 중中을 의미한다. 중이란 상하, 남북의 대극선이 통과하는 일점을 말하는 것이므로 중점中點이라 할 수 있다. 또한 중점은 전체를 지지하고 있으니 중심이 되고, 중심이 자리한 위치는 중앙이 된다. 따라서 5의 수가 적용된 것은 중앙의 의미를 갖게 된다. 〈일월오악도〉의 오악은 땅을 대표하는 상징물이고, 5가 적용되어 있다. 그러므로 오악은 하늘과 대대待對 관계를 이루는 땅의 중앙으로서의 의미를 가진다고 볼 수 있다.

5라는 상수에 관한 조선 시대 사람들의 생각을 알 수 있는 기록이 있다. 조선 말 고종이 경연에서 왕실이 황색을 숭상하고 5의 수를 사용하는 이유를 신하에게 물으니 신헌구(1823~?)가 나서서 대답했다. "하도 낙서의 숫자는 5를 중궁中宮으로 삼습니다. 그러므로 숫자

5를 썼는데, 이 또한 중앙의 토土를 숭상하는 뜻입니다(《고종실록》 6년 3월 30일)."

오악의 표현 형태를 자세히 살펴보면, 중앙의 산(중악中嶽)이 가장 크게 묘사돼 있다. 다섯 개의 산들은 능선이 서로 연결돼 있지 않은 독립된 산이며, 중악을 제외한 나머지 산들은 한 부분이 앞쪽의 산에 의해 약간 가려져 있다. 그리고 중악 좌우의 산들은 약간의 경사를 이루어 중악 쪽으로 가면서 조금씩 커지는 형태로 묘사돼 있다. 이런 묘법은 땅의 모든 산은 오악에 포괄되고, 오악은 다시 중악에 포괄됨을 나타내기 위한 상징 수법인 것이다.

포용과 분화의 상징으로서 파수와 낭수, 그리고 유수

— 〈일월오악도〉에 활력을 불어넣는 조형 요소는 두 줄기의 유수流水(폭포)와 일렁이는 파수波水(바다)다. 현존 〈일월오악도〉나 의궤 등을 통해서 보면 모든 낭수浪水(물거품)가 화면 중심의 중악을 향해 모여드는 형태로 표현된 것과, 두 줄기 유수를 향해 모여드는 형태로 된 것의 두 유형이 있다. 174~175쪽의 위 그림은 낭수가 중악을 향해 집중되는 모습을 보여준다. 그리고 176쪽의 가장 위 그림은 유수를 향해 모여드는 낭수의 모습을 나타낸다. 이처럼 낭수가 중악과 산간의 유수를 향해 집중되는 형태로 표현한 것은 바다가 산에 포용

되는 형국을 나타내기 위한 묘책이다.

조선 중기의 성리학자 장현광(1554~1637년)은 이렇게 말했다.

"바다는 그 크기와 깊이를 말하면 측량하기 어렵고 그 풍부함을 말로 다 할 수 없으며, 유구함을 말하면 만고에 변함이 없다. 바다가 크고 깊은 까닭은 물줄기를 가리지 않고 모두를 수용하기 때문이다. 바다는 넓고도 두터운 땅에 의해 거두어지니 땅은 참으로 크며, 바다와 땅이 제일 큰 하늘에 포용되니 하늘은 진실로 더욱 크다. 바다를 거두는 땅과 땅을 포괄하는 하늘이 한 이치 가운데서 열렸다 닫혔다 하니, 이치는 또 하늘과 땅이 이로 말미암아 나온 것이다(《여헌선생속집旅軒先生續集》)."

이 이치를 〈일월오악도〉에 적용하면, 파수는 오악에 포용되고 오악은 다시 일월이 메여 있는 호천昊天에 포용된다. 〈일월오악도〉의 하늘과 바다와 오악은 그러한 포용과 분화의 이치를 드러내는 가형假形으로 존재하는 것이다. 그런데 분화와 포용의 이치는 곧 태극의 이치다.

《시경》에서도 "넘실대며 흐르는 저 물이여, 바다에 조종한다(沔彼流水 朝宗于海)"(소아小雅 〈면수沔水〉)고 했고, 《서경》에서도 "장강과 한수가 바다에 조종한다(江漢朝宗于海)" (〈우공禹貢〉)고 했다. 모든 물줄기는 발원과 동시에 바다로 향하는 이치를 말한 것이다. 공자는 이 말을 군자의 의지에 견주어서 말하되 '만절필동萬折必東'이라 했다.

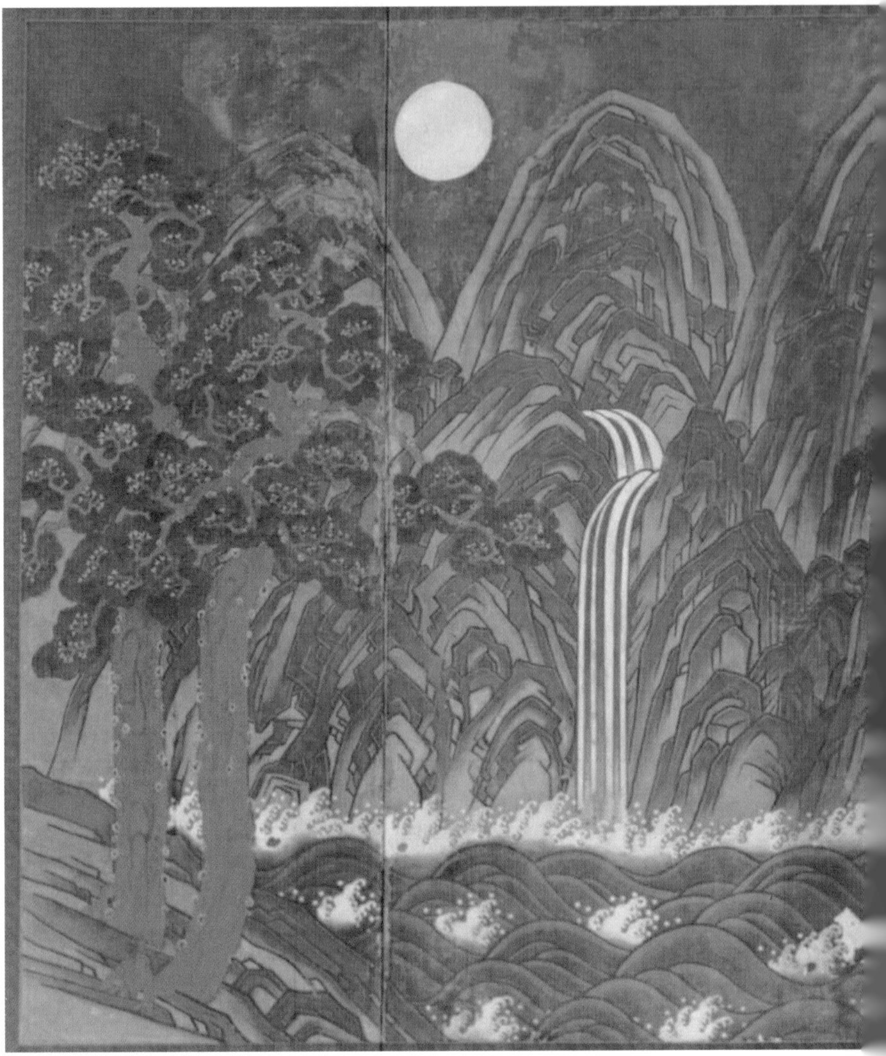

〈일월오악도〉. 고궁박물관 소장

황하는 아무리 곡절이 많아도 결국은 동쪽으로 흘러들기 마련이라는 뜻이다.

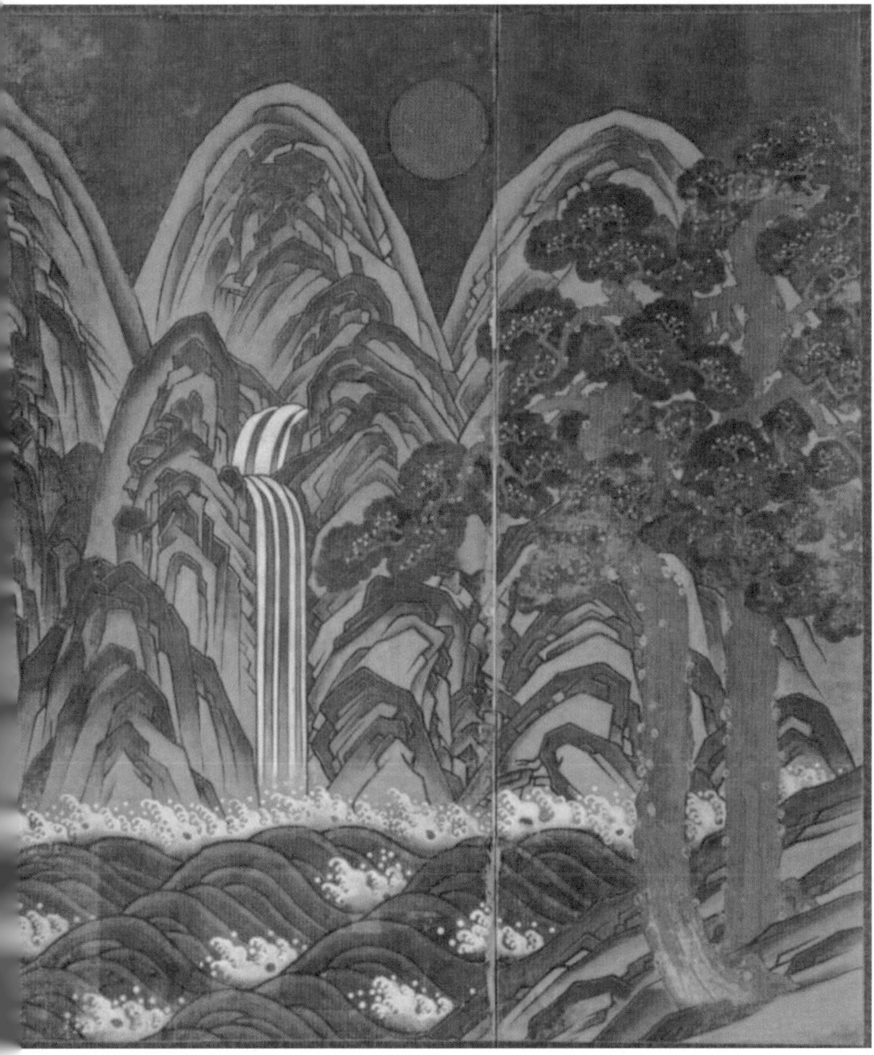

조종朝宗은 제후와 백관이 천자를 알현하는 것을 말한다. 봄에 천자를 찾아뵙는 것을 조朝라 하고, 여름에 알현하는 것을 종宗이

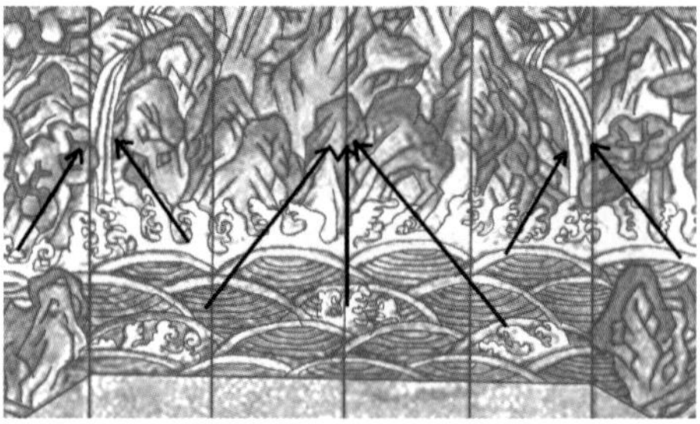

의궤에 수록된 〈일월오악도〉 중 파수(波水)와 낭수(浪水)

조종암(朝宗巖)의 '萬折必東' 암각서. 경기도 기념물 제28호. 경기도 가평군 하면

라 한다. 그리고 가을에 찾아뵙는 것을 근覲이라 하고, 겨울에 찾아뵙는 것을 우遇라 한다(《주예周禮》 춘관春官 〈대종백大宗伯〉). 〈일월오악도〉의 두 물줄기와 바다는 포용의 이치를 보여줌과 동시에 조종의 의미를 상징적으로 표현한 것으로 볼 수 있다. 조종, 알현의 의미를 가진 '조朝(cháo)'와 물의 흐름을 의미하는 '조潮(cháo)'의 발음이 같은 점도 〈일월오악도〉의 바다와 물줄기를 이해하는 데 참고가 될 수 있을 것이다.

* * *

그림은 사상과 정신문화의 소산이며, 사상과 정신문화는 소재를 통해 상징화되고 시각화된다. 〈일월오악도〉의 하늘과 일월은 도의 본원이자 음양의 운행, 밝음과 편조, 그리고 요천순일堯天舜日, 조종우해朝宗于海의 총체적 상징이다. 또한 오악과 바다와 물줄기는 분화와 집중으로 설명되는 우주의 근본 이치를 드러낸다. 노자는 이렇게 말했다.

"세상에는 네 가지 큰 것이 있다. 그것은 도道, 천天, 지地, 그리고 왕王이다. 사람은 땅을 규범으로 하고, 땅은 하늘을 규범으로 하고, 하늘을 도를 규범으로 하고, 도는 자연을 규범으로 한다(故道大 天大 地大 王亦大 域中有四大 而王居其一焉 人法地 地法天 天法道 道法自然)(《노자老子》 25장)."

노자의 이 말은 곧 왕이 이상적인 정치를 베풀기 위해서는 궁극적으로 자연의 도를 법으로 삼아야 한다는 뜻이다. 왕의 뒤를 받치고 있는 〈일월오악도〉의 상징적 의미는 결국 이 한 곳으로 귀결된다고 봐야 할 것이다.

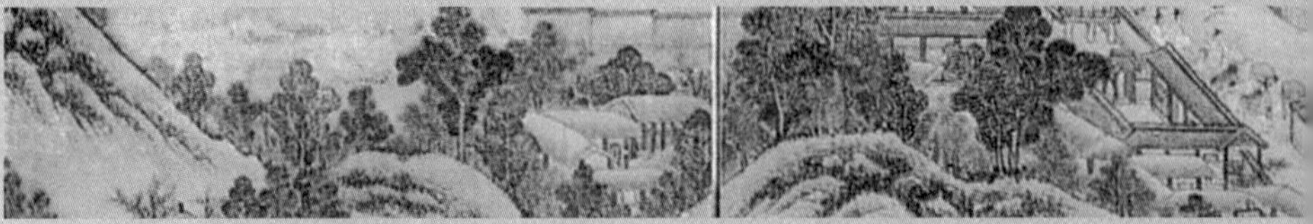

3장

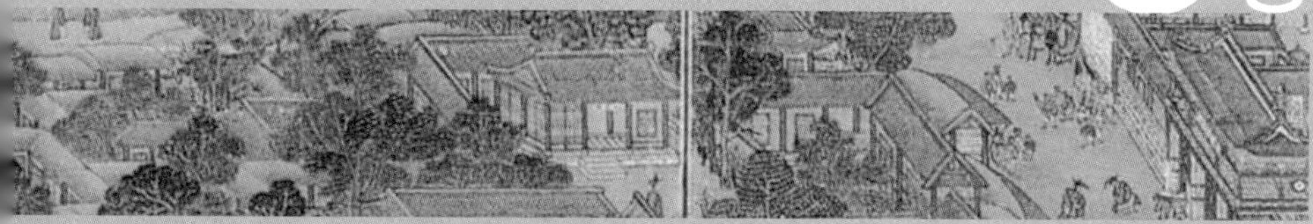

붓 끝,
한 획마다
시대의 고민을 담다

09

출처의 기로에서 번민하는 문인들의 초상 〈조어도〉

— 출出은 출사出仕, 즉 벼슬길로 나아간다는 뜻이고, 처處는 당초부터 정치에 관심을 두지 않거나 관직에서 물러나 향리에서 은둔하는 것을 말한다. 조선 초기의 문신 학자인 매월당 김시습은 "벼슬을 버리고 돌아왔다 하여 현철하며, 벼슬에 나아갔다 하여 아첨이 되며, 숨었다 하여 고상하며, 나타났다 하여 구차한 것은 아니다"라고 했다(《매월당집》 〈고금군자은현론古今君子隱顯論〉). 이 말은 도리로 보아 행할 수 있는지 없는지를 살펴 거취를 정하는 것이 출처지의出處之義의 핵심임을 강조한 것이다.

강태공, 엄자릉, 그리고 이윤

— 평소에 선비들은 욕됨을 참고 벼슬자리를 유지하는 것이 올바른 '출사'인지 의심했고, 숨어 살면서 스스로 고상한 체하는 것이 진정한 '처'의 도리인가 자문하면서 출처의 문제에 대해 번민했다. 조선의 선비들은 출처지의의 모범적 사례를 거론하거나 거취의 정당성을 내세울 때 흔히 강태공姜太公, 엄자릉嚴子陵 또는 이윤伊尹과 같은 사람을 들먹였다.

강태공의 원래 성은 여呂이고 이름은 상尙이다. 그는 낚시로 세월을 낚은 은자隱者로 고금에 널리 알려져 있다. 70세부터 위수渭水강 반계磻溪에서 낚시질하다가 주周나라 문왕文王을 만나 사부로 추대되었고, 뒤에 문왕의 아들 무왕武王을 도와 은殷을 멸하고 천하를 평정했다. 그는 '태공망太公望'이라는 별호를 가지고 있었는데, 이것은 주 문왕이 여상을 만나보니 과연 태공太公(문왕의 조부) 고공단보古公亶父가 찾으려 했던 인물이었으므로 '태공이 바라던 인물'이라는 뜻으로 지은 것이다.

강태공에 관한 이야기는 여기서 그치지 않는다. 바늘이 없는, 이른바 곧은 낚시를 물 표면에서 석 자 정도나 떼어놓고는 "내 말을 안 듣는 물고기만 올라와 물어라(負命者上鈎來)"라고 말하거나(《전상평화全相平話》〈무왕벌주평화武王伐紂平話〉 하), 문왕이 사냥을 나갈 때 "용도 아니고, 이무기도 아니며, 곰도 아니고, 말곰도 아니며, 범도 아니

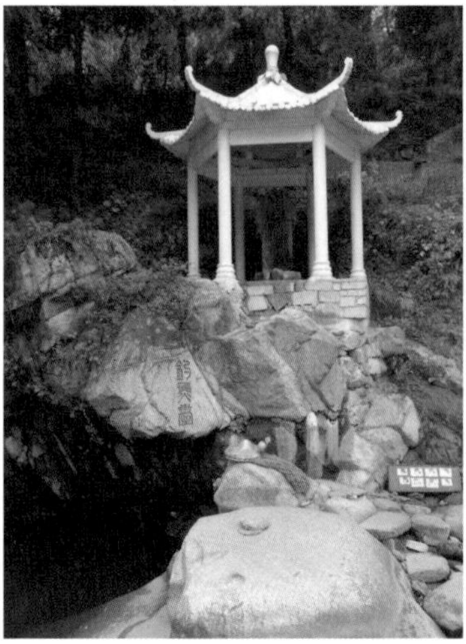

강태공이 낚시했다는 반계의 조어대(釣魚臺). 반계는 섬서성 보계시에서 동남쪽으로 40여 km 떨어진 곳에 있다

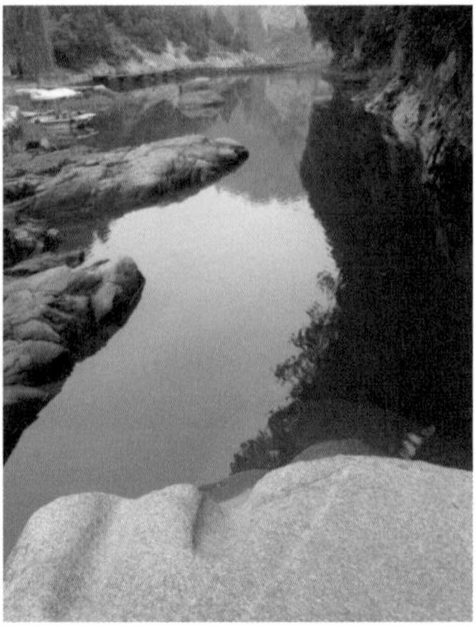

바위에 보이는 두 개의 파인 자국은 강태공이 10년 동안 이 자리에 앉아 낚시를 해서 닳은 흔적이라 한다

고, 비휴도 아니다. 얻을 것은 패왕의 보좌다(非龍非彲 非熊非羆 非虎非貔 所獲覇王之輔)"라는 길조를 얻고 위수강 가에서 낚시질하는 여상을 만나 궁궐로 초빙하여 재상으로 삼았다는 이야기도 전한다(《사기》〈제태공세가齊太公世家〉).

문왕이 반계의 낚시터에서 강태공을 만난 것은 명왕과 은자의 조우였고, 강태공이 문왕을 따른 것은 어진 선비가 세상으로 나아가는 모습이었다. 그것은 또한 선비가 숨어 살아도 처신이 바르고 학문이 깊으면 세상이 알아주기 마련이며, 국가에 도가 있으면 현명한 왕이 출현하여 숨은 현자를 찾아 등용한다는 교훈을 주는 것이기도 했다.

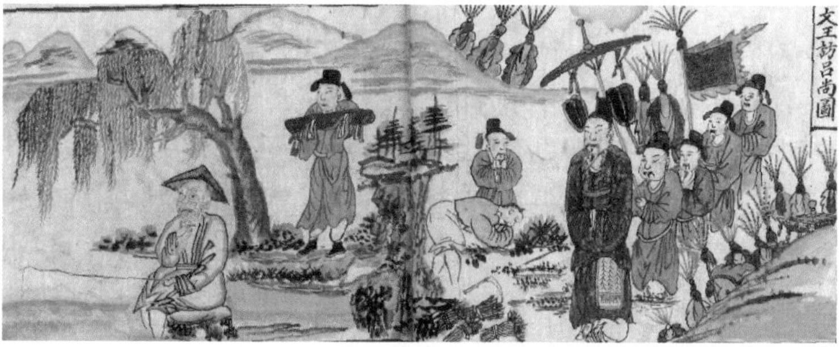

민화 〈문왕방여상도〉, 개인 소장

현인이라면 지덕을 동시에 갖춘 인격자다. 그런데 현인이 초야에 묻혀 있어서는 그의 지덕을 사용할 수 없다. 현인은 반드시 천하국가를 위해 봉공하는 것만이 존재 가치가 있다. 신하로서의 소중하고 귀한 충심도 현賢이고, 신하를 소중하고 귀하게 쓰는 것도 현賢이다. 그러므로 현인은 임금의 보배이고, 지덕은 현인의 보배다. 여기에 왕도정신이 있으니 현인 없이 임금은 백성을 바르게 다스릴 수 없고, 국정이 아니면 현인이 존재할 수 없다. 문왕과 강태공의 만남은 바로 성인과 현인의 만남인 것이다.

강태공과 같은 은자들 중에 엄자릉嚴子陵이라는 사람이 있었다. 그는 위수강에서 낚시질을 하다가 주 문왕에게 발탁되어 정치의 길로 나간 강태공과 달리, 광무제가 벼슬을 주려 했으나 마다하고 은둔을 택한 사람이다. 광무제는 후한後漢의 초대 황제로, 이름이 유수

劉秀이고 엄자릉의 어릴 적 친구였다. 유수가 제왕 자리에 오르자 엄자릉은 성과 이름을 모두 바꾸고 숨어 살았다. 광무제가 그를 찾기 위해 온 천하에 명을 내렸더니 제齊나라에서 어떤 사람이 양가죽 옷을 입고 못에서 낚시질을 하고 있다는 소식이 올라왔다. 소식을 접한 광무제는 그가 엄사릉임을 알아차리고 신하들에게 좋은 수레와 폐백을 갖추어 가서 모셔오라고 했다. 그러나 엄자릉은 부름에 즉시 응하지 않고 세 번 부름을 받은 후에야 겨우 궁궐로 갔다.

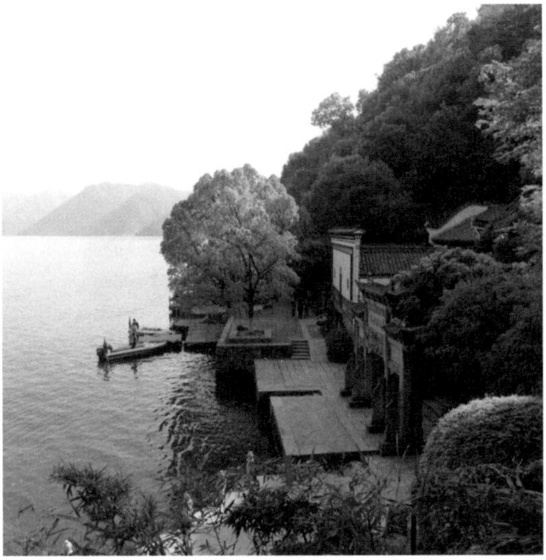

엄자릉 조어대. 절강성 동려현(桐廬縣)에서 서쪽으로 약 15km 거리의 부춘산 북쪽 벼랑 아래에 있다

엄자릉에 대한 일화는 적지 않다. 하루는 광무제가 그의 거처를 찾았는데, 임금이 왔는데도 엄자릉은 누운 채 일어나지도 않았다. 광무제가 엄자릉을 궁으로 불러 회포를 풀다가 함께 잠자리에 든 적이 있는데, 엄자릉이 잠결에 광무제 배 위에 발을 올려놓았다. 이튿날 태사太史가 "어젯밤 천상天象을 관찰해보니 객성客星이 어좌를 범했다"

고 아뢰자 광무제가 웃으면서 "짐의 옛 친구 엄자릉이다"라고 했다.

광무제가 세상을 함께 다스리자고 거듭 요청했지만 엄자릉은 끝내 사양하고 부춘산 은거를 택했다. 그러나 후세 사람들은 광무제 옆에 엄자릉이 없었다면 광무제가 큰 정치를 이루지 못했을 것이고, 광무제가 없었다면 엄자릉은 처사處士의 높은 덕을 이루지 못했을 것이라고 말한다(범중엄范仲淹 《엄선생사당기嚴先生祠堂記》). 엄자릉은 정치에 몸을 담지 않았지만 넓은 의미에서 보면 한 나라의 국정에 관여한 것이다. 명철한 황제 광무제와 현명한 은자 엄자릉의 만남을 후세 사람들은 경회慶會, 즉 경사스러운 만남이라 칭송했다.

이윤伊尹의 이름은 지摯이며, 중국 상고시대 황제의 신하인 역목力牧의 후예다. 강태공이 낚시터에서 문왕에게 발탁된 것과 달리 이윤은 유신有莘(은나라 주왕紂王 때의 나라 이름)의 들에서 농사지으며 살다가 탕왕湯王으로부터 다섯 번의 초빙을 받고 조정에 들어갔다. 탕왕은 그를 아형阿衡(은나라의 벼슬 중 하나)으로 등용하고 호를 '이윤'이라 불렀다. 이윤을 호로 삼은 뜻은 그로 하여금 천하를 바르게 다스리도록 하려는 데 있었다.

하夏나라 걸왕桀王이 포학하고 황음무도荒淫無道했기 때문에 이윤은 탕왕을 도와 군사를 일으켰다. 제후들이 모두 복종하자 탕왕이 천자의 지위에 올라 역법曆法을 개정하고 복색을 바꾸는 등 제도를 정비하여 선정을 베풀었다. 탕왕이 100세를 일기로 세상을 뜨자 두 아들 외병外丙과 중임仲壬이 차례로 등극했다. 그러나 둘 다 왕위에 오른 지 얼마 되지 않아 죽으니, 이윤은 왕위에 오르기 전에 죽은 장남 태정의 아들 태갑太甲을 왕위에 올렸다. 그런데 태갑이 왕이 된 지 3년이 지나도록 탕왕의 법을 따르지 않고 세상을 어지럽히므로 이윤은 태갑을 탕왕의 능 근처에 있는 동궁으로 추방하여 반성의 시간을 갖도록 했다. 이윤이 정사를 대신 맡아 일한 지 3년 만에 태갑이 뉘우치고 자책하여 선한 사람이 되어 돌아오니 이윤은 면복을 갖추고 태갑을 맞이하여 정권을 그에게 돌려주었다. 이 모습은 후세에 모범적인 현신의 상으로 칭송되었다.

진정한 '출'과 '처'의 의미

— 유교의 관점에서 보는 바람직한 선비상은 감각적 욕구에 매몰되지 않고 높은 가치를 지향하는 의식을 가진 사람이다. 선비들이 생각했던 최고의 이상은 세상에 나아가서는 제왕의 스승이 되고, 물러나서는 멀리서 임금에게 영향을 줄 수 있는 산중재상山中宰相이 되는 것이었다. 옛 유학자들은 정치 상황이 어려우면 벼슬을 버리고 전원으로 나가 낚시질하며 여가를 보내기도 했다. 그들이 낚시를 즐긴 심사의 배후에는 강태공과 엄자릉 같은 은사와 자신을 동일시하려는 심리가 있었다. 자신이 강태공이나 엄자릉과 같은 존재로 자처

하면 은둔처의 산수는 부춘산이 되고 위수가 되며, 반계가 되고 칠리탄이 되는 것이다.

조어도釣魚圖는 대개 은자가 혼자 낚시를 즐기는 모습을 주제로 그려진다. 시화일체詩畫一體의 관점에서 보면 조어도의 화의畫意는 조어시釣魚詩의 뜻과 상통한다고 봐도 좋다. 따라서 조어시의 시의詩意를 알면 조어도의 화의를 읽을 수 있다. 그럼 여기서 고려의 문신 이규보가 지은 시 '조명풍釣名諷'(《동국이상국집》〈조명풍釣名諷〉)부터 감상해보자.

물고기 낚음은 고기를 먹기 위함이지만	釣魚利其肉
명예를 구하여 무슨 이익 있으리	釣名何所利
이름이란 곧 실상의 손님이거니	名乃實之賓
주인(실상) 있으면 손은 스스로 오네	有主賓自至
실상이 없이 허명만 누리면	無實享虛名
한갓 이름에 누만 끼치는 거야	適爲身所累
용백은 여섯 마리 큰 자라 낚았나니	龍伯釣六鼇
그 낚기는 진실로 장한 것이네	此釣眞壯矣
태공이 문왕을 낚을 때는	太公釣文王
그 낚시에 원래 미끼 없었네	其釣本無餌
그러나 이름 낚기는 이와 달라	釣名異於此

한때의 요행뿐이네	僥倖一時耳
그것은 마치 추한 여자가 분 발라	有如無鹽女
꾸며 잠깐 이쁜 것	塗飾暫容媚
분이 지워지면 참 모양이 드러나	粉落露其眞
보는 사람이 구역질하고 피함과 같네	見者嘔而避
이름을 낚아 어진 사람 된다면	釣名作賢人
어느 대엔 안자(공자의 제자) 없으리	何代無顔子
이름을 낚아 착한 관원 된다면	釣名作循吏
어느 고을인들 공수(한나라의 명수) 아니리	何邑非龔遂
야비하여라, 저 공손홍은	鄙哉公孫弘
정승이 되어 베 이불을 덮었거니	爲相乃布被
작기도 하다, 무창태수는	小矣武昌守
돈을 주고서 우물물을 마셨네	投錢飮井水
청백하면서 사람 알까 두려워했나니	淸畏人之知
양진은 진실로 참 군자였네	楊震眞君子
내 여기 조명편을 지어서	吾作釣名篇
이름 낚기 좋아하는 선비를 풍자하노라	以諷好名士

이 시에서 이규보는 강태공의 낚시질이 허명虛名 추구가 아니라 진정한 '출'의 의미임을 말하고 있다. 다시 말하면 실상實相을 돈독히

하지 않고 명성만 낚으려는 행위는 이름만 더럽힌다는 것이다. 낚시에 대한 이러한 인식은 이규보뿐만 아니라 동시대의 선비들, 나아가 조선시대 선비들이 공통적으로 가지고 있었던 것이다.

이어서 작자 미상의 조선 시가詩歌를 보자.

문 앞에 흐르는 물은 태공의 위빈渭濱이오
물 뒤에 푸른 뫼는 자릉의 부춘富春이라
아마도 조수채산釣水採山은 이 좋은가 하노라

이 시조의 작가는 자신이 나물 캐고 낚시질하며 한가롭게 지내는 곳을 강태공의 위수강과 엄자릉의 부춘산에 비유하면서 강태공이나 엄자릉과 같은 존재임을 은근히 드러내고 있다. 이것은 은거 생활을 긍정하면서 현재의 생활에 대한 만족감을 표현한 것이다.

선비들에게 낚시는 생계 수단이 아니다. 수신하고 학문을 깊게 하여 때를 기다리는 상징적 행위이면서 퇴귀退歸하여 물외한객으로 살아가는 은자의 모습 그 자체였다. 이처럼 낚시 행위가 '출'과 '처'의 의미를 동시에 가지고 있었기 때문에 출처의 의리를 생활철학으로 삼았던 선비들이 낚시를 시와 그림의 소재로 즐겨 다룬 것은 자연스러운 현상이라 하겠다.

그런데 그림은 보여줄 뿐 말을 하지는 않는다. 그렇기 때문에 그림만 보고 화가의 생각을 완벽히 읽어낸다는 것은 쉬운 일이 아니다. 그러나 조어도를 비롯한 소경인물산수화 계통의 그림들이 대개 성현들의 행적과 사상 또는 시작詩作 등과 직·간접적으로 연결돼 있는 점을 감안할 때 조어도가 강태공이나 엄자릉의 고사 또는 낚시를 주제로 한 시의 내용과 관련이 깊다고 봐도 무방하다. 그렇다 해서 조어도의 주인공이 모두 강태공 또는 엄자릉이라고 단언하는 것은 무리지만, 강태공이나 엄자릉의 행적을 떠올리며 흥기興起된 화가 자신의 정서, 즉 '출처'의 이상과 철학을 '낚시하는 모습'을 통해 표현한 것은 분명하다고 하겠다. 감상자 역시 그림의 주인공을 강태공과 엄자릉에 비교하면서 출처의 의미를 되새기게 된다. 조선 초기의 문신 학자인 서거정이 필자 미상의 〈조어도〉 화폭에 쓴 화제畫題(《사가집四佳集》)에서 이 점이 선명히 드러난다.

만경창파에 한 낚싯줄 드리웠으니	萬頃滄波一釣絲
이 늙은이의 심사를 어느 누가 알아주랴	此翁心事有誰知
위수 가는 적막하고 엄탄은 멀기만 해라	渭濱寂寞嚴灘遠
남자는 오직 출처를 남달리 해야 하고 말고	男子惟須出處奇

〈조어도〉의 작품 세계

— 제시만 봐서는 그림의 주인공이 강태공인지 엄자릉인지 확실히 알 수 없다. 그러나 위수와 엄릉탄을 들먹이는 것을 보면 그림의 주인공을 강태공과 엄자릉과 비교하고 있음은 분명하다. 조어도는 강태공과 엄자릉을 회고하는 계기를 마련해주었고, 감상자 서거정은 조어도를 통해 출처의 의미를 다시 한번 생각해본 것이다.

낚시를 주제로 한 그림이 다수 전해지는 것을 보면 당시에 조어도의 수요가 많았음을 알 수 있다. 내용은 크게 물가나 바위에서 처사가 낚시하는 모습을 그린 것, 한적한 강이나 안개 낀 호수 위에 배를 띄우고 낚시하는 은자의 모습을 그린 것으로 나뉜다. 전자가 낚시 행위 자체에 무게를 두고 있다면, 후자의 경우는 산수 풍광에 매몰된 어옹의 한일閑逸한 모습에 초점을 맞추고 있다.

정선이 그린 〈한암조어도閑巖釣魚圖〉를 보자. 이 그림은 도포를 입은 한 처사가 혼자 바위에 앉아 낚싯대를 드리운 채 수면을 응시하고 있는 모습을 그렸다. 가로 70.3센티미터, 세로 117.2센티미터로 비교적 규모가 큰 그림이지만 인물을 중심으로 하는 소경산수小景山水 형식을 취하고 있다. 그림만 봐서는 주인공이 강태공인지 엄자릉인지, 아니면 보통 낚시꾼인지 구별하기 어렵다. 그러나 이 그림을 감상하는 이가 평소에 강태공과 엄자릉의 행적에 대해 잘 알고 있었다면 그림의 뜻을 금방 이해하고 정서를 공유하게 될 것이다.

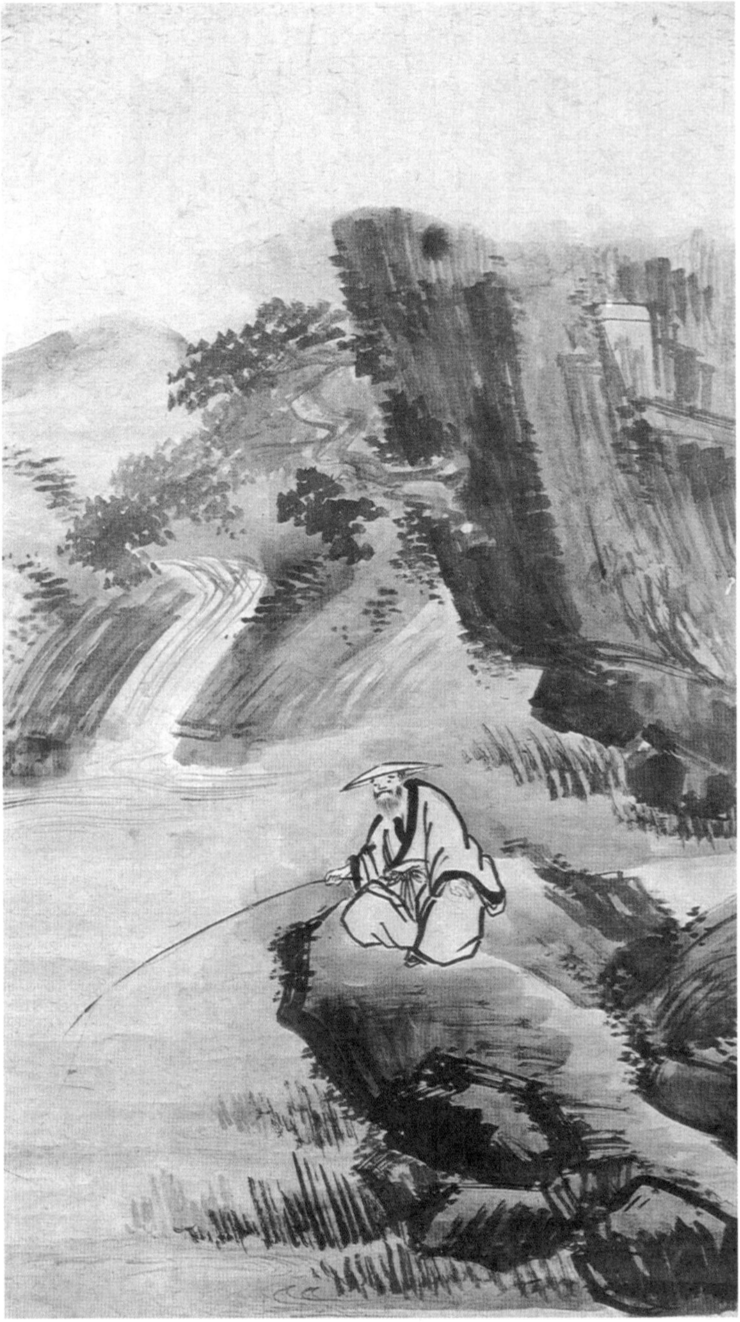

정선의 〈한암조어도〉. 70.3×117.2cm. 국립중앙박물관 소장

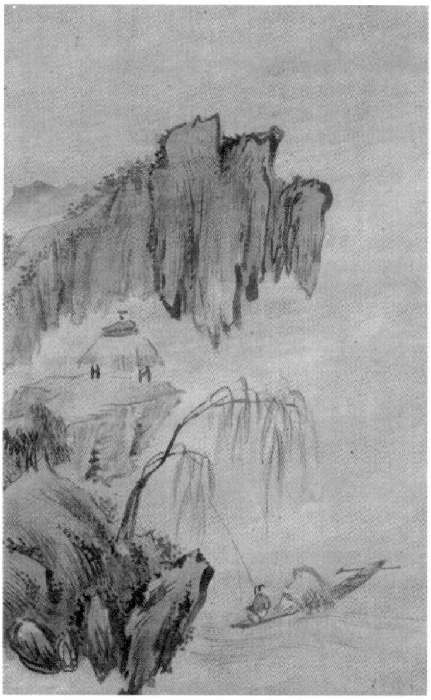

최북의 〈조어산수〉. 종이에 담채. 42.9×66.3cm. 개인 소장

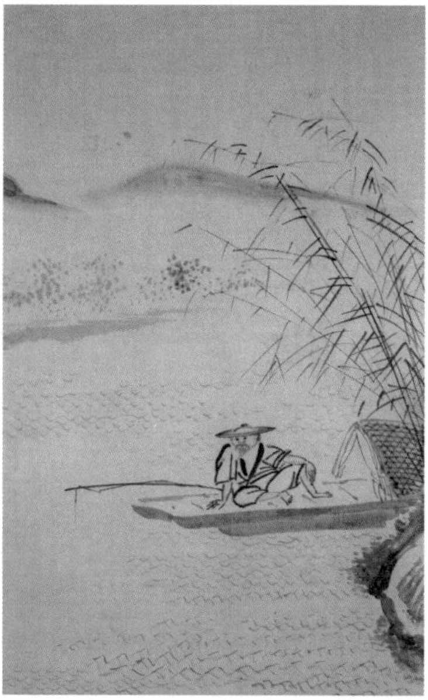

조영석의 〈연파(강상)조어도〉. 견본 담채. 47×78.cm. 국립중앙박물관 소장

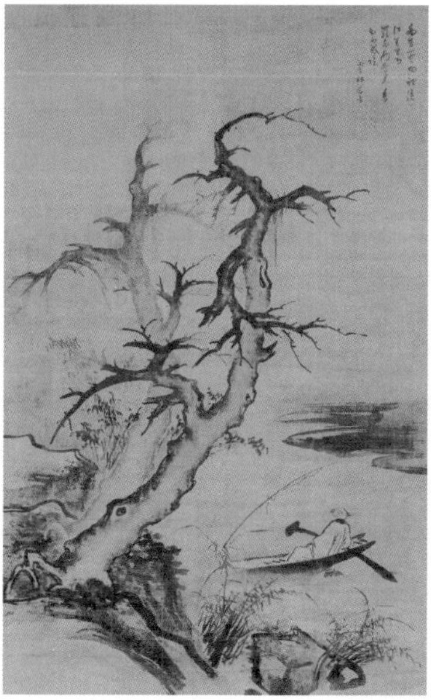

강희맹의 〈독조도〉. 종이에 수묵. 86×132cm. 동경국립박물관 소장

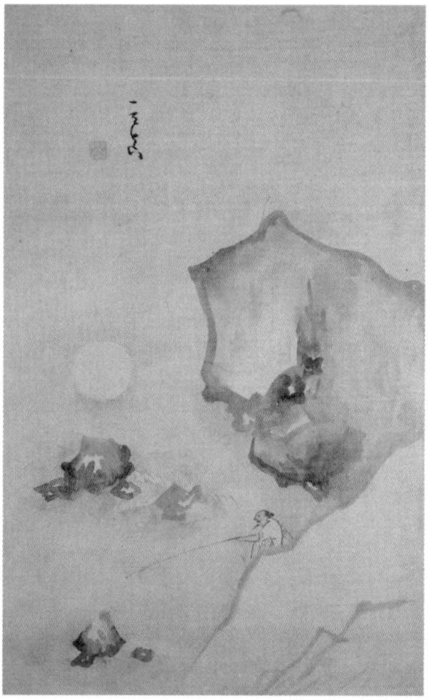

현진의 〈조어도〉. 지본 담채. 37.3×62.1cm. 국립중앙박물관 소장

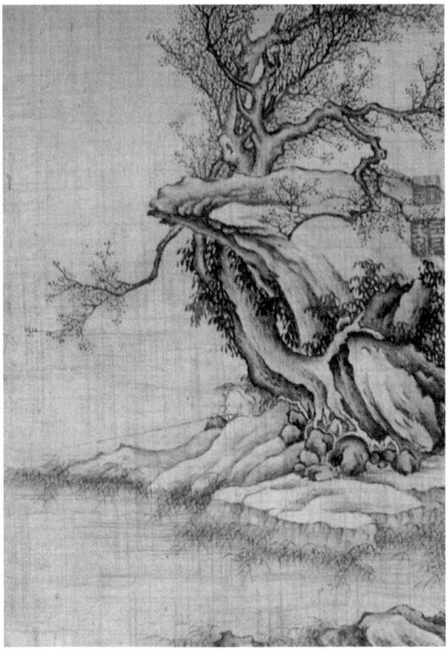

윤두서의 〈조어도〉. 윤영선 소장

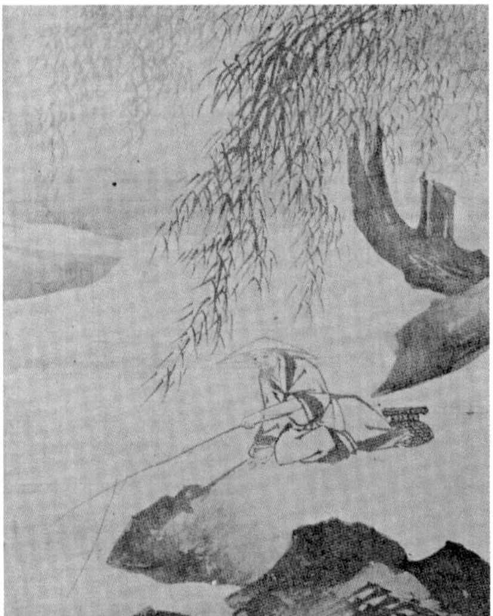

이경윤의 〈유하조어〉 중 일부분

최북의 〈조어산수釣魚山水〉는 익명의 처사가 조각배 위에서 낚시하는 모습을 포착해 그렸다. 정선의 〈한암조어도〉와 달리 낚시하는 사람이 버드나무, 모정茅亭, 바위로 이루어진 산수 경관 속에 매몰되어 있다. 물의 흐름에 자신을 맡긴 주인공은 물아일체의 낙樂을 즐기고 있음이 분명하다. 이 장면은 '출'과 대비되는 '처'의 경지를 암시하는 것으로, '출'의 참된 의미를 아는 감상자라면 이 그림을 더욱 감명 깊게 느낄 것이다.

조영석의 〈연파(강상)조어도煙波(江上)釣魚圖〉는 안개가 뿌옇게 낀 수면에 배를 띄우고 낚시하는 은일 처사를 그렸다. 대삿갓 쓴 처사가 낚싯대를 뱃전에 걸쳐놓고 가장 편한 자세로 수면을 응시하고 있는데, 갈대꽃 바람이 낚싯배를 이리저리 불어댄다. 분위기에 취한 주인공은 가랑비에 옷이 젖어도 집으로 돌아갈 생각을 하지 않는다. 당나라의 은자 장지화가 〈어부사〉에서 "푸른 대삿갓 쓰고 도롱이 걸쳤으니, 비낀 바람 가랑비에 굳이 돌아갈 일 없네(青箬笠 綠蓑衣 斜風細雨不須歸)"라고 읊은 심정과 상통하는 풍경이다.

이와 비슷한 화의를 가진 그림으로 도쿄국립박물관에 소장돼 있는 〈독조도〉가 있다. 이 그림을 그린 강희맹은 조선 전기의 문인이자 관료다. 사대부로서의 관인적 취향과 섬세한 예술적 감각을 가진 인물이다. 그의 〈독조도〉는 '처'의 경지를 표현했는데, 선비들이 일반적으로 지니고 있던 은일 사상을 반영하고 있다.

이 밖에 조어를 소재로 한 그림으로 〈조어도〉(현진), 〈유하조어柳下釣魚〉(이경윤), 〈모우독조暮雨獨釣〉(심사정), 〈동강조어桐江釣魚〉(정선), 〈조어도〉(윤두서) 등 적지 않은 유작들이 전해지고 있다.

* * *

앞서 김시습이 말한 대로 선비가 마땅히 나아가야 하겠기에 벼슬길로 나간 것은 뜻이 빼앗겼다고 말할 수 없고, 마땅히 나타나야 하겠기에 나타난 것은 구차하다고 말할 수 없다. 벼슬을 하지 않는 데도 두 가지 부끄러움이 있다. 그중 하나는 자기 몸을 깨끗이 하고자 하여 대륜大倫을 어지럽히는 것이고, 또 하나는 은둔이라는 이름을 빌어서 그 값을 토색討索하려는 것이다.

임금의 은혜에 보답하기 위해 잠깐 나왔다 가는 벼슬자리라면 더 이상 머뭇거리거나 미련을 두지 말고 떠나는 것이 당연하다. 그렇지 아니하고 재상 자리에서 임금의 선정善政을 돕고 사회의 도덕과 풍기를 다스리는 중책을 맡았다면 쉽게 물러서는 것도 참된 도리가 아니다. 이것이 출처의 본래 의리이자 거취의 참된 도리다. 옛 선비들이 조어도를 특별히 애호한 것은 조어도에 출처의 도리에 대해 번민하는 자신들의 모습이 투영되어 있었기 때문이다.

10

연좌제의 질곡 속에서 누린 원천적 자유
김시의 〈목우도〉

김시金禔(1524~1593년)는 조선 선조 연간에 활동했던 선비 화가다. 여러 화목을 섭렵했으나 특히 소에 깊은 관심을 가지고 〈와우도臥牛圖〉(간송미술관 소장) 등 많은 소 그림을 남겼다. 그의 아버지 김안로金安老(1481~1537년)가 권력 남용으로 사사賜死된 후로 연좌제에 걸려 초야에 묻혀 살 수밖에 없었던 김시에게 그림은 답답한 현실에서 벗어날 수 있는 탈출구이자 정신적인 안식처였다.

예술은 미적 견지에서 세계를 인식하고 표현한다는 것이 보편적 인식이다. 그러나 조선의 문인들은 단순히 미를 추구하기보다는 서화 활동을 통해 그 너머에 있는 최상의 가치에 이르고자 했다. 말하자면 그들은 그림을 인간의 궁극적 가치를 추구하고 인격을 완성하는 수단으로 활용했다. 김시의 소 그림은 한결같이 여유롭고 평화롭고 고요하다. 그것은 아름답다는 말로 표현하기 어려운 어떤 궁극적이고 근원적인 세계의 한 자태이며, 선비 화가의 깊은 사유의 세계를 보여준다.

역적의 자손으로 전락하다

— 김시를 이해하기 위해서는 먼저 그의 아버지 김안로의 정치행각을 살펴볼 필요가 있다. 그는 21세인 연산군 7년(1501년)에 진사進士가 되고, 중종 원년(1506년)에는 별시문과에 장원급제하여 화려하게 관계에 등장했다. 성균관 전적과 홍문관 수찬, 사간원 정언, 홍문관 부교리 등의 자리를 거쳐 직제학, 부제학, 대사간으로 승진을 거듭했다. 아들 김희金禧가 장경왕후의 딸인 효혜공주孝惠公主와 결혼한 뒤부터는 권력을 남용하는 일이 잦아 영의정 남곤, 대사헌 이항 등으로부터 탄핵을 받았다. 기묘사화(1519년) 때는 조광조 등과 함께 유배되는 정치적 굴곡을 겪었다.

1527년에 남곤이 죽고 그 일파가 실각되자 다시 정계로 나와 이조판서를 거쳐 우의정이 되고, 이듬해에는 좌의정에 이르렀다. 유배와 등용이라는 정치적 널뛰기를 겪은 김안로는 정적이라면 종친이나 공경公卿이라도 축출해내 살해하는 등 공포정치를 펼쳤다. 문정왕후의 폐위를 도모하다가 중종의 노여움을 사게 된 김안로는 결국 김시의 혼례식 날 하객들이 모인 가운데 중종이 밀지를 내린 윤안임과 대사헌 양연에 의해 체포되었다. 당시의 상황을 김시양의 《부계기문涪溪記聞》에서는 이렇게 기록하고 있다.

> 지금까지 김안로는 임금의 총애를 받아 그의 집에 사소한 예식만 있어도 반드시 임금이 궁중의 사온서에서 빚은 술을 내렸다. 이날은 안로의 아들 김시를 장가보내려고 하여 빈객이 집에 가득했다. 그런데 날이 저물었는데도 내온內醞(임금이 신하에게 내리는 술)이 내려오지 않으므로 안로가 괴이하게 여기던 차에 갑자기 금부도사가 닥치니, 빈객들 중에는 창황히 담을 넘어 도망하는 자가 많았다. 안로가 포박되면서 아들 김시에게 '오늘을 당해 남이 누가 우리와 혼인하겠느냐?'라는 말을 남겼다. 그 후 갈원葛院에 이르렀을 때 사사되었다.

권세를 추구하여 앞만 보고 달렸던 김안로의 말로였다.

앞서 김안로는 연산군 7년인 1501년에 시행한 생원·진사 시험에서 진사시에 합격했으므로 당연히 합격자 명단인 〈홍치십사년신유사마방목弘治十四年辛酉司馬榜目〉(보물 제1464호, 계명대 동산도서관 소장)에 올랐다. 그런데 당시 시험관이었던 남곤과 함께 김안로의 이름이 먹으로 지워진 것이 최근에 확인되었다. 누가 한 짓인지는 알 수 없지만 역적과 이름을 나란히 할 수 없다고 생각한 어떤 사람이 그랬을 것으로 여겨진다. 김안로는 이처럼 사후에도 역적으로 지탄받았던 것이다.

조선시대에는 죄인이 저지른 죄를 가족에게도 묻는 연좌제連(緣)坐制가 시행되었다. 죄인을 처벌할 때 이 제도에 따라 삼족三族을 함께 처벌했는데 삼족이란 본인의 친가, 외가, 그리고 배우자의 집안을 가리킨다. 가족뿐만 아니라 스승과 제자, 친구 등 비혈연관계의 사람들도 연대 책임을 물어 처벌하는 경우도 많았다. 대역죄나 국가 반역 행위, 왕이나 귀족 등에 도전한 자들은 사형에 처해졌고, 사형당한 중범죄자의 일족에게도 같은 형벌을 내리거나 가산을 몰수하고 노비로 삼는 등의 형벌을 가했다. 김안로가 반역 죄인으로 사사되었으니 그 화禍가 고스란히 아들 김시와 가족, 친척들에게 미치게 된 것은 당연한 일이었다.

'처處'를 강요당한 자의식 강한 처사處士

— 선비 집안의 아들들은 대부분 벼슬길로 나아가려는 포부를 갖는다. 특히 집안이 빈한하고 어버이가 연로한 집안의 아들의 경우는 녹봉을 구해 정계로 나가 명예를 얻는 것을 지극한 효의 실천으로 여겼다. 그런데 일찍부터 벼슬자리에 오르기 위해 열심히 공부하

여 학식이 깊어졌다 해도 모두 원하는 녹봉과 명예를 얻게 되는 것은 아니었다. 지체가 변변치 못한 가문이나 궁벽한 마을 출신은 자력으로 출세하기가 쉬운 일이 아니었다. 이런 현실 속에서 역적의 아들로 낙인 찍혀 과거 시험에 응시할 수 있는 자격조차 박탈당하고 목숨을 부지하는 것만도 다행으로 여기며 살아갈 수밖에 없는 경우라면 그 암울하고 참담한 심정은 말로 다 할 수 없을 것이다.

스스로 군자를 자처한 선비들은 소인小人들이 득세하는 세상에서 자신의 정치적 이상을 펴기 어렵다고 판단되면 과감히 사직하고 향리에서의 은둔을 택했다. 그런데 '출出'과 '처處' 양쪽에 동등한 의미를 부여했던 선비들에게 세상에 나가 벼슬하거나 숨어 은둔하는 것은 옳고 그름의 문제가 아니라 선택의 문제였다. 그러나 김시에게는 당초부터 '출'을 선택할 자격조차 없이 '처'만 강요당했다.

'처'를 택한 선비들은 대개 산수 속에 은둔하면서 은일을 추구하며 시가詩歌나 서화에 몰입하는 경우가 많았다. 세속을 멀리하며 살면 정신세계가 깊어지고 예술 활동에 대한 집중도가 높아지는 경향이 있다. 조선 시대 시가 문학의 걸작들 대부분이 벼슬을 그만두고 귀향해 살 때나 유배 생활을 할 때 탄생한 사실이 이를 증명한다. 김시는 사방이 꽉 막힌 현실 속에서 탈출구를 찾아 헤맸고, 그 길을 그림에서 찾았던 것이다.

김시는 자신에 대한 기록을 남기지 않았고, 다른 사람이 쓴 그에 대한 기록도 많지 않다. 그것은 역적의 아들로 살아갈 수밖에 없었던 암울한 현실 때문이었을 것이다. 그런 상황에서도 그의 성격을 이해하는 데 도움을 주는 다음과 같은 기록이 전해지고 있다.

> 백사白沙 이항복李恒福(1556~1618년)이 젊었을 때 자못 그림에 뜻이 있었다. 당시 김시가 그림으로 명성이 높았으므로 항복이 화법을 배우고자 김시와 친한 사람의 소개 편지를 받아서 김시의 집에 찾아가 먼저 편지를 전했다. 그런데 김시가 그림을 구하려는 자로 오인하여 편지를 보지도 않고 거만스럽게 흘겨보면서 예를 갖추지 않았다. 항복은 한탄스러워 찾아온 목적을 말하지 않은 채 그대로 물러나왔고, 결국 그림에 종사하지 않았다. 재주를 믿고 남에게 교만을 부리는 것은 이 무리들에게 늘 있는 모습이니, 백사에게는 도리어 지덕을 닦는 데 도움이 되었던 것이다(《어우야담》).

이항복은 자신을 대하는 김시의 행동을 보고 기분 나빠했지만, 그것은 자기중심적인 판단일 수도 있다. 대개 예술의 높은 경지를 추구하는 선비 화가의 경우 그림 그리는 일이 직업이 아니기 때문에 초보자에게 그림을 가르쳐준다거나 그림을 남에게 잘 팔지 않는다. 혹여 선물을 할 경우라도 그림의 진가를 이해하고 정서를 공유할 수 있는 사람에게만 건네주는 것이 보통이다. 그림이 생계 수단이 아니라 자신의 내면세계와 자연의 이치를 드러내는 방편이며, 그림을 그리는 행위가 자신이 살아가는 의미이기 때문이다.

추사 김정희가 그의 〈부작란도不作蘭圖〉에 쓴 글 중에는 이런 대목이 있다.

> 오소산이 이 그림을 보고 얼른 빼앗아 가려 하는 것을 보니 우습구나吳小山見而 豪奪可笑.

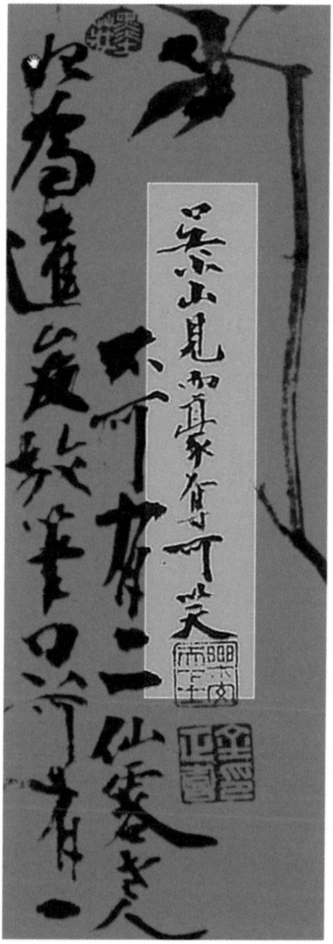

김정희의 〈부작란도〉. '吳小山見而 豪奪可笑'라는 글이 보인다

그림의 본뜻은 이해하지도 못하면서 그림만 탐내는 미련함을 꼬집고 있지만, 한편으로는 상대의 마음을 헤아리지 않는 위대한 예술가의 자만심이 드러나는 대목이기도 하다. 그림의 깊은 뜻을 굳이 말로 설명하면 오히려 진성眞性으로부터 멀어질 뿐이다. 그렇기 때문에 소산 스스로가 그림의 뜻을 터득하면 좋으련만, 그럴 것 같지도 못하면서 그림만 탐내어 가져가려고 하니 가소롭다는 것이다. 김시 역시 이항복에게 김정희와 같은 태도를 보인 것

으로 이해된다. 그러나 백사 입장에서는 기분이 좋지 않았을 것이다.

다른 기록을 보면 김시는 대머리였던 모양이다. 그가 한번 홍주洪州에 갔을 때 자기와 친한 그곳 군수가 기생 한 명을 천침薦枕했다. 그 기생은 나이가 어렸는데, 자기의 벗겨진 머리를 보고 싫어할 것을 염려하여 감투를 쓴 채 잤다. 그런데 김시가 아침에 일어나더니 기생에게 "기생은 그래도 처신이 발라야 하는데, 들은즉 너는 늙은 중僧놈과 좋아한다니 그런 법이 어디 있느냐"고 따졌다. 그때만 해도 승려를 천시하던 때라 기생이 그 말을 듣고는 하도 기가 막히고 분하여 자꾸 울기만 했다. 안 되겠다 싶었던지 김시가 감투를 벗으며 "머리가 없으면 다 중이지 중이 별사람이냐" 하고 웃자 기생이 따라 웃고는 어느 겨를에 머리 벗겨진 것을 잊고 잘 놀았다 한다(《별건곤》 제18호 1929년 1월 1일).

위의 기록을 통해 보면, 김시는 그림에 관한 한 남에게는 교만으로 비쳐질 정도로 자의식이 강했지만, 한편으로 자유분방한 예술가적 기질도 동시에 가지고 있었던 것으로 여겨진다.

오묘한 경지에 이른 그림 세계

— 그림은 자신의 감정과 사상을 소재라는 가형假形을 통해 가시화하는 예술이다. 그런데 평생 그림을 연마한 직업 화가라 해도 정

밀하고 교묘한 단계에 진입하는 경우가 흔치 않다. 더구나 오묘한 경지에 이른 경우는 어쩌다가 한둘이 있을 뿐이다. 그런데 선비 중에는 직업화가들처럼 열심히 그림 공부를 하지 않았으면서도 오묘한 경지에 오른 예가 있다. 그것은 기본으로 갖춘 문사文士, 묵객의 풍도 위에 하늘이 부여한 재능이 더해졌기 때문인데, 김시의 경우가 바로 그런 사례에 속한다. 그의 필치는 인물, 산수, 영모, 초충에 정묘치 아니함이 없었는데, 당대의 간이당 최립의 문장과 한호의 명필과 더불어 삼절三絕로 일컬어진 것이 우연은 아니었다.

유배되거나 타의에 의해 은둔의 길로 내몰리게 되면 대인 관계와 활동 영역이 갑자기 좁아지는 반면, 시간적 여유는 넘쳐난다. 정치를 떠나 있으니 찾아오는 사람도 없다. 그래서 외롭고 답답한 심정을 달래기 위해 글재주 있는 사람은 글을 쓰며 소일하고, 그림 재주가 있는 사람은 화필을 농한다. 이런 생활을 통해 문인의 문학적 소양은 더욱 빛나고 화가의 그림 실력은 오묘한 경지에 이르게 된다. 김시가 바로 후자에 해당하는 경우라 할 수 있다.

한 작가의 작품을 바르게 이해하고 감상하기 위해서는 그것을 그린 화가의 세계관과 가치관, 인생관에 대한 깊은 통찰이 필요하다. 그와 함께 그림의 소재가 가진 상징적 의미를 살피는 것도 매우 중요하다. 그림의 소재는 화가가 표현하고자 한 화의畵意를 가시화하는 수단이자 방편이기 때문이다. 김시는 다양한 화목畵目을 소화했으나 그중에서도 소 그림을 잘 그리기로 정평이 나 있다. 실로 그의 소 그림은 여느 소 그림과 달리 조급하고 시끄러운 세상을 초월한 자족과 평화, 여유가 충만해 있다. 동시대의 고사高士들도 이 점을 주시했는데, 거유巨儒 퇴계 이황도 김시가 소 그림을 통해 표현하려 했던 심회를 공유하면서 다음과 같은 제시를 남겼다.

야외에 한가로이 놓아기르는 소	野外放閒牧
발굽 들어 스스로 가려움을 긁네.	擧蹄自摩痒
천년 세월 도연명의 뜻이	千載陶公意
사람을 늘 감탄케 한다.	令人感歎長
복숭아나무 숲에 봄풀이 자라니	桃林春草長
배불리 먹고 엎드려 새김질할 때	飽食臥呞時
스르르 잠에 빠져 움직이지 않으니	從今眠不動
융복 물리치는 꿈을 꾸고나 있지 않을까	無夢逐戎衣

(《퇴계선생속집退溪先生續集》 권2 시 〈제금제화우첩병진題金禔畫牛帖丙辰〉)

이 시에서 '천년 세월 도연명의 뜻'은 세속을 떠난 은자의 유유자적한 삶을 나타내는 상징어다. 그리고 '융의戎衣(문신이 전시에 임금을 호종扈從할 때 입던 옷)를 물리치는 꿈'이라는 말은 벼슬을 하지 않겠다는 의미이다. 김시는 평소 은일을 동경해왔던 자신의 심회를

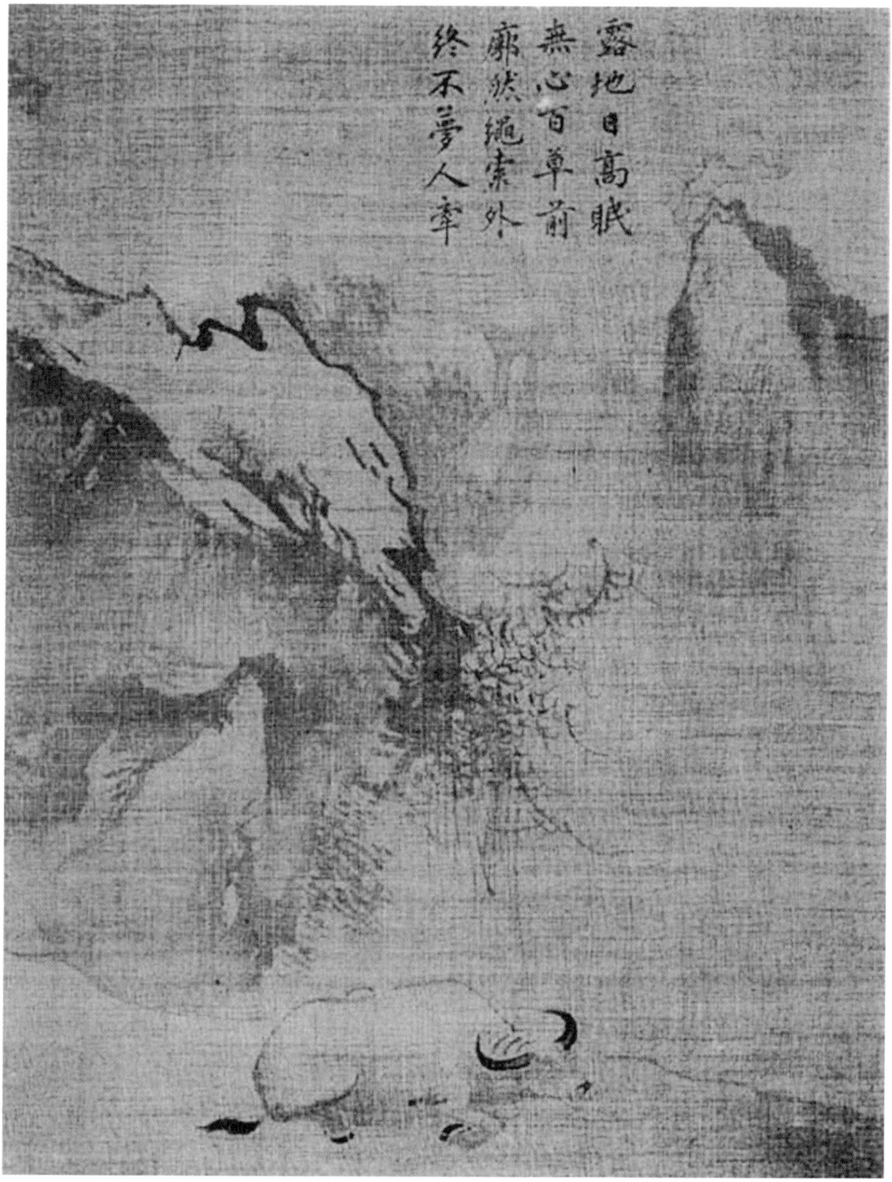

김시의 〈목우도(牧牛圖)〉. 견본 수묵. 37.2×28.1cm. 일본 개인 소장

소에게 의탁했고, 퇴계는 그림의 소를 통해 김시의 심경을 읽어낸 것이다. 말하자면 김시의 소 그림은 화가 김시와 감상자 퇴계 사이에서 정서를 전달하는 매개체 역할을 했던 것이다. 그러므로 김시의 소 그림은 단순한 동물화가 아니라 사의적寫意的인 그림이라 말할 수 있다.

소가 은일, 무심無心의 상징으로 인식된 것은 소 자체가 가진 속성과 의태에 기인한 측면도 있지만, 일찍이 장자가 소에 대해 다음과 같이 말한 내용과 관련이 깊다.

> 당신의 지혜를 버리고 태도를 통일하기만 하면 신명神明이 그대 몸에 머물게 되어 덕이 그대를 아름답게 만들 것이고, 도가 그대의 거처가 될 것이다. 그러면 그대는 갓 태어난 송아지처럼 무심하게 되어 사물의 연고를 따지지 않게 될 것이다(攝汝知一汝度 神將來舍 德將爲汝美 道將爲汝居 汝瞳焉如新生之犢而無求其故)(《장자莊子》 외편 지북유知北遊)

장자는 탐욕과 시비를 초월한 무위無爲의 경지를 무심한 송아지에 비유했다. 간단한 말이지만 옛 성현의 말을 금과옥조로 여기는 상고주의 정신은 이 말의 뜻을 깊이 새기고 있었던 것이다.

소를 무심과 은일의 상징으로 보는 관념은 김시뿐만 아니라 조선 선비들의 보편적 관념이었다. 조선 후기의 선비 허목이 〈목우도牧牛

圖〉를 본 소감을 피력한 다음의 글에서도 이 점은 잘 나타난다.

> 어떤 분이 오전중吳殿中을 따라와 〈목우도〉를 나에게 보여주었는데 우경雨景과 설경雪景, 두 가지로 시냇가에 늘어선 숲과 들판에서 노는 소의 그림이었다. 다니는 놈, 서 있는 놈, 풀을 먹는 놈이 있고, 목동들 가운데는 소를 타고 있는 자와 내려와 있는 자들이 있으며, 도롱이 입은 자와 삿갓 쓴 자와 낚싯대를 잡은 자들도 있다. (중략) 내가 다른 일 없이 늘그막에 밭 갈고 소 먹이면서 화전을 일구어 조(秫)를 심기도 하고, 들판에서 소에게 여물을 먹이며 시내에서 낚시질도 하다가 해가 저물어 노을이 지고 어둠이 내리면 낚시를 걷어 소를 몰고 돌아오는데 이것이 내가 밭 갈고 소 먹이면서 즐기는 낙이다(《기언記言》〈목우도기〉).

한편, 소는 노자의 행적과 연결되면서 도가의 상징으로 여겨졌다. 전하는 바에 의하면, 중국 주周나라 강왕康王 시대에 노자는 어지러운 세상에 자신의 뜻을 펴고자 했으나 그를 시기하는 사람들이 저지하자 모든 것을 털어버리고 서역으로 떠나갔다. 이 때 푸른 소를 타고 갔는데, 서역으로 통하는 관문인 지금의 하남성河南省 영보현靈寶縣 남서의 함곡관函谷關을 지날 때였다. 서광瑞光을 배경으로 푸른 소를 타고 지나가는 노자를 보고 범상한 인물이 아니라고 직감한 문지기 윤희尹喜가 그에게 교훈이 될 말을 청하니, 노자는 5천여 언言을 남기고 어디론가 홀연히 사라졌다고 한다. 이렇게 탄생한 《도덕경》은 후세 선비들의 정신세계에 큰 영향을 끼쳤다. 소와 함께한 노자의 행적은 초세와 은일의 상징으로 인식되었다. 선비들은 노자를 흠모하는 마음에서 노자 출관出關 고사故事를 그린 〈노자출관도〉나 〈청우출관도〉, 〈노자기우도〉 등을 즐겨 완상玩賞했다.

소에게서 찾은 원천적 자유와 해탈의 경지

— 동양의 예술은 아름다움만 추구하지 않는다. 때로 심회 표현의 수단이 되기도 하고, 답답한 현실을 벗어나기 위한 탈출구가 되기도 한다. 김시의 소 그림은 소 자체의 아름다움을 묘사한 동물화가 아니라 평소 그가 동경하던 은일의 경지를 소를 매개로 표현한 다분히 사의성思意性 짙은 그림이다. 그의 대표작 〈목우도〉(일본 개인 소장)를 보면 잘 알 수 있다. 화면 왼쪽에 절벽처럼 보이는 가파른 암벽이 펼쳐져 있고 그 아래에 엎드려 자는지 졸고 있는지 모를 소 한 마리가 그려져 있다. 그리고 화면 위쪽에는 다음과 같은 제시題詩가 쓰여 있다.

노지에 해가 높이 떴는데 잠자고 있으니	露地日高眠
백초 앞에 무심하다	無心百草前
확연하여 고삐로부터 자유로우니	廓然繩索外

사람에게 끌려가는 꿈은 끝내 꾸지 않는다　　終不夢人牽

시화일체사상詩畫一體思想의 관점에서 보면 시는 형체 없는 그림이고, 그림은 소리 없는 시다. 그래서 시로써 그림으로 들어갈 수 있고, 그림으로써 시에 들어갈 수 있다. 그림은 시의 내용을 시각화한 것이고, 시는 그림의 숨은 뜻을 드러내는 통로다. 〈목우도〉의 제시는 김시가 평소에 어떤 눈으로 소를 바라보았고, 또 어떤 심정에서 소 그림을 그리게 된 것인지를 알게 해준다.

〈목우도〉 제시의 핵심 주제어는 '노지露地', '무심無心', '확연廓然', '인견人牽'이다. '노지'는 아무것도 덮인 것이 없는 드러난 땅, 곧 계외界外의 편안한 곳에 비유하는 불가佛家의 말이다. 《법화경》〈비유품〉에 '노지백우露地白牛'라는 말이 나온다. 번뇌, 오염이 없는 청정 경지의 일승교법一乘教法을 소에 비유한 것이다. '무심'은 모든 마음의 작용이 소멸되어 번뇌와 망상이 소멸된 상태를 말하고, '확연'은 모든 분별이 끊어지고 소멸되어 텅 비고 확 트인 상태, 또는 분별 이전의 횅한 상태를 말한다. 그리고 '인견'은 사람이 소

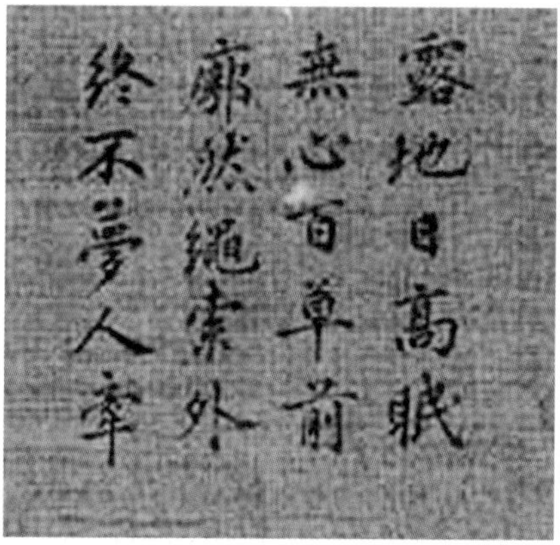

— 〈목우도〉 화제

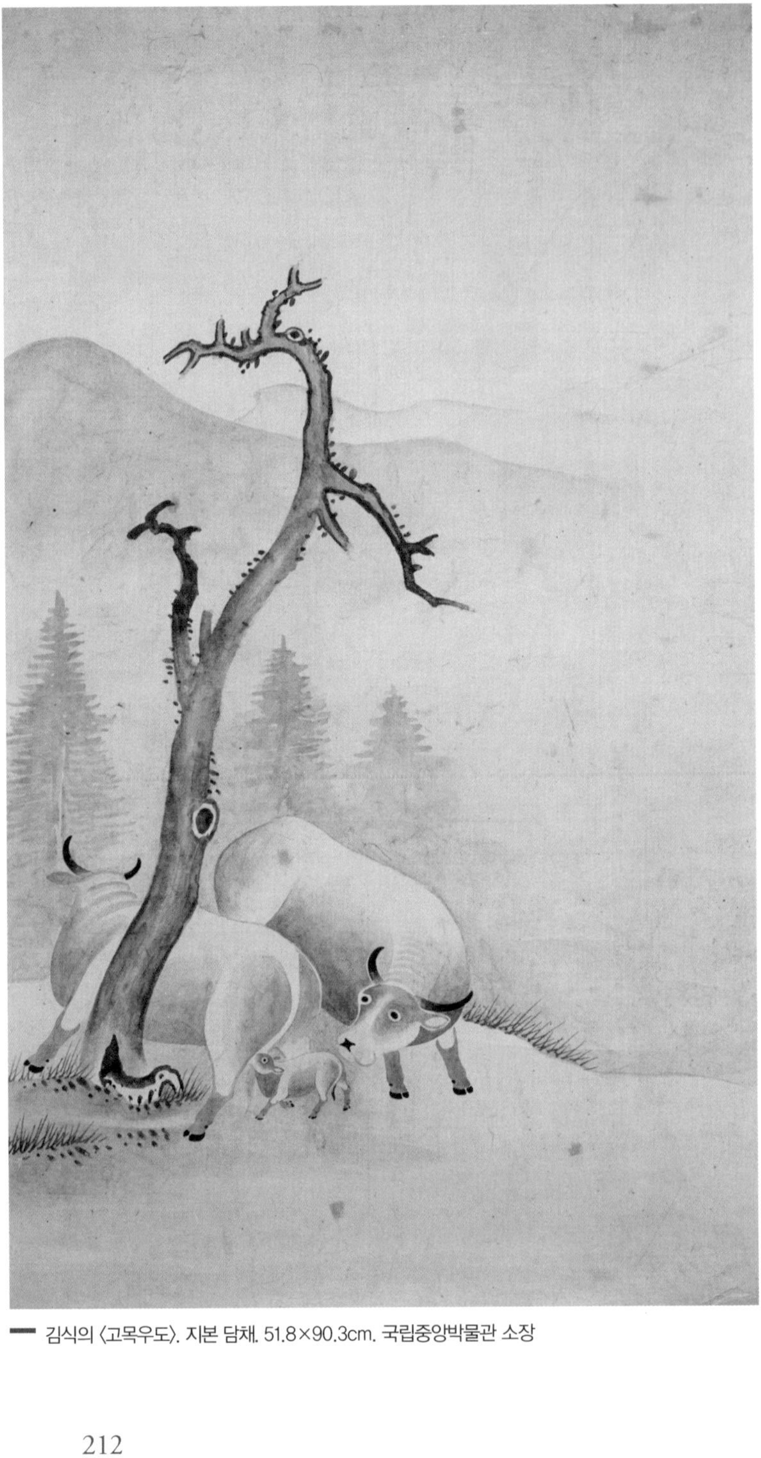

김식의 〈고목우도〉. 지본 담채. 51.8×90.3cm. 국립중앙박물관 소장

를 끌고 가는 것을 두고 하는 말이니 소의 입장에서는 끌려가는 상태가 된다. 결국 김시는 무심하고 확연하여 분별과 망상이 끊어진 상태에서 원천적 자유를 누리고 싶은 마음을 〈목우도〉를 통해 표현한 것으로 볼 수 있다.

김시가 추구했던 무심하고 은일한 세계는 증손자 김식의 소 그림에서 다시 펼쳐진다. 김식의 아버지 봉선奉先은 원래 김안로의 삼남인 김희의 차남이다. 작은아버지인 김시의 후사가 없어 양자로 출계했기 때문에 그의 양손자가 되었다. 김식은 산수화도 잘 그렸으나, 그를 유명하게 만들어준 것은 독특한 소 그림이다. 조선 중기의 가장 유명한 소 그림 전문 화가였기 때문에 웬만한 소 그림은 모두 그의 작품으로 불릴 정도였다.

* * *

양반 자손들에게는 불리한 정치 상황이 자신의 시화 수준을 더욱 높고 깊게 하는 기회가 되기도 한다. 김시처럼 그림 재주를 타고난 사람일 때 그럴 가능성은 더욱 높아진다. 세도가의 자손들이 다투어서 벼슬길에 올라 덕행으로 혹은 정치가로서 이름을 날리고 있을 때 김시는 홀로 조용히 그림을 그리고 풍월을 읊으면서 천고의 고인古人을 벗했다. 그는 은둔하면서 재앙의 씨를 끊고, 자신을 채찍질하면서 본성을 확인하기를 부지런히 했다. 가슴에 품은 뜻이 고결했기에 그림이 전아典雅하고, 지향한 바가 청렴했기 때문에 고상한 운치가 그림에 배었다. 김시가 화가로서 이름을 날린 것은 역설적이게도 김시가 권력 남용과 역적 모의로 사사당한 아버지 김안로의 아들이었기 때문이라 할 수 있다.

11

울분과 탄식의 시여
심사정의 〈탁목조〉

— 심사정沈師正은 철저한 은둔 화가였다. 그의 작품에 제시題詩를 남긴 문인들이 거의 없다. 그것은 아마도 역모 죄인의 자손으로 태어난 심사정과 관계를 맺는 것을 꺼려하는 분위기 때문이었을 것이다. 그는 어린 시절부터 늙어 세상을 뜰 때까지 50여 년간 우환이 있거나 즐겁건 간에 하루도 붓을 놓은 적이 없었다. 몸이 불편하여 보기에 딱할 때도 물감을 다루면서 궁핍하고 천대받는 쓰라림이나 모욕받는 부끄러움 같은 것은 염두에 두지 않았다.

그의 그림 실력은 귀신도 감동시킬 정도의 수준에 이르러 멀리 중국 땅까지 알려졌고, 그림을 아는 자나 모르는 자나 사모하여 좋아하지 않는 자가 없었다. 그 경지에 오르게 된 것은 타고난 재주도 재주거니와 당쟁으로 몰락한 가문의 자제로서 사회적 성취를 이루지 못하는 데 대한 불만을 오직 화업畵業으로 승화시킨 결과였다.

몰락한 세도가의 자손

— 심사정은 자가 이숙頤叔이고 호가 현재玄齋다. 1707년 죽창 심정주와 하동정씨 사이에서 둘째로 태어났다. 그의 증조할아버지 심지원(1593~1662년)은 1623년 인조반정의 일등공신으로, 우의정과 좌의정을 거쳐 영의정까지 이르렀다. 그는 아들이 없어 양자를 들였는데 사촌뻘 되는 심지택의 아들을 택했다. 부인인 안동권씨가 요절하자 부사 윤종지의 딸과 다시 혼인을 했는데, 이 여인이 심사정의 증조할머니다. 심지원 집안과 사돈을 맺은 집안들은 모두 명문 거족들이었다. 심사정의 큰할아버지 익현은 효종의 딸인 숙명공주淑明公主에게 장가들어 효종의 두터운 신임을 받았으며, 작은할아버지 심익창은 조상의 음덕으로 성천 부사를 지냈을 정도로 심지원의 집안은 명문 세도가였다. 그러나 심익창이 숙종대의 기묘과옥己卯科獄에 연루되고 다시 신임사화辛壬士禍의 역적으로 처벌되면서 심씨 가문은 몰락의 길을 걷게 되었다.

기묘과옥은 숙종 25년인 1699년에 단종의 복위를 축하하는 뜻에서 치른 증광문과增廣文科 복시覆試 때 조직적인 부정행위가 발각되어 관련자 수십 명이 3년 동안 투옥과 문초를 받고 합격이 취소된 사건이다. 이때 심익창은 죄상이 발각되어 곽산으로 유배를 갔는데, 바로 이즈음에 심사정이 태어났다. 우여곡절 끝에 유배에서 풀려난 심익창은 또 신임사화에 휘말리게 된다. 즉 1721년(경종 1년) 12월 소론의 김일경 등 7인의 연명 상소로 인한 신축옥사가 일어나고 그 연장선에서 1722년 3월 소론계 목호룡의 고변으로 인해 임인옥사가 일어났는데, 이 두 옥사를 함께 일러 신임사화라 한다.

신축옥사는 연잉군延礽君(영조)의 왕세제王世弟 책봉과 대리청정 추진 과정에서 영의정 김창집, 좌의정 이건명, 영중추부사 이이명, 판중추부사 조태채 등 노론 측 대신들이 국왕인 경종을 능멸한 것은 곧 역적 행위라는 소론 측 주장이 받아들여져 이들과 함께 왕세제의 참정參政을 청하는 상소를 올렸던 조성복 등이 모두 위리안치된 사건이다.

임인옥사는 숙종의 임종 무렵 당시 세자이던 경종을 음해하기 위해 노론 명문가의 자제들이 중심이 되어 '삼수三手의 계책', 즉 자객을 임금의 침전으로 들여보내 왕을 시해하는 방법, 음식에 독약을 타서 왕을 죽이는 방법 등 왕의 전교를 받아 경종을 폐출시키는 방법 등을 모의했다는 목호룡의 고변에 따라 신축옥사로 위리안치돼 있던 이이명과 김창집 등이 경종 2년(1722년) 4월 23일에 사사되는 등 노론계 인사가 대거 처벌, 축출된 사건이다.

1724년에 경종이 죽고 영조가 즉위하자 새로운 상황이 벌어진다. 김일경, 목호룡 등은 신임사화의 죄를 물어 극형에 처해졌고 그에 관련된 사람들도 차례로 삭탈관직, 유배, 사형에 처해졌다. 심익창은 이 일로 여러 번 고문을 받고 옥에 갇혀 있다가 1725년 2월에 세상을 뜨게 된다. 이 사건으로 심사정 가문은 역모 죄인의 후손으로 낙인 찍혀 사대부 사회에서 축출당하면서 영영 재기의 꿈을 꿀 수 없는 폐가로 전락하고 말았다.

연좌제의 후환後患과 고독한 삶

—— 역모 죄인의 후손이라는 오명은 오랫동안 그리고 철저하게 심사정을 괴롭혔다. 심사정의 나이 41세인 영조 24년(1748년) 1월 17일에 궁중에서는 어진 제작을 위하여 어진모사도감을 설치했다. 선원전에 봉안되어 있는 어용御容의 얼굴 부위에 생긴 점흔이 점점 안광眼光을 먹어들어가 다시 그릴 목적에서였다. 화원 장경주가 주관했고, 장득만 · 진응회 · 김희성 · 함세휘 · 정홍채 · 박태환 등이 동참했다. 그리고 관례에 따라 유생들 가운데서 그림에 능한 자를 뽑아 관리 감독을 맡게 했는데 조영석 · 윤덕희와 심사정이 발탁되었다. 심사정이 감동監董으로 참여하게 된 것은 심지원의 사위인 이광하의 손자 이주진의 천거에 힘입은 바가 컸다.

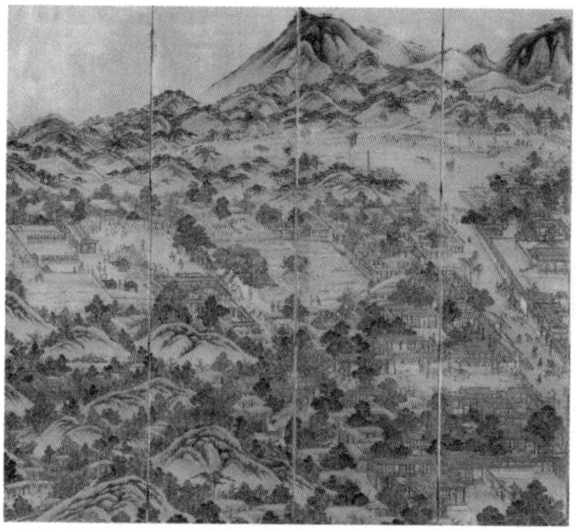

〈경기감영도〉의 일부분. 가운데에 반송지가 보인다. 심사정의 초가집은 반송지 북쪽 산기슭 어느 곳에 있었을 것이다

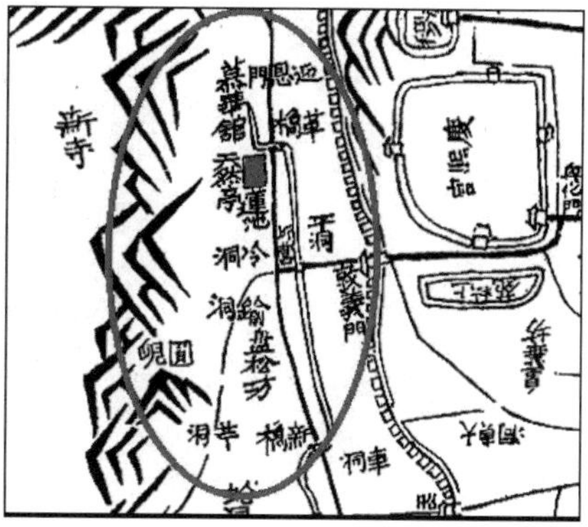

〈대동여지도〉에 보이는 심사정 집 부근 일대. 반송지(연지), 천연정, 모화관 등이 나타나 있다

그런데 도감이 가동된 지 며칠이 안 되어 심사정을 제외해야 한다는 상소가 있었다. 사직司直 원경하가 올린 것으로, 그 내용은 심사정이 역모죄인 심익창의 손자이므로 이런 중대한 역사役事에 참여시킬 수 없다는 것이었다. 왕은 이 청을 받아들여 심사정을 제외토록 명을 내린다(영조 24년 1월 25일). 심사정의 입장에서는 나라의 큰일에 참여하여 새롭게 도약할 수 있는 절호의 기회였으나 단지 심익창의 손자라는 이유 때문에 행운을 놓치고 만 것이다.

심사정은 위대한 화가였다. 그럼에도 불구하고 심사정의 삶의 모습에 대한 기록은 거의 드러나 있지 않다. 우리는 다만 그와 교유했던 이덕무(1741~1793년)의 일기장 속에서 그의 삶의 편린을 엿보는 것으로 만족할 수밖에 없다. 이덕무는 나이 23세인 영조 40년(1764년)

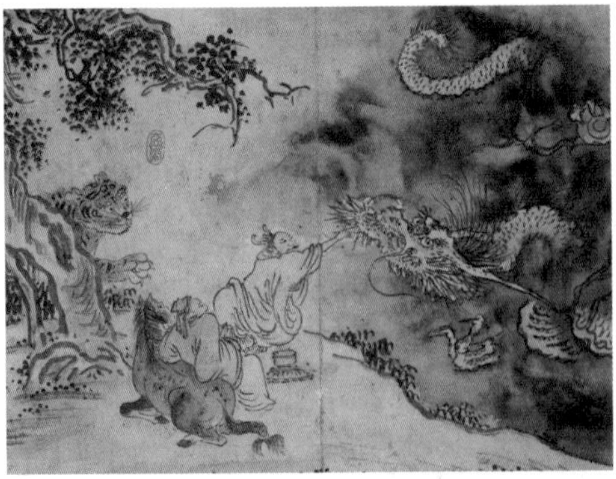

심사정의 〈의룡도〉. 지본 수묵. 25×33.3cm. 서울대학교박물관 소장

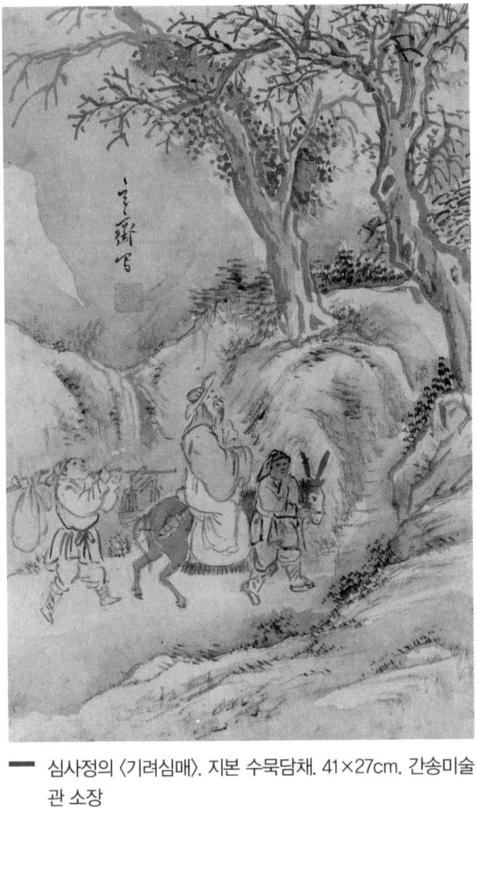

심사정의 〈기려심매〉. 지본 수묵담채. 41×27cm. 간송미술관 소장

9월 18일, 지인 이시복과 함께 덕종의 능인 경릉敬陵 숲속을 거닐면서 석물을 구경하고 다시 무악산 남쪽의 연희궁延禧宮 옛터, 그리고 봉원사奉元寺 등을 둘러본 뒤 반송지盤松池 북쪽 골짜기를 따라 올라가 심사정의 처소를 방문했다.

반송지는 반송방盤松坊(지금의 서울시 서대문구 지역)에 있는 연못으로 모화관慕華館 부근에 위치한 명승지의 하나였다. 서지西池라고도 불린 반송지가에 옛날에는 반송이 수십 보를 덮고 있었다고 하며, 조선 초기에도 그 소나무가 그대로 있어서 반송지라고 불렀다고 한다. 심사정은 이 반송지 북쪽 산골짜기에 초가집을 짓고 칩충蟄蟲처럼 숨어 살면서 그림에 몰두하면서 세상일을 잊으려 하고 있었다.

이덕무가 그의 집을 찾았을 당시 심사정의 나이가 57세였고, 그의 모습은 노경老境에 들어 수염과 머리털이 희끗했다. 집안 분위기는 쓸쓸했지만 동산의 단풍나무와 뜰 앞의 국화꽃이 피어 있어 경색景色이 아름다웠다. 이덕무가 방문했을 때 심사정은 방금 네 폭의 그림을 마친 참이었는데 도사가 하늘로 오르는 용을 구경하고 있는 것, 두 손님이 짙푸른 나무 그늘과 하얀 폭포 사이에 마주앉아 있는 것, 약을 캐느라고 광주리와 도끼를 땅 위에 내려놓은 것, 야윈 노새를 탄 사람 뒤에 초라한 시동侍童이 책을 메고 따르는 모습을 그린 것 등이었다. 모두 고상하여 속됨이라고는 조금도 없는 훌륭한 그림들이었다고 이덕무는 회상했다.

심사정은 그림에만 몰두할 뿐 세상일에 관심을 두지 않았다. 이덕무가 "우리나라의 이름난 산수山水를 널리 구경하지 않았습니까?" 라고 물으니 그는 "다만 금강산과 대흥산성大興山城을 구경했을 뿐 가까이에 있는 북한산도 구경하지 못했네"라고 대답할 정도로 고루함과 궁벽에 치우쳐 돌아설 줄 모르는 사람이었다. 그러나 때묻고 조잡한 사람에 비하면 그의 취지의 빼어남과 의젓함은 천연天淵의 격차와 같았다(이상 《청장관전서靑莊館全書》 〈관독일기觀讀日記〉 참조).

중국에까지 알려진 그림 실력

—— 심사정은 29세 즈음까지는 관아재 조영석(1686~1761년)과 겸재 정선(1676~1759년)과 더불어 그 명성을 같이했다. 이덕무의 눈에 비친 심사정은 그림에 뛰어난 당대의 철장哲匠이었고, 그의 초충과 묵룡墨龍의 그림 솜씨는 누구도 견줄 수 없는 화가였다. 그는 "묵룡은 마치 다가와서 부딪힐 듯하고 수염 끝이 윤기가 나 물방울이 떨어지려 하는 것 같다"고 평가하기도 했다(《이목구심서》). 한편 박제가는 그의 시 〈만이천봉〉에서 "심사정의 필치는 명나라의 구영에 비교된다(玄齋筆比十洲仇)"(《임하필기林下筆記》〈봉래비서蓬萊秘書〉)고 했고, 다산 정약용은 "심사정의 산수화는 매우 원숙하여 그린 흔적이 없다"(《다산문집》)고 높이 평가했다. 이처럼 심사정의 그림 실력은 당대의 내로라하는 문인들로부터 인정을 받고 있었다.

심사정의 그림은 중국 사람에게도 인기가 높았다. 박지원이 종조 4년인 1780년 청나라 건륭제 칠순연 축하 사행단을 따라 북경에 가는 도중 무령현 성안 거리의 서학년이라는 사람의 집에 들렀을 때의 일이다. 마침 호응권이란 소주蘇州 사람이 화첩 하나를 들고 와서 하는 말이 초저녁 때 자신의 점포에 찾아온 조선의 김씨라는 자로부터 문은紋銀(품질이 우수한 은) 3냥 5푼을 주고 산 것이라고 했다. 화첩을 살펴보니 정선과 심사정의 그림이 포함돼 있었다. 그런데 화첩 주인은 겸재와 현재라는 별호別號만 쓰여 있을 뿐 관기款記가 없으므로 패물을 주면서까지 화가에 대해 고증하여 적어주기를 부탁하니 박지원은 별호를 상고하여 그들의 이름을 적어주었다는 일화가 전해진다(《열하일기熱河日記》〈관내정사關內程史〉).

딱따구리에 자신의 심회를 의탁하다

— 심사정이 그림의 소재로 삼은 대상은 매우 다양하다. 그중에는 자신의 심회를 투영한 그림이 많은데, 한 예가 딱따구리 그림이다. 그의 〈탁목조啄木鳥〉(개인 소장)는 대각선으로 화면을 가르는 매화나무에 정수리가 붉은 딱따구리 한 마리가 매달려 벌레를 쪼는 모습을 포착해 그린 그림으로, 제시 없이 '현재玄齋'라는 별호만 써져 있다.

시화일체사상詩畵一體思想의 관점에서 보면 시로써 그림에 들어가고, 그림으로써 시에 들어가는 것은 같은 이치다. 그러므로 딱따구리를 노래한 시의 뜻을 유추해보면 〈탁목조〉의 화의를 짐작할 수 있다. 다음은 조선 중기의 문신 이응희(1579~1651년)의 《옥담사집》에 수록된 딱따구리 시다. 이 시를 통해서 딱따구리가 선비들 사이에서 어떤 상징적 존재로 인식되고 있었는지를 짐작할 수 있다.

딱따구리가 빈 나무에 매달려	啄木攀空樹

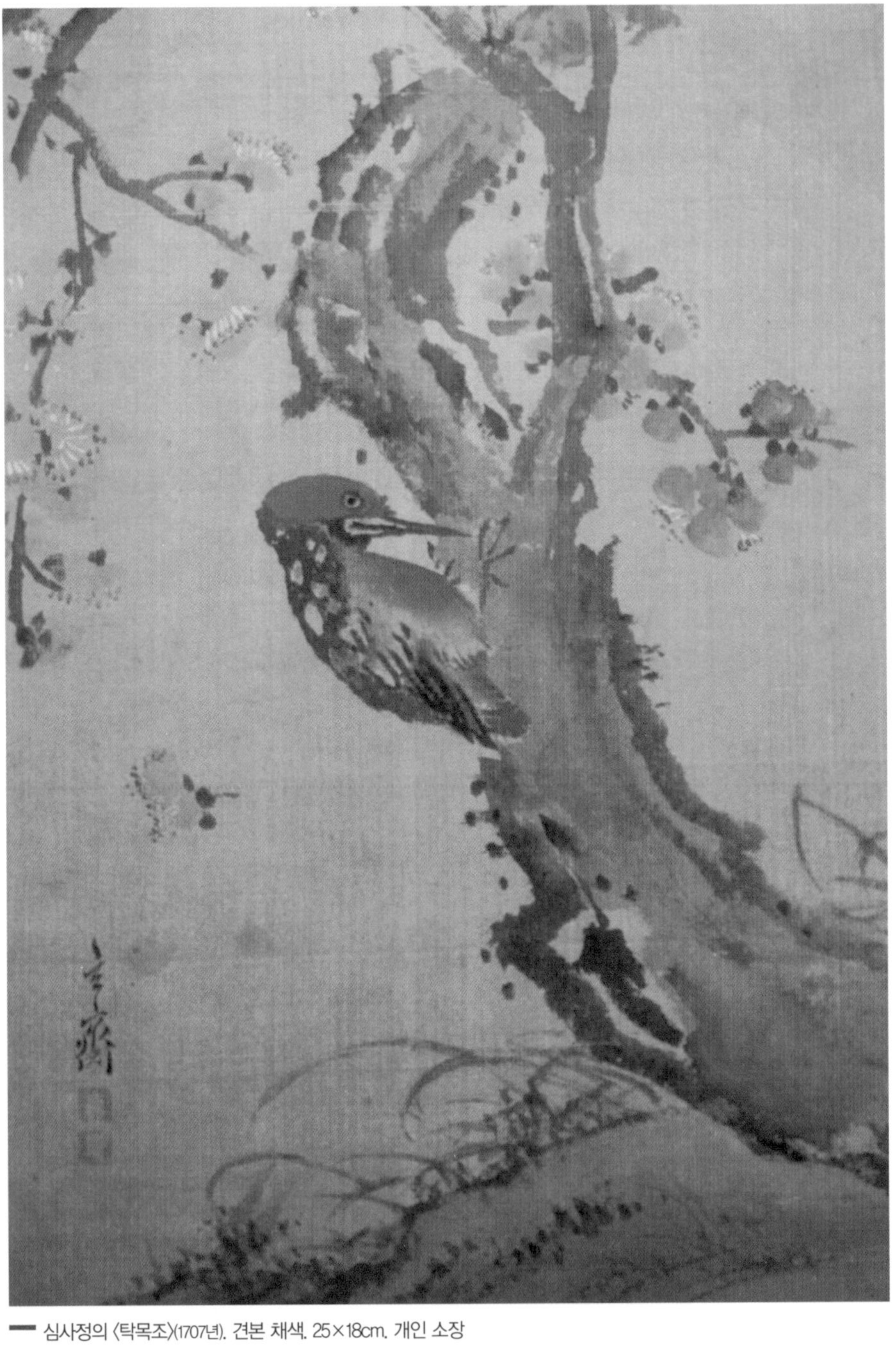

심사정의 〈탁목조〉(1707년). 견본 채색. 25×18cm. 개인 소장

늘 벌레를 쪼아 먹고 사는구나 長年啄蠹蟲
너의 예리한 부리를 가져다가 要將汝利觜
우리 임금 좀먹는 벌레 쪼았으면 還啄蠹君蟲

머리 붉은 새가 도리를 알아서 絳幘頗知道
반드시 낮은 데로부터 높이 오르네 昇高必自卑
가지에 매달려 늘 벌레를 쪼아 먹으니 攀枝長啄蠹
해로운 것을 제거할 줄도 잘 아는구나 除害亦能知

위의 시에서 "너의 예리한 부리를 가져다가 우리 임금 좀먹는 벌레 쪼았으면"이라는 구절은 실패한 정치가의 눈에 비친 딱따구리의 모습이며, 그것은 간신배들을 골라내는 충신의 환영일 수도, 간신을 척결하는 현명한 왕의 상징일 수도 있다. 또 "머리 붉은 새가 도리를 알아서 반드시 낮은 데로부터 높이 오르네"라고 한 것은 조선 문인들이 모범적 선비로 칭송했던 은나라 탕왕의 신하 이윤伊尹이 "높은 곳에 오를 때는 반드시 아래로부터 시작함과 같으며, 먼 곳에 이름은 반드시 가까운 곳에서부터 시작함과 같다(若升高 必自下 若陟遐 必自邇)"(《서경書經》 〈태갑하太甲下〉)라고 한 말을 인용한 것으로, 나무의 아래쪽에서 위로 올라가는 딱따구리의 습성을 인간의 도리에 비유한 것이다. 또 "나뭇가지에 매달려 늘 벌레를 쪼아 먹으니 해로운 것을 제거할 줄도 아는구나"라고 한 것은 딱따구리가 나무 쪼는 모습을 임금이 간신을 제거하는 것에 비유한 것이다.

같은 정서를 담고 있는 시가 또 하나가 있다. 《동국이상국집》에 실린 시 〈탁목조〉가 그것인데 내용을 보면 다음과 같다.

나무 구멍에서 벌레집 찾아	木穴得蟲藪
딱딱 쪼는 소리 문 두들기는 듯하도다	剝剝如扣戶
너는 오색의 아름다움으로	將汝五色姸
어찌하여 벌레 쪼기를 좋아하느뇨	胡爲好蟲
누가 너의 부리를 빌어	誰能借汝觜
사람 벌레를 쪼아버릴꼬	啄去人中蟲

"누가 너의 부리를 빌어 사람 벌레를 쪼아버릴꼬"라고 한 대목은 자신이 못된 사람을 자력으로 제거할 수 없는 처지에 있음을 자인하면서 딱따구리의 힘을 빌려서라도 나라에 해를 끼치는 사람들을 제거하고 싶은 절실한 마음을 표현한 것이다.

아래에 제시된 시구는 조선 말기의 문신 이만도(1842~1910년)의 《향산집響山集》에 수록된 딱따구리 시의 일부다.

딱따구리 벌레 있는 곳을 잘 알아	啄木善相蟲

나무에다 한 자 깊이 구멍을 뚫네　　啄木一尺深
…
벌레 잔뜩 잡아먹고 훽 날아가니　　一飽忽飛去
고운 모습 구름 산에 찬란하구나　　文采絢雲岑
…
벌레 본디 나무에서 생기는 것이니　　蟲爲木所生
나무 너는 딱따구리 원망을 말라　　而莫怨飛禽
(이만도, 《향산집響山集》, 〈탁목啄木〉)

"벌레 본디 나무에서 생기는 것이니 나무 너는 딱따구리 원망을 말라"라는 대목에서는 나무를 조정에, 벌레를 간신에, 딱따구리를 현왕에 빗대고 있다.

다른 한편으로 딱따구리는 궁핍과 연관된 이미지를 가진 새로 인식되기도 했다. 성현이 지은 시 〈궁촌사窮村詞〉(《동문선》)에서 이 점이 드러난다.

검정 구름 하늘에 가득, 북풍이 휘몰아치는데　　玄雲承空朔風怒
딱따구리가 딱딱 시냇가의 나무를 쪼네　　彩鴷啄啄溪邊樹
산 밑의 달팽이집만 한 조그만 초가　　山下茅廬小縮蝸
세 아들, 두 늙은이가 한 집에서 사네　　三男兩老同家住

한 아들은 도끼 메고 나무하러 가고　　　　一男荷斧擣薪蒸
한 아들은 토끼 자국 밟아 언덕 넘어가고　　一男跡兔踰丘陵
맨 끝 어린애는 울며 밥 달라 하고　　　　　最小一男啼索飯
할멈은 앉아서 버선 깁고, 늙은이는 새끼 꼬네　姑坐補襪翁綯繩

그는 이 시에서 딱따구리를 궁핍한 벽촌의 분위기를 묘사하는 시어로 사용했음을 확인할 수 있다.

* * *

조선 문인들의 필수 교양인 시조와 사장詞章은 실각한 정객의 손에 의해, 또는 당초부터 정치에 흥미를 잃고 초야에 묻혀 사는 지식인의 손에 의해 발달되고 육성된 측면이 강하다. 따라서 그 시대의 시조는 그네들의 울분과 탄식이 엉기어 이룩된 이른바 시여詩餘였던 것이다.

정치를 떠난 문인들의 유일한 낙은 술잔을 나누며 시름을 잊는 것이었다. 지난날의 영화와 앞날을 꿈꾸며 잠 못 이루고 있을 때 어디선가 들려오는 딱따구리 소리는 그들의 심금을 울렸을 것이다. 그들의 귀에는 나무 벌레를 찾아 쪼아대는 딱따구리 소리가 자신의 가슴을 두들기는 소리처럼 들렸을 것이고, 딱따구리 부리를 빌어 사람 벌레를 쪼아버리고 싶은 충동을 느꼈을지도 모른다. 심사정이 그린 〈탁목조〉의 회화 세계 역시 당시 문인들의 시여와 맥락을 같이한다고 볼 수 있다.

12

중인 화가의 문인적 취향

김홍도의 〈단원도〉

— 조선 영조, 순조 연간에 걸쳐 이 땅에 살다 간 김홍도는 풍속화, 산수화, 인물화는 물론 화조화 등에서도 탁월한 솜씨를 발휘했다. 특히 풍속화 방면에서 이룩한 그의 회화사적 업적은 아무리 높게 평가해도 지나치지 않는다. 그는 어진 모사에도 뛰어난 실력을 발휘하여 그 공로로 지방 관리 벼슬을 제수받아 공직 생활을 하기도 했다.

김홍도의 삶의 궤적에서 우리의 관심을 끄는 것은 중인 출신인 그가 종전까지 사대부들의 전유물이었던 풍류 아회雅會를 즐기고 문인들과 교유하는 등 신분상의 명名과 실實이 다른 삶을 살았다는 점이다. 그것은 조선 후기의 정치 · 경제 · 사회적 변화 추세에 따른 신분

제도의 와해 현상과 스스로의 가치를 발견한 중인들의 의식 변화와 관련이 깊다.

중인 출신의 위대한 예술가

— 김홍도의 자는 사능士能, 호는 서호西湖 · 단구丹丘 · 단원檀園 등이며, 이 외에도 몇 개의 별호가 더 있다. 단원은 영조 21년(1745년) 김해김씨의 후손인 김석무의 아들로 태어났다. 그의 5대조 할아버지는 수문장을, 고조할아버지는 별제를 지냈다. 증조할아버지는 만호萬戶(종4품 무관직)을 지낸 김진창이고, 할아버지는 벼슬이 알려지지 않은 김수성이다. 조상의 벼슬을 보고 짐작할 수 있듯이 김홍도는 크게 내세울 것 없는 중인 집안의 자손이었다.

김홍도는 키가 훤칠하게 큰 데다 눈매가 맑고 마음가짐이 깨끗한 모습이 시중의 자잘한 무리와 달랐으며, 거문고와 피리의 그윽한 음악을 좋아하여 매번 꽃 피고 달 밝은 밤이면 한두 곡조를 연주하면서 풍류를 즐겼다고 한다(《표암유고豹菴遺稿》〈단원기檀園記〉).

화가로서 활동한 기록은 그의 나이 21세 이후부터 본격적으로 나타난다. 당시 예원藝院의 총수였던 표암 강세황의 추천으로 도화서 화원이 된 김홍도는 영조 즉위 40년 기념 연회를 기록하는 〈경현당수작도景賢堂受爵圖〉를 그렸다. 국가 행사를 기록하고 보존하는 막중

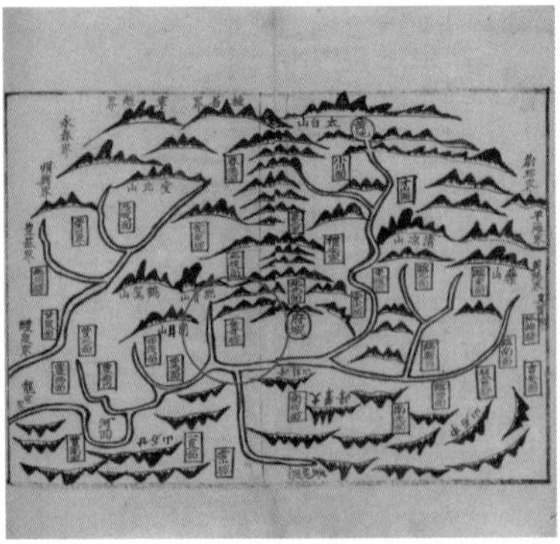

안기 부근도 영남읍지(1871년). 규장각 소장

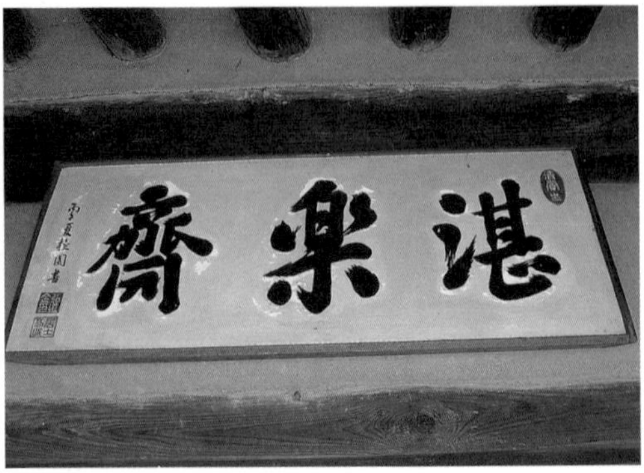

체화정 현판 '담락재'. 경북 안동시 풍산읍 상리리

한 사업에 참여한 것은 그가 나라로부터 그림 실력을 인정받았음을 의미한다. 이를 계기로 김홍도는 국가 주관의 중요 화업畵業에 주도적으로 참여하여 자신의 그림 실력을 유감없이 발휘했다. 영조 48년(1772년)인 28세에는 영희전 중수 공사에 대표 화원으로 참여했다. 다음해 정월에는 영조의 어진과 왕세손(정조) 초상을 그리는 일에 동참화사同參畵師로 참여했고, 정조 5년(1781년)에 정조 어진을 다시 그릴 때는 신한평, 한종유와 함께 익선관翼善冠 곤룡포 차림의 어진을 그렸다. 그로부터 10년 후인 정조 15년(1791년) 9월에는 다시 원유관遠遊冠 차림의 정조 어진을 그렸다.

김홍도의 그림 실력은 표암 강세황은 물론 다산 정약용, 귶산 이유원 등 당시 기라성 같은 문인들로부터 인정을 받았다. 강세황은 김홍도의 인물, 산수, 신선, 부처, 꽃과 과일, 영모, 어해 등이 모두 묘한 경지에 이르러 옛사람과 비교해도 대항할 만한 사람이 없다고 극찬했다(《표암유고》〈단원기〉). 이유원은 "매일 밤 베갯머리에서 말 모는 소리와 당나귀 방울 소리가 김홍도가 그린 병풍에서 났다"(《임하필기》 춘명일사春明逸史 〈명화名畫의 신비한 일〉)면서 그의 작품을 신품神品 반열에 올려놓았다.

김홍도는 예술가답게 성격이 낙천적이었다. 돈만 생기면 술 먹고 노는 데 다 써버렸기 때문에 생활은 항상 궁핍했다. 하루는 어떤 사람이 매화를 2천 냥에 팔러 왔다. 김홍도는 그 매화가 무척 갖고 싶었다. 그러나 아침저녁 땟거리도 없는 형편에 2천 냥을 구하는 것은 쉬운 일이 아니었다. 그때 마침 누가 와서 그림 한 장을 3천 냥에 사가자 홍도는 좋아하며 2천 냥을 뚝 떼어 매화 값을 치렀다. 보통 사람이라면 남은 돈으로 쌀을 샀겠지만, 그는 마음에 드는 매화를 손에 넣은 것이 마냥 기뻐 나머지 1천 냥 중 800냥으로 술 열 말을 사고 친구를 불러 매화를 감상하면서 흥겹게 놀았다. 그러고 난 후에 남은 돈 200냥으로 쌀과 나무를 샀다. 그날 3천 냥을 벌었지만 결국 단 하루의 살림도 돕지 못한 셈이 되었다. 그의 생활이 대개 이러했기 때문에 높은 화명畵名에도 불구하고 집안 살림은 항상 쪼들렸다.

지방 관리로 나서다

— 김홍도는 정조의 어진을 그린 공로로 정조 7년(1783년) 12월에 경상도 안동의 안기 찰방을 제수받아 1784년 1월부터 1786년 5월까지 현지에서 지내게 된다. 안기역은 지금 흔적 없이 사라졌으나 부근에 있었다는 운안동천雲安洞天과 석수사(현 석수암)의 자취가 남아 있어 그 위치를 어렴풋이 짐작해볼 수 있다. 찰방은 조선시대 각 도의 역참을 관장하던 종6품 외관직이다. 기본적으로 봉사奉使(사신으로서 명령을 받드는 것)를 목적으로 설치한 관직으로, 종6품 외관직 중에서도 현감보다 상위 관직에 속한다.

김홍도는 찰방으로 재직하면서 안동의 선비들과 교유했고, 풍산읍 예안이씨 정자인 체화정의 편액 글씨인 '湛樂齋담락재'를 써주는 등 지방 유지들과도 인연을 맺었다. 그런가 하면 관찰사 이병모, 봉화 현감 심공저, 영양 현감 김명진, 하양 현감 임희택 등과 어울려 창량산을 유람하면서 친목을 도모했다. 안기 찰방으로 2년 5개월간 재직한 후 다시 서울의 도화서로 돌아온다.

그로부터 몇 년 후 정조 15년(1791년) 12월에는 원유관遠遊冠 차림의 정조 어진을 그린 공로로 다시 충청도 연풍延豊 현감에 제수되어 1795년 8월까지 재직하였다. 연풍은 지금의 충청북도 괴산군에 속한 첩첩산중 고을로, 오래 전부터 폐현廢縣으로 있다가 인조 때 복구되어 처음으로 관원이 파견된 곳이다. 지금도 김홍도의 자취를 느낄

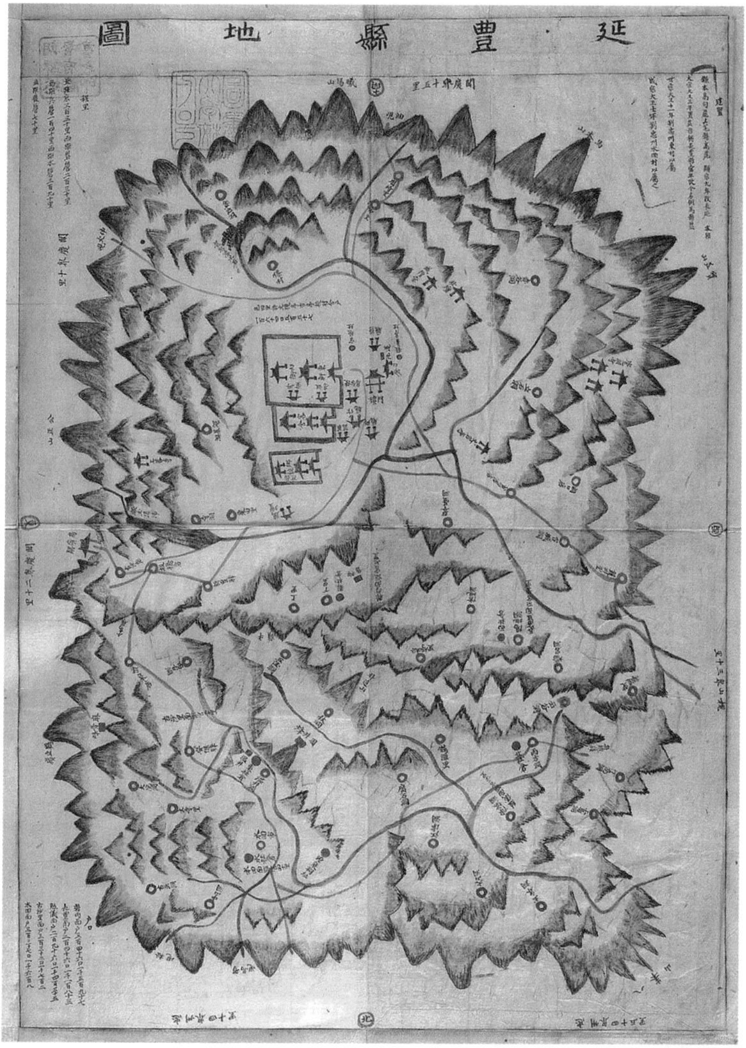

연풍현 지도, 군현 지도(1872년)

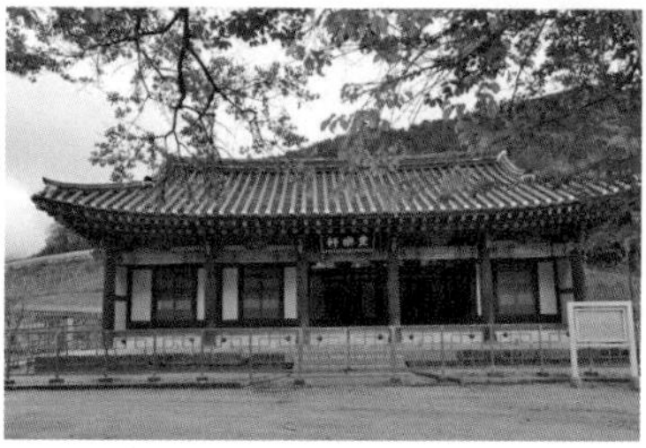

연풍관아 풍락헌, 충청북도 괴산군 연풍면 삼풍리

수 있는 풍락헌豊樂軒이 연풍초등학교 경내에 남아 있다.

김홍도처럼 그림을 잘 그린 공로로 지방 관리직을 제수받은 화원들은 적지 않다. 실경산수화가로 유명한 정선이 46세 이후에 하양 현감과 양천 현령을 지낸 것이나, 김희겸과 변상벽이 각각 사천泗川 현감과 곡성 현감을 지낸 것, 그리고 김득신의 아들인 김건종이 현감과 찰방 등의 지방직을 제수받은 것 등이 모두 같은 경우다. 조정 신하들은 전문 기술직 사람들에게 백성을 다스리는 직책을 맡기는 것은 주자학 이념에 맞지 않는다며 마땅치 않게 생각했으나 왕명으로 행해지는 일이라 어찌할 방도를 찾지 못했다.

김홍도는 연풍 현감을 맡아 직책을 성실히 수행했지만 평판은 그리 좋지 않았다. 연풍으로 내려와서 일한 지 1년쯤 되던 정조 16년(1792년) 4월 어느 날 연풍 안부역에서 화재가 발생했다. 이에 김홍도는 사고 수습에 나름대로 최선을 다했다. 사고가 수습된 후에 그 처리에 대한 비변사의 평가가 있었다. "화재 등으로 많은 이재민이 생기면 원래는 휼전恤典을 쌀로 분급해야 하는데, 해당 지역의 현감 김홍도는 미곡 대신 조租를 나누어주는 잘못을 했다"는 내용이었다. 휼전을 쌀 대신 조로 분급하는 것이 고을의 선례였다고 해도 이처럼 수많은 민호가 살 곳을 잃어 생계가 어려운데도 선례를 맹종한 것은 너무 안일한 처사라고 질책한 것이다(《정조실록》 19년 1월 7일). 비변사의 평가 외에 그의 직무 수행 능력에 대한 다양한 평가가 있었다.

"처음에는 일이 서툴러 사소한 비방이 없지 않았지만 나중에 구휼을 잘했고, 또한 고을이 작고 일이 많지 않으니 앞으로는 잘하면 될 것"이라는 고무적인 평가가 있었는가 하면(《정조실록》 정조 16년 4월 30일), 같은 해 6월에 있었던 전최殿最●에서는 "일이 생소하여 잘못한 것은 우선 용서하지만 조심하고 더욱 힘써야 할 필요가 있다"는 경고성 평가도 나왔다(《일성록》 정조 16년 7월 10일). 한편 경상도 암행어사 이상황은 "김홍도는 사람됨이 똑똑한 데다 부지런하게 다스려서 기민을 진휼하고 환곡을 분급하는 데 있어 별로 잘못이 없다"고 긍정적으로 평가했다(《일성록》 정조 17년 6월 14일). 그리고 충청도 암행어사 윤노동은 "뛰어난 공적도 없고 크게 드러난 흠도 없다"면서 부정적인 평가를 내렸다(《일성록》 정조 17년 6월 13일).

위에서 보듯이 조선의 천재 화가 김홍도는 지방 관리로서의 능력은 크게 인정받지 못했던 것이 사실이다. 그것은 지방관이라는 직책이 예술가인 그의 적성에 맞지 않았기 때문이 아닌가 생각되지만, 근원적 이유는 지방관 벼슬이 열렬히 원해 얻어진 자리가 아니라 보상으로 주어진 자리라는 데 있었을 것이다.

● 전최殿最 : 고려 시대와 조선 시대에 관찰사가 각 고을 수령의 치적을 심사하여 중앙에 보고하던 일. 전殿은 맨 아래 등급을, 최最는 맨 위의 등급을 말하는데 고과 평정의 뜻으로 썼으며, 해마다 음력 6월과 12월에 시행했다.

위항인들이 향유한 선비 문화

— 조선은 유교를 건국이념과 통치 철학으로 삼고 출발한 나라다. 혈통과 가문에 따라 양반, 서얼, 또는 중인, 상민, 천민의 구별을 엄격히 했고, 사농공상 등의 직업적 차별을 두는 등 신분과 역할에서 각종 차별을 인정했다. 양반이란 원래 문·무관을 지칭하는 말이었다. 당초에는 문·무관으로 복무하거나 복무했던 사람과 그 가족들, 그리고 예비 관인인 과거 합격자와 같은 소수의 사람들로 형성된 계층이었지만 세월이 흐르면서 그 가족의 수대에 걸치는 후손들까지로 점차 확대되었다. 차별적 규제는 관계 진출이나 의상, 언어 등 거의 모든 영역에 확대 적용되었다. 이런 현실 속에서 중인 또는 서민들이 양반 문화를 향유한다는 것은 기대조차 하기 어려운 일이었고, 더구나 양반으로 신분을 높인다는 것은 적어도 16세기 전반까지는 전혀 불가능한 일이었다.

그런데 조선 후기로 접어들면서 지금까지 유지되어오던 유교적 신분 질서가 흔들리기 시작한다. 그 변화의 단초는 임진왜란과 병자호란이 제공했다. 양난을 겪으면서 전국의 농경지가 황폐화되었고 수많은 난민이 발생했으며 국가의 재정은 바닥이 났다. 국가가 백성들을 구제할 만한 능력을 갖추지 못했기 때문에 대부분의 도시 서민들은 상행위를 통해 생계를 꾸릴 수밖에 없었다. 이들의 수가 늘어나면서 지금까지의 금제禁制로는 더 이상 자유 상인들의 상행위를 막을 수 없었고, 이에 따라 자연 발생적인 시장이 늘어났다. 자유 시장의 번창은 서민과 피지배층 사람들에게 부를 축적하는 기회를 제공해주었다.

봉건시대에 중인, 평민 또는 서민이라는 명칭은 원천적으로 피지배자라든가 기술과 농사일로 생계를 유지하는 사람이라는 의미를 내포했다. 그런데 조선 후기에 접어들면서 논밭에서 일하지 않는 평민들이 늘어나기 시작했고, 축적된 부를 바탕으로 지금까지 양반들이 독점해오던 문화생활을 즐기는 중인층이 증가했다. 태생적으로 주어진 신분과 현실에서 누리는 생활이 서로 다른 현상이 나타난 것이다.

이런 사회 변화의 중심에 있었던 사람들이 위항인委巷人이었다. 위항인은 글자 그대로 비좁고 꼬불꼬불한 거리, 작은 집들이 밀집한 지역에 집단을 이루어 사는 사람들을 일컫는다. 이들 대부분은 의醫, 역譯, 율律, 산算, 역歷 등의 분야에 종사하는 기술관, 하급 관원, 지방 향리 등 중인층에 속하는 사람들이었다. 16세기 후반에 와서 이들은 중앙관서의 실무를 장악했고, 관청에 근무하면서 서리라는 직위를 이용하여 부정한 수단으로 부를 축적하기도 했다. 조선 후기에 이르면서 상공업의 발달이 생산력 증대로 이어지면서 발생하는 잉여 생산을 통치 구조가 이완된 틈을 타서 중간에서 흡수하여 부를 쌓는 사람도 생겨났다. 이렇게 얻어진 부는 재생산에 투자되지 않고 유흥을 위해 소비되는 경우가 많았다. 이런 풍조가 문학, 음악, 그림 등에서 그들만의 문화를 형성하는 바탕이 되었다.

그들은 신분상으로는 중인 또는 평민이지만 스스로의 실력과 능력을 믿고 종전까지 문인 사대부들이 독점했던 양반 문화를 향유했다. 계회契會를 만들어 시가와 풍류를 즐기며 양반 사회에 편입되었음을 자부했고, 때로는 집권층과 직접 교유하면서 자신의 사회적 위상을 높여갔다. 이렇듯 조선 후기는 명名과 실實이 다른 새로운 신분 사회로 변해갔다.

경제력을 바탕으로 원림 속에 집을 짓고 벗들과 어울린 위항인들은 명승지 유람과 자연 완상을 고상하고 탈속적인 문인들의 취미로 여겼고, 음주 한담을 정신적 쾌락과 낭만적 해탈을 추구하는 방편으로 삼았다. 때로 시재나 정사에서 향을 피우고 차를 마시며 시문, 서화, 가악歌樂을 즐기고 문방류, 고기古器, 서책, 분재, 수석 등을 감상하는 취미를 즐기면서 자신들의 생활도 양반들 수준에 미치고 있음을 자부했다. 조선 후기의 서예가 마성린馬聖麟(1727~1798년)이 남긴 다음과 같은 글을 통해서 당시 위항인들의 삶의 한 단면을 엿볼 수 있다.

> 내가 당 위에 올라 인사하고 술잔을 잡은 후에 좌우를 둘러보니 대나무 안상에 부들자리를 깔고 두 사람이 바둑을 두고 있는데 바둑알 놓는

소리가 땅땅 울린다. (중략) 술 항아리 앞에 한 사람이 방랑하는 기색으로 쓸쓸히 앉아 손을 놀려 거문고를 타는데 그 소리가 맑디맑아 은연중에 하늘에 가득 찬 듯 울리니…… 두 거문고 사이에 한 사람이 의젓하게 앉아 구르듯 오르내리는 소리로 박자에 맞추어 노래하는데 노랫소리가 거문고 소리에 배합되어 구름까지 닿는 듯하여 듣는 사람으로 하여금 저도 모르게 손발을 움직여 춤추게 한다(《안화당사집安和堂私集》)

이런 시대적·사회적 분위기와 맞물려 탄생한 것이 김홍도의 〈단원도〉다.

〈단원도〉의 화의와 탄생 배경

— 〈단원도〉는 김홍도가 안기 찰방으로 지내던 시절인 1784년 어느 날에 그려졌다. 그의 친한 벗 정란(1725~1791년)이 안기로 찾아왔을 때, 3년 전 봄에 김홍도의 서울 집 단원檀園에서 가졌던 진솔회眞率會 모임을 추억하여 정란에게 그려준 그림이다.

진솔회의 선례는 송나라 사마광이 벼슬을 그만두고 낙양에 머무르면서 형인 사마단을 위시하여 석여언, 왕상공, 초건중, 왕근언, 숙달 등 일곱 사람으로 결성한 모임으로 보인다. 모임에 참여하는 나이는 65세부터 78세까지이며, 모임을 가질 때는 술은 다섯 순배를

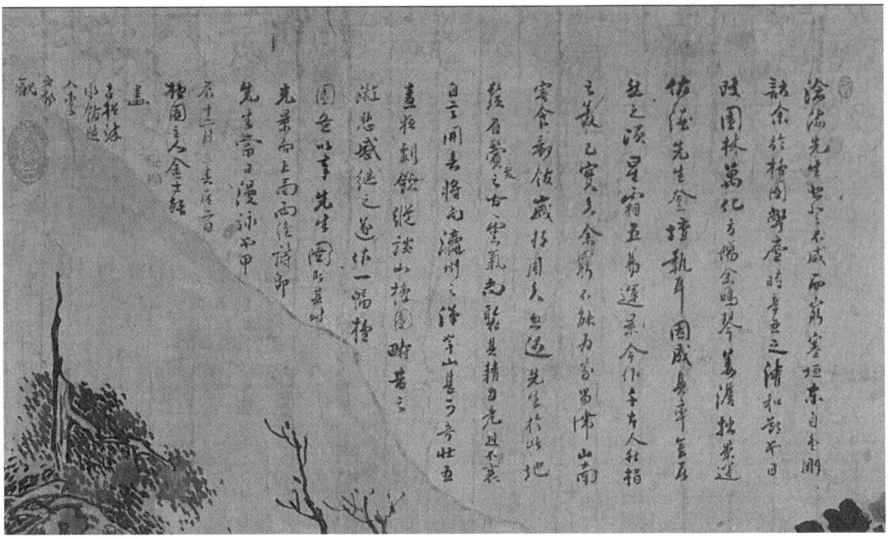

〈단원도〉 발문

넘지 않고 음식도 다섯 가지를 넘지 않는 것을 규칙으로 정하고 검소하게 모이는 것을 추구했다고 한다(《견문선록聞見前錄》 권10). 조선의 문인 사대부들은 덕망 높은 사람과 함께 모여 거문고 · 바둑 · 시와 술로써 고아한 모임을 즐겼는데, 내용은 사마광의 진솔회의 예를 따랐다. 김홍도 등이 그들의 친목 모임을 진솔회라 명명한 배후에는 모임의 수준과 성격을 사마광의 진솔회나 문인 사대부들의 아회와 동등한 위치에 올려놓으려는 심리가 작용했을 것으로 생각된다.

〈단원도〉에 덧붙여진 발문을 보면 '1781년(37세) 4월 1일 창해 선생(정란)과 화가 강희언이 나의 집 단원을 찾아와 나는 거문고를 타

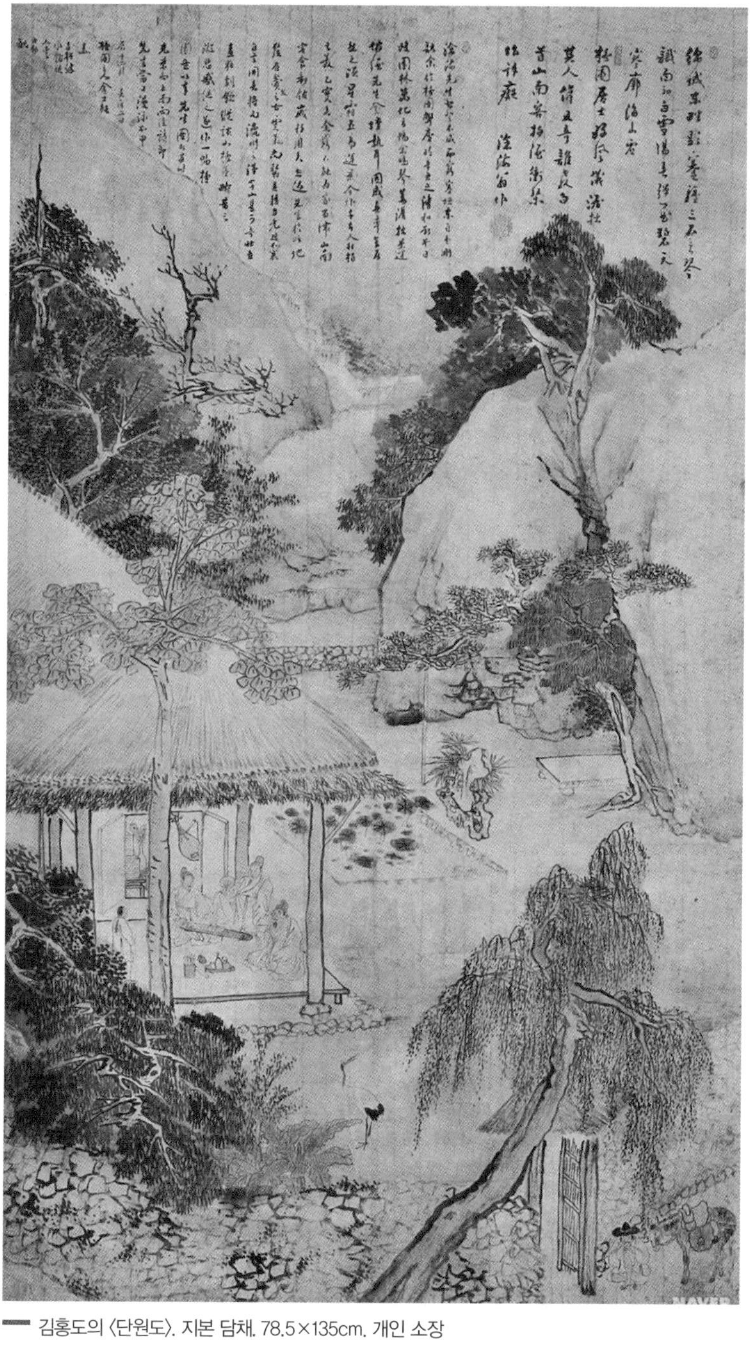

김홍도의 〈단원도〉. 지본 담채. 78.5×135cm. 개인 소장

고 강희언은 창해 선생에게 술잔을 권하며 풍류를 즐겼는데, 3년이 지난 1784년 연말에 창해 선생이 경상도 안기로 놀러오셨기에 그때 일을 생각하며 그린 것'으로 되어 있다. 발문의 내용을 살펴보면 다음과 같다.

창해 선생께서 북으로 백두산에 올라 변경까지 다다랐다가 동편 금강산으로부터 누추한 단원(김홍도의 집)으로 나를 찾아주셨으니, 때는 신축년(1781년) 청화절(4월 1일)이었다. 들의 나무엔 햇볕이 따사롭고 바야흐로 만물이 화창한 봄날에 나는 거문고를 타고 담졸 강희언은 술잔을 권하고 선생께서는 모임의 어른이 되시니, 이렇게 해서 참되고 질박한 술자리를 가졌도다. 어언간에 해가 다섯 차례나 바뀌어 강희언은 지금 세상에 없는 옛사람이 되었고 가을 측백 떨기에는 이미 열매가 열렸다. 나는 궁색하여 집안을 돌보지 못하고 산남에 머물러 역마를 맡은 관청에서 먹고 자고 하면서 해가 장차 한 차례 돌아오게 되었다. 이곳에서 홀연히 선생을 만나게 되니 수염, 눈썹, 머리칼 사이에는 구름 같은 흰 기운이 모였으되 그 정력은 늙어서도 쇠하지 않으셨다. 스스로 말씀하시기를 올 봄에는 장차 제주도의 한라산을 향하리라 하니 참으로 장하신 일이다. 다섯 밤낮으로 실컷 술을 마시고 원 없이 이야기하기를 단원에서 예전에 놀던 것처럼 하였더니 슬픈 느낌이 그 뒤를 따르는지라, 끝으로 〈단원도〉 한 폭을 그려 선생에게 드린다. 그림은 그 당시의 광경이고 윗

면의 시 두 절구는 당일 선생께서 읊으신 것이다.

갑진년(1784년) 12월 입춘 2일 후에 단원 주인 사능 김홍도가 그렸다.

그림 속에서 거문고를 연주하는 이가 김홍도이고, 앞쪽에서 시를 읊고 있는 사람이 정란이며, 부채를 든 채 느긋한 자태로 음악을 감상하고 있는 사람이 강희언이다. 풍류 낭만을 즐기는 이들 옆에 시동이 하릴없이 서 있는 모습이 보인다. 사립문 밖에는 이 모임이 빨리 끝나기만을 기다리듯 마부가 쪼그려 앉아 있고, 그 옆에서 정란이 타고 왔을 당나귀가 졸고 있다. 세 주인공이 연출하는 고상하고 은일한 분위기는 문인 사대부들의 아회 장면을 연상케 한다. 그림에 더해진 제시의 내용은 정란이 한양 김홍도 집의 정원, 즉 단원에서의 진솔회 모임을 추억하며 지은 것이다. 그 내용을 살펴보자.

錦城東畔歇蹇驢	금성 동쪽 밭두렁에 다리 저는 당나귀가 쉬고
三尺玄琴識面初	석자 거문고가 처음 만남을 상기시키네
白雪陽春彈一曲	(그때) 〈백설양춘〉 한 곡조를 타니
碧天寥廓海山虛	푸른 하늘은 넓고 공허하고 바다와 산은 텅 비었는데
檀園居士好風儀	단원거사는 풍채 좋고 태도가 의젓했고
澹拙其人偉且奇	담졸거사는 장대하고 또 범상치 않았다네

誰教白首山南客 (그런데) 누가 흰 머리 늙은이를 산남의 손님이 되게 하여

拍酒衝琴作許癡 술 퍼마시게 하고 대질러 거문고를 치도록 미치게 했나

—창해옹 작滄海翁作

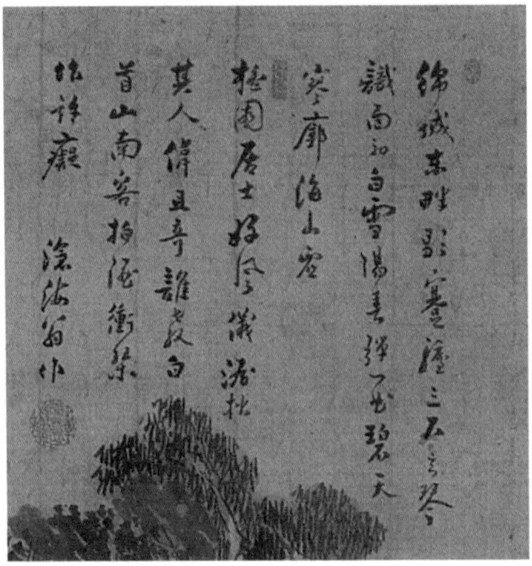

〈단원도〉의 제시

이 제시는 정란이 벽지인 안기에 와서 술과 거문고에 빠져 지내고 있던 김홍도의 심경을 자기화하여 표현한 것이다. 시에서 '산남객山南客'은 김홍도를 가리키는 말이다. 찰방 근무가 끝나면 다시 서울의 집으로 돌아갈 것이기 때문에 산남, 즉 영남의 손님이라 표현한 것이다. 〈백설양춘白雪陽春〉은 옛날 초나라의 가곡 이름이다. 성인의 위대한 뜻과 아름다운 지조는 높은 수준에서 홀로 존재하기 때문에 속인은 이 가곡을 이해하지 못한다고 한다. 정란이 〈백설양춘〉을 들먹인 것은 김홍도의 거문고 연주 수준이 지극히 높으며 그 가락을 이해하고 감상할 수 있는 사람은 오직 자신과 강희언뿐임을 은근히 내

비친 것이다. 김홍도가 실제로 거문고를 잘 탄 것은 강세황의 〈단원기檀園記〉 중 '성품이 거문고와 대금의 전아典雅한 음악을 좋아하여 매번 꽃피고 달 밝은 저녁이면 때때로 한두 곡조를 희롱하여 스스로 즐겼다性且喜琴笛雅音 每當花月之夕 時弄一兩操以自娛'는 기록에서도 확인되었다.

양반들끼리 모임을 갖고 음악을 감상하거나 시문을 짓고 담소를 즐기는 장면을 묘사한 그림을 아집도雅集圖라 부른다. 일종의 기록화적 성격을 가진 아집도는 대개 모임이 끝난 후에 그때의 일을 추억하기 위해 그려진다. 그런데 정작 모임의 주인공들은 그림 실력을 갖추고 있지 않을뿐더러 그림 그리는 일 자체를 천한 재주로 여겼다. 그래서 그들 스스로 아집도를 그리려는 생각은 하지 않고 화원에게 맡기는 것이 보통이다. 그런데 김홍도는 중인이면서 양반들이 독점해오던 아회를 즐겼고, 그때의 추억을 스스로 그려 남긴 것이다. 이것은 아회의 주인공이 직접 아회도를 그린 경우로, 종전에 볼 수 없던 새로운 사회 풍속이다.

우리는 〈단원도〉 속에서 여러 가지 장식물과 청아한 완상품翫賞品을 확인할 수 있다. 방 안쪽 벽에 비파가 걸려 있고, 책상 위에는 서책과 공작 깃털을 꽂은 병이 눈에 띈다. 악기와 서책, 고기古器 등은 원래 문인과 양반들이 옛 물건의 고아한 격조와 운치를 즐기고 올바른 성정을 기르기 위해 가까이 두고 아끼던 것들이다.

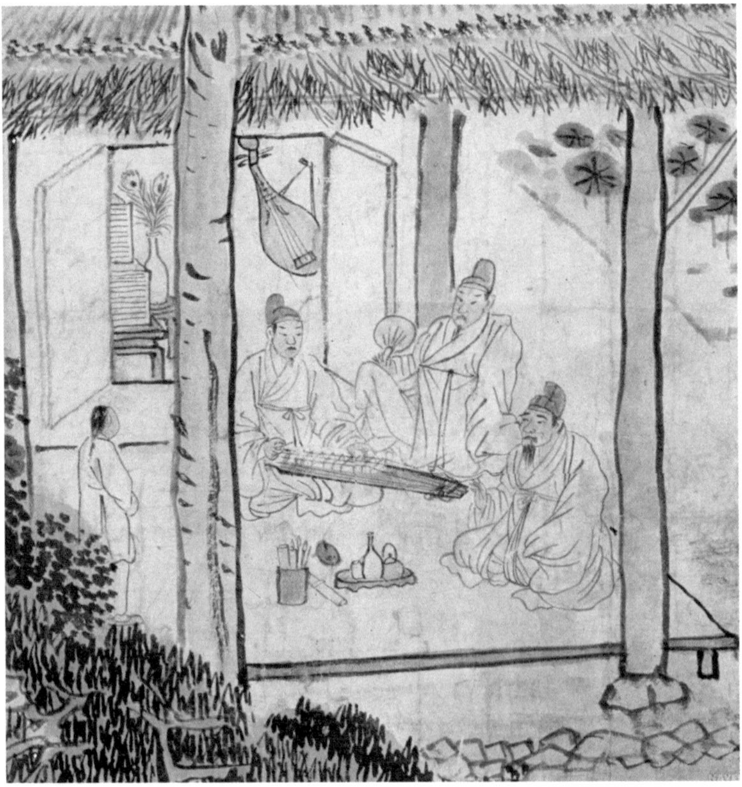

〈단원도〉의 인물과 완문(玩物). 거문고를 연주하는 이가 김홍도, 부채를 든 이가 강희언, 검은 턱수염을 기른 사람이 정란이다. 방 안에 비파와 공작털이 꽂힌 보병, 서안과 서책이 보이고, 김홍도 앞쪽에 술병과 술그릇, 그리고 묵품(墨品)이 보인다

애완물을 수집하고 감상하는 것의 의미에 대해 명말明末의 문인 진계유는 이렇게 말했다.

1만 권의 책을 모아 비단으로 싸고, 서화첩 1천 축을 수집하여 귀한 비단으로 싼다. 그리고 거문고 1대, 저[笛] 1대, 칼이나 창, 자기 술그릇, 좋은 향香, 오래된 솥, 비단으로 장식한 탑상榻床, 소병素屛, 다구茶具, 묵품墨品 등을 갖춰두고 여가가 있는 날 그 속에서 시를 읊으며 속된 세속의 일로 인한 누累가 없다면, 이런 경지야말로 동방의 정토淨土요 인간 세상 중의 선경仙境이다(《암서유사》).

서화고동書畫古董(골동품 및 글씨와 그림의 총칭)을 수집하는 취미는 원래 양반과 사대부들이 즐기는 문화생활의 상징이었다. 조선 후기에 들면서 중인들 사이에서는 서책과 고동을 수집하고 향유하는 취미가 유행했다. 그들에게 있어 서화고동을 수집하고 감상하는 것은 스스로를 양반과 동일시하는 수단이자 사회적 위상을 높이는 수단과 방편으로 이용되었다. 그러나 외형적으로 양반 문화를 즐긴다 해도 성리학을 바탕으로 한 생활철학, 그리고 사상적 깊이와 기질의 측면에서 전통적으로 이해되어온 양반과는 같을 수가 없었다.

신분 상승의 욕구와 현실적 한계

— 김홍도는 39세 이후 두 차례에 걸쳐 지방 관리로 생활하면서 경향京鄕의 사대부들과 교유하거나 풍류 아회 등의 다양한 모임을 통해 양반 문화를 자기화했다. 그러한 생각은 자신의 서울 집의

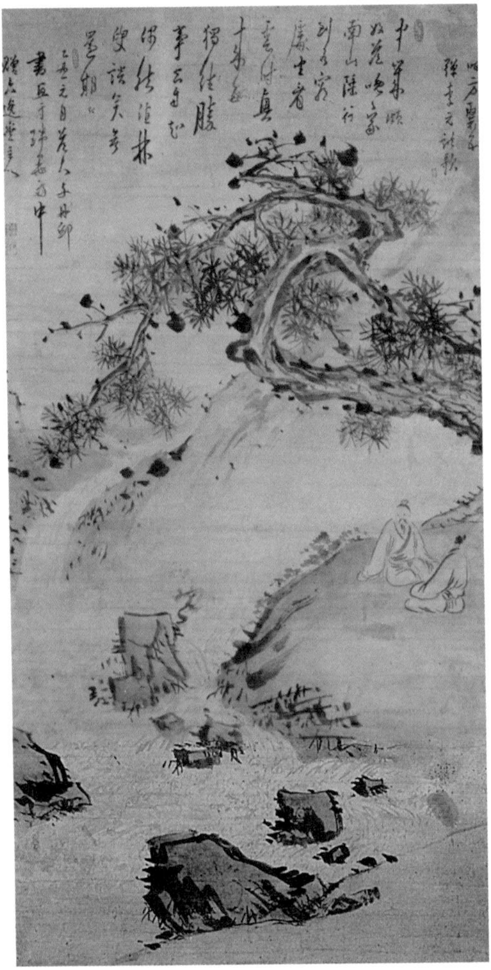

이인문의 〈송하담소도〉. 지본 담채. 53.2×121.2cm. 국립중앙박물관 소장

당호를 '단원'으로 지은 것에서도 드러난다. 단원은 중국 명나라 말의 저명한 문인이자 서화가인 이유방李流芳의 사가私家 원림의 이름이다. 그는 인품이 고상하고 맑았으며, 그림이 기묘하고 아취가 있는 것으로 널리 알려진 인물이다. 상해 부근에 있는 이유방의 단원에는 지금도 보존당寶尊堂, 산우루山雨樓, 차취정次醉廳 등의 유적이 남아 있다. 단원이 스스로를 '단원 주인'으로 자처한 것은 자신이 이유방과 예술적 정서를 공유하고 있음을 암시하기 위함이었다. 비슷한 예를 조선 말기의 화가 허련許鍊이 중국 남종 문인화의 대가 왕유王維(701~761년)의 이름을 따서 허유許維로 개명하고,

중국 원말 사대가의 한 사람인 황공망의 호 '대치大癡'를 본떠 호를 '소치小癡'로 한 것에서도 볼 수 있다. 또한 김정희가 그의 호를 중국 청나라 때의 학자이자 서예가, 문학자인 완원阮元(1764~1849년)의 이름을 따서 완당阮堂으로 지은 것도 같은 맥락이다.

조선 후기에는 이미 양반의 위세가 꺾이고 중인 계층이 부상하는 변화가 일어났고, 신흥 세력인 위항인들이 경제력과 양반들과의 교유를 통해서 상류사회로 진출하려 했음은 앞서 말한 바와 같다. 그런데 이들이 스스로 양반임을 자처한다고 해도 학문적·사상적으로는 문인 사대부 수준에 미치지 못한 경우가 많았던 것이 사실이다. 그런 사례 중 하나를 우리는 이인문이 그리고 김홍도가 제시를 쓴 〈송하담소도〉(국립중앙박물관 소장)에서 찾아볼 수 있다.

〈송하담소도〉는 환갑을 맞은 이인문이 1805년 정월에 동갑인 김홍도와 함께 박유성의 집 서묵재瑞墨齋에서 열렸던 아회를 추억하여 그린 그림이다. 두 사람이 소나무 아래에 앉아 그림을 그리거나 글을 쓰는 장면이 그려져 있다. 화면 위쪽에 '을축년(1805년) 정월에 도인 이인문과 단구 김홍도가 서묵재에서 글을 쓰고 그림을 그려 육일당 주인에게 주다乙丑元月, 道人與丹邱 書畵于瑞墨齋中 贈六逸堂主人'라는 관지가 적혀 있다. 관지와 함께 제시가 쓰여 있는데, 김홍도가 직접 쓴 것이지만 자작이 아닌 당나라 시인 왕유의 시 〈종남별업終南別業〉을 끌어 쓴 것이다. 왕유가 쓴 시의 내용은 이러하다.

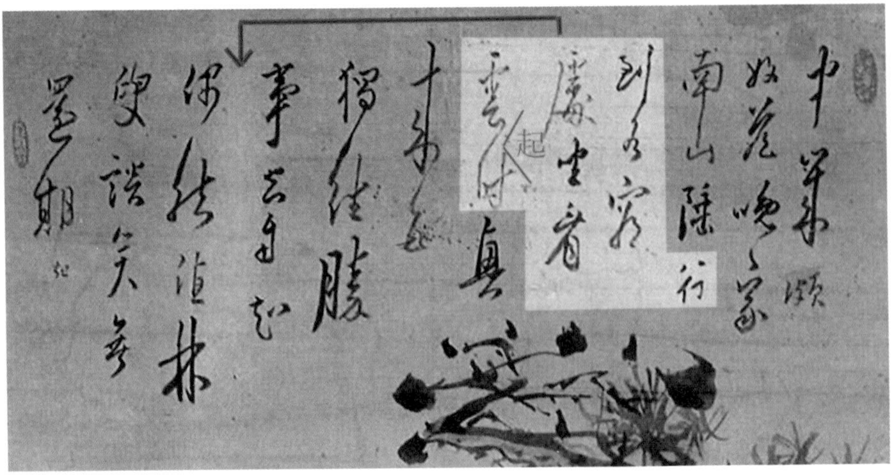

〈송하담소도〉 제시. 밝은 부분이 '行到水窮處 坐看雲起時' 시구

중년에 들어 자못 도를 좋아해서 늦게 남산 자락에 별장을 지었네. 흥이 일 때마다 혼자 찾아가는데 만사가 요연한 흉중의 경계를 그저 나만이 알 뿐이네. 물이 다한 곳에 앉아 피어오르는 구름을 바라볼 제 우연히 숲의 노인을 만나 담소하느라 돌아갈 줄 모르네(中歲頗好道 晚家南山陲 興來每獨往 勝事空自知 行到水窮處 坐看雲起時 偶然值林叟 談笑無還期).

그런데 김홍도가 〈송하담소도〉에 쓴 〈종남별업〉을 자세히 보면 시구의 순서가 잘못돼 있는 것을 발견할 수 있다. '興來每獨往 勝事空自知' 다음에 '行到水窮處 坐看雲起時'가 와야 하는데 선후가 바뀌어 있다. 또 '坐看雲起時' 부분에 '起'자를 빼먹은 것도 흠이다.

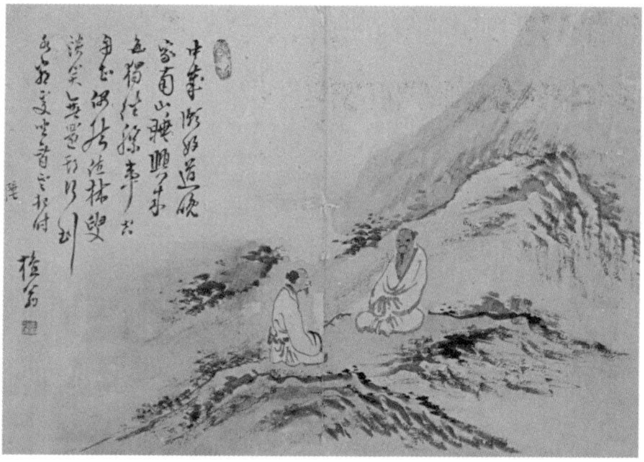

김홍도, 〈남산한담도〉, 지본담채, 29.4×42cm, 정조 22년(1798) 작, 지본채색, 개인 소장

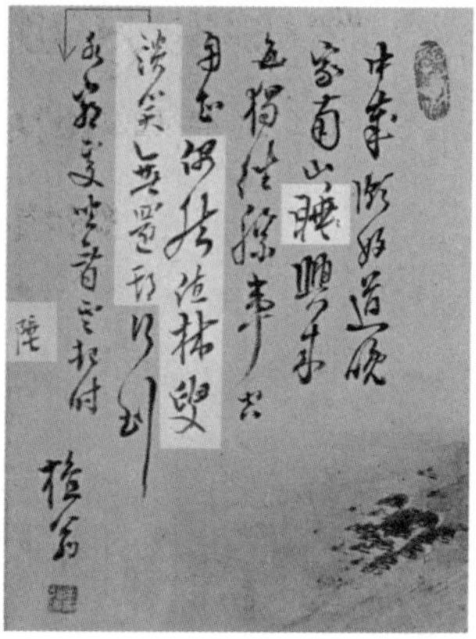

〈남산한담도〉 제시 부분. 흰 부분이 '偶然值林叟 談笑無還期'

순간의 실수나 착각으로 보아 넘기기 어려운 이유는 김홍도 자신이 그린 〈남산한담도〉에서도 이와 비슷한 잘못을 또 범하고 있기 때문이다. 원래 '偶然值林叟 談笑無還期'는 〈종남산〉 시의 마지막 구절이다. 그런데도 이 그림에서는 '行到水窮處 坐看雲起時' 앞에 있다. 뿐만 아니라 '晩家南山陲'의 '陲(부근 수)'를 '睡(잘 수)'로 써 넣은 것도 궁색한 모습이 아닐 수 없다.

또한 화면 왼쪽 여백에 바르게 고쳐 쓴 글자가 보이는데, 필체가 다른 것을 보면 어떤 감상자가 오자를 발견하고 즉석에서 써넣은 것이 아닌가 생각된다. 이런 몇 가지 문제점을 놓고 볼 때 김홍도가 〈종남별업〉을 완벽하게 소화하지 못했다는 결론에 도달할 수밖에 없다. 만약 김홍도가 시문에 능통한 사대부였다면 이런 실수는 결코 하지 않았을 것이다. 이것은 외형적으로는 사대부적인 생활을 향유한다고 해도 학문의 깊이와 문인적 소양은 하루아침에 이루어질 수 없음을 단적으로 보여주는 사례라 할 것이다.

* * *

인간의 개인적 삶은 각기 다르게 전개된다. 그러나 그것은 하나의 큰 흐름 속에 존재하기 마련이다. 그것이 사람이 그리는 무늬, 즉 인문人文의 특성인 것이다. 그림도 하나의 인문 현상이고 그 주체는 사람이다. 화가와 수요자는 그가 처한 시대와 정치·경제·사회적 환경과 신분에 따라 사고하고 추구하는 바가 달라진다. 그리고 그에 따라 요구되고 생산되는 그림의 내용과 형식 또한 달라진다. 우리는 〈단원도〉를 통해 그 실상을 들여다볼 수 있다.

고전

《노자》

《논어》

《목천자전》

《사기》

《서경》

《순자》

《시경》

《예기》

《장자》

《제감도설》

《주례》

《중용》

문집 등

강세황, 《표암유고》

권 근, 《양촌집》

권 별, 《해동잡록》

김시습, 《매월당집》

남구만, 《약천집》

맹사성 등, 《신증동국여지승람》

박숭고 편, 《육선생유고》

박지원, 《열하일기》

범중엄, 《엄선생사당기》

서거정 등, 《동문선》

서거정, 《사가정집》

서거정, 《사가집》

신용개 등, 《속동문선》

심수경, 《견한잡록》

유몽인, 《어우야담》

이 식, 《택당집》

이 황, 《퇴계집》

이규보, 《동국이상국집》

이덕무, 《청장관전서》

이만도, 《향산집》

이유원, 《임하필기》

이응희, 《옥담사집》

이현일, 《갈암집》
장 유, 《계곡선생문집》
정 조, 《홍재전서》
정도전, 《삼봉집》
정약용, 《다산문집》
허 균, 《성소부부고》
허 목, 《기언》

사서

《국조보감》
《삼국사기》
《승정원일기》
《조선왕조실록》

현대 단행본

김영주, 《조선시대 불화연구》, 지식산업사, 1986
안휘준 · 이병한, 《몽유도원도》, 예경출판사, 1987
이예성, 《현재 심사정 연구》, 일지사, 2000
정병모, 《한국의 풍속화》, 한길아트, 2000
진준현, 《단원 김홍도 연구》, 일지사, 1999
허 균, 《궁궐장식》, 돌베개, 2011
허 균, 《옛 그림을 보는법》, 돌베개, 2013
홍선표, 《조선시대 회화사론》, 문예출판사, 1999
황지원, 《김정희의 철학과 예술》, 계명대학교출판부, 2010